网络时代中国动画产业成长路径创新研究
——产业国际竞争力培育的视角

曾培伦 ◎ 著

復旦大學出版社

本书由复旦大学新闻学院高峰学科建设经费资助出版

序 PREFACE

何妨吟啸且徐行

培伦是我指导的第一届硕士生,硕士毕业后过了几年,他重返复旦,继续跟着我读博士。这期间,各种艰难抉择和事业发展的困顿,曾让他纠结又茫然。不过,这些都过去了。这两年算是对之前际遇的回馈吧,培伦的好消息不断:2022 年年底,他入职复旦大学新闻学院,成为我的同事;2023 年 9 月,他申报的国家社会科学基金项目获得立项;现在,获得学院资助的专著付梓,将由复旦大学出版社出版。当他拿着新著的清样找我写序的时候,我欣然答应。这本书是在他的博士论文的基础上修改完善而来,作为他的导师,重新打开这部沉甸甸的书稿,再次为他的进步而感到开心。

培伦是我的研究团队中参与时间最长、合作最深入的一位。我对于中国影视产业国际竞争力的关注始于 2001 年。这一年我到复旦大学新闻学院读博士,研究方向是媒介管理学。同年年底,中国正式加入世界贸易组织(WTO),中国经济在新一轮的改革开放中开启了快速腾飞的新阶段。在中国加入 WTO 后一周,国家广播电影电视总局颁布了推动中国影视行业"走出去"的第一个文件,广电行业因此而成为加入 WTO 后中国第一个颁布"走出去"政策的细分行业。作为后发国家,政策被认为是发挥后发优势、实施追赶战略的"引擎",尤其是对 2005 年前后开始席卷全球的"韩流"的成功因素的剖析，更是再次确认了政策的特殊贡献。一时间，政策仿佛成为"点石成金"的魔杖。这也让我和我的团队对影视产业新政策的效力充满了期待。但祁述裕教授的同期研究（2004年）发现，在对14个国家文化产业政策的比较考察中，中国的相关政策三项指标得分均为最低。政策的重要性与发育现状之间的反差再一次坚定了我们研究政策的决心，这一领域有巨大的空间等待我们去探索。

在对中国影视产业"走出去"研究的过程中，理论层面对我们团队影响最大的是霍斯金斯关于文化产品国际贸易的两因素分析框架，即一个国家的国内市场规模与文化折扣的交互作用使得具有大的国内市场规模的国家在国际贸易中有天然的优势地位。这是基于美国影视产业国际竞争优势样本探讨而得出的结论。美国影视产品在国际贸易中长期占有超过70%的市场份额，它的既有经验尤其值得关注。但使用这一框架分析当时（2005年）中韩文化产品国际贸易却让人感觉不得要领。中韩都属于东北亚儒家文化圈，文化折扣几乎就是零。在这种情况下，起到决定作用的应该是国内市场规模了。中国拥有超过14亿人口规模的超级市场，而韩国当时人口只有5000多万，这是两个规模完全不对等的市场。按理说，在中韩文化贸易中，中国应该具有压倒性的优势，实现绝对的贸易顺差。但实际情况出人意料，中国对韩国的文化贸易长期处于逆差，最夸张的时候甚至达到1∶10。霍斯金斯的两因素分析框架为何对中韩文化贸易表现出的问题缺乏解释力？当这一冲突摆在我们面前的时候，让我们振奋不已。在我看来，研究之所以有意义，即在于能够降低人们对某一议题认知的不确定性，尤其当经验现实与既有结论出现了严重的冲突时，恰恰是一座研究的金矿被发现。我们团队研究所形成的问题意识就是在上述不断被发现的冲突中形成的。

同时，我们在对中国文化"走出去"的长期跟踪研究中也发现了另一个值得深思的问题。2010年，中国首次超过德国，成为全球国际贸易第一大输出国，并且作为全球的"制造工厂"，中国一直在国际贸易中居于显著顺差的优势地位。但这一优势为何未能有效扩散到影视产业"走出去"领域呢？其实，关于对外文化贸易的相关研究显示，整体上来看，中国依然表现出显著的顺差。但如果把文化产品与服务分为文化制造业和文化创意产业，我们发现，顺差主要来自文化制造业，而文化创意产业则出现了明显的逆差。究其原因，在文化制造业领域，低劳动力成本和模仿复制的低研发成本这两大中国国际贸易优势来源均可顺利转移，而以内容创新为主体的文化创意产业领域，上述低成本优势价值不大，更重要的是产业创新能力的形成。文化创意产业属于文化产业核心层，是一个国家文化价值交流的主承载区域。如果不能扭转这一领域的严重逆差，也就意味着中国文化大国地位无法得到相应的彰显。这也是我们团队聚焦于影视产业集群内创新关系网络研究的逻辑所在。

培伦在我们研究团队中最大的贡献是引入技术要素，对创新关系网络运行机制进行了新维度的考察，并聚焦于虚拟产业集群在动画产业国际竞争力形成过程中的独特价值进行深入探究。这一研究路径突破了我们之前已经相对熟悉的单一政策路径，形成了基于政策与技术交互作用机制坐标下的创新关系网络考察新框架。这得益于他对以互联网为代表的新技术的长期观察和研究。他的硕士毕业论文讨论的是"报网互动在中国"这一媒体融合早期的新现象，对于互联网技术这一产业新基因的情有独钟，让他对技术变革带来的产业影响具有敏锐的观察力。他新近主持的国家社会科学基金项目"国家治理现代化进程中全媒体集团创新发展的路径研究"是这一研究技术路线在新领域的延续，也是他一直以来的旨趣所在。

2007年秋天，一个面孔白净、身材高挑的男生怯生生地敲开了我的办公室的门，希望投到我的门下研究媒介管理学。他告诉我，他叫曾培伦。一转眼，16年过去了，培伦成家立业，学业精进，他的进步让我十分欣慰。我经常对我的学生讲一句话：日拱一卒。不可否认的是，这个世界上的聪明人很多，他们可以一年做十件事情，件件做得漂亮。我和培伦都不属于特别聪明的人，甚至很多时候显得有些愚钝，不合时宜。但我们认为，如果一个普通人十年只做一件事情，也是有可能做得很好的。例如，我们对中国文化"走出去"的研究，从2001年算起，到今年已经有23年。我们团队在这一领域先后主持了两项国家社会科学基金重大项目（2012年、2017年），建立起新的对外文化贸易考察的研究范式，并提出产业创新能力优先、国内市场和国际市场协同发展等理念，均先后成为国家发展战略的重点方向。培伦的这部新著就是他"十年磨一剑"的辛勤所得，也是他"日拱一卒"信念的结晶。未来属于培伦他们这代人，期待他能够做得越来越好。

苏轼有名句："莫听穿林打叶声，何妨吟啸且徐行。"一路看着培伦走过的学术道路，我认为，主要得益于他内心专注，有胆不急。我也非常愿意将东坡先生的这句词与他共勉，期待共同努力，共同进步。

是为序。

朱春阳
2023年9月16日

（朱春阳，复旦大学新闻学院教授，博士生导师，媒介管理学学科带头人，复旦大学媒介管理研究所所长，《新闻大学》常务副主编；入选教育部青年长江学者、中组部"万人计划"哲学社会科学领军人才、中宣部"文化名家暨四个一批"、上海市"曙光学者"等；先后主持国家社会科学基金重大项目两项，担任中国新闻史学会传媒经济与管理学会副理事长、公共关系学会副理事长等）

目录 CONTENTS

绪 论 ·· 001
  一、研究问题 ·· 001
  二、文献综述 ·· 005
  三、研究进路 ·· 016

第一章　中国动画产业国际竞争力成长路径变迁 ············· 028
  一、前产业时期(1978年前) ··· 028
  二、代工时期(1978—2002) ··· 031
  三、政策驱动主导时期(2002—2012) ······························ 038
  四、技术驱动主导时期(2012年至今) ······························ 045
  本章小结　互联网开启动画产业创新驱动新阶段 ············ 050

第二章　平台化：互联网消解动画产业生产要素区域割据 ······ 052
  一、平台：互联网结构下动画产业生产要素聚集新方式 ··· 053
  二、空间平台：互联网平台打造跨地域基础设施 ············· 056
  三、人力资源平台：生产者的连接与孵化 ························· 065
  四、资本平台：平台参股与分账补贴 ································ 067
  五、技术平台：平台主导的生产制作技术创新 ················· 072
  本章小结　跨域聚集，构造大国市场生产优势 ················· 079

第三章　圈层化：技术调适失衡的动画市场需求结构 ………… 081
一、电视时代动画产业需求要素的结构性失衡 ………………… 082
二、圈层化理论：区位、市场与文化 …………………………… 089
三、圈层化的需求与社区：动画产业需求要素的重构 ………… 091
本章小结　圈层开发，激活大国市场规模效应 ………………… 107

第四章　泛娱乐：基于价值网结构创新的动画产业大融合 …… 109
一、产业价值网理论下动画相关产业的网状聚合 ……………… 112
二、以"IP-粉丝"为核心的圈层式动漫产业价值网模型 ……… 120
三、基于圈层式价值网模型的动漫产业与企业价值网分析 …… 125
本章小结　产业融合，解构大国市场内部产业藩篱 …………… 136

第五章　去边界：网络动画平台企业的融合与创新 …………… 139
一、动画市场主体变迁：从制作企业到平台企业 ……………… 142
二、去企业边界：动画企业的融合与竞合 ……………………… 159
三、去地理边界：动画企业的生产发行创新 …………………… 171
本章小结　网络动画平台企业间关系与战略创新 ……………… 192

第六章　虚拟产业集群：基于创新网络的国际竞争力成长道路 … 194
一、产业国际竞争力的落脚点：基于创新网络的产业集群 …… 194
二、动画虚拟产业集群：基于互联网平台的创新网络 ………… 204
本章小结　虚拟集群基础上大国市场规模优势的实现 ………… 216

第七章　技术与政策：动画产业国际竞争力的协同培育体系 … 218
一、政策驱动下的产业国际竞争力问题 ………………………… 218
二、互联网推动产业国际竞争力路径创新 ……………………… 220
三、互联网技术的产业风险反思 ………………………………… 221
四、政策与技术对产业国际竞争力的协同培育 ………………… 228

本章小结　优化产业政策更新时滞，提高政策技术互动效率…… 234

结　语 …………………………………………………………… 236
　　一、互联网驱动下动画产业国际竞争力的培育路径创新 …… 236
　　二、改革开放：培育路径创新的历史底色 …………………… 238

主要参考文献 …………………………………………………… 242

后　记 …………………………………………………………… 258

绪 论

一、研究问题

2001年,中国正式成为世界贸易组织成员。同年,国家广播电影电视总局发布《关于广播影视"走出去工程"的实施细则》,标志着中国文化"走出去工程"正式启动。中宣部原部长刘奇葆指出,文化产品"卖出去"比"送出去"效果更好,现在世界主要国家普遍采用贸易和投资的方式,推动本国文化走出去。[①] 学者朱春阳指出,国家之间文化影响力的相互输出,最主流的实现方式是文化产品的国际贸易。[②] 可见,文化产业国际竞争力建设是中国"文化走出去工程"的重要实践路径。

2009年,中国确立文化产业为战略性产业,国家"十二五"发展规划将文化产业确立为未来发展的国家支柱产业之一。在国家顶层战略设计之下,从国家各部委到地方政府陆续推出的扶持政策有力地推动了中国文化产业的发展。从中国文化产业规模上看,2018年文化产业实现增加值3.87万亿元,是15年前的10倍;文化产业增加值占GDP的比重从2004年的2.15%,逐渐提高到2018年的4.30%。2004—2012年文化产业对GDP增量的年平均贡献率为3.9%,2013—2018年提高

---

① 朱春阳.中国文化"走出去"为何困难重重?——以文化产业国际贸易政策为视角的考察[J].中国文化产业评论,2012,16(02):84-104.
② 刘奇葆.大力推动中华文化走向世界[N].光明日报,2014-05-22(003).

至5.5%。① 从绝对生产规模上看,中国已经成为电视剧、动画片年产量世界第一大国,仅次于美国和印度的全球第三大电影生产国。② 然而,2014年联合国教科文组织发布的一份报告显示,2010年,中国力压美国,位居世界文化产品出口国首位,从出口类目来看,中国在珠宝、雕像和手工艺品等文化衍生产品中优势较大,而在影视产品等文化核心产品方面明显处于贸易逆差的状态。③ 可见,文化产业的快速发展并未转化为文化核心产品在国际贸易中的竞争力。

在动画产业方面,自2002年国家广播电影电视总局发布《影视动画业"十五"期间发展计划》以来,中央和各地政府相继出台了一系列推动中国动画产业发展及"走出去"的政策。在动画产业扶持政策体系中,企业生产补贴和电视频道国产动画片配额等规定,直接带来了中国动画生产规模的爆发式增长。中国电视动画片生产数量从2005年的4.28万分钟,迅速增长到2011年的26.12万分钟,一举超过老牌动漫强国日本,成为全球动画产量最大的国家。2012年,文化部发布《"十二五"时期国家动漫产业发展规划》,标志着产业政策方向的转型。该规划明确将追求"增量"转向"提质",确立"十二五"时期动漫产业发展的主要目标是"推动我国从动漫大国向动漫强国跨越发展"。④ 规划强调,要发挥市场机制对动漫文化资源配置的积极作用,扶持方式从以往的直接补贴和放映渠道的配额保护,向培育企业主体、强化投融资服务等市场化手段倾斜。自此,电视动画片的产量开始进入下行通道,至2017年已跌至8.35万分钟,回到2006年的水平。2022年的最新数据也不过8.9万分钟。可见,之前由政策强力

---

① 林火灿.国家统计局发布报告显示:文化产业增加值在国民经济中占比逐年提高[EB/OL].(2019-07-26)[2019-12-22].http://www.gov.cn/xinwen/2019-07/26/content_5415564.htm.
周贝贝.70年影视迭代:从寥若晨星到百花齐放[J].新产经,2019(10):32-35.
② 朱春阳.我国影视产业"走出去工程"10年的绩效反思[J].新闻大学,2012(02):110-117.
③ 王玲.国际文化商品和服务流动趋势及中国文化贸易崛起——解读联合国教科文组织《文化贸易的全球化:消费的转变》[J].思想战线,2017,43(04):114-122.
④ 陈永福.从动漫大国到动漫强国的跨越[J].东南传播,2012(2):3.

推动所产生的产能泡沫逐渐消退,动画产业进入提质增效的转换通道之中。

在政策强力推动下发展的电视动画,无论是在2011年的产量顶峰,还是之后提质增效的转型,都没有换回国际竞争力方面的稳定提升。国家统计局数据显示,中国电视动画的出口呈现非常不稳定的波动状态:2008—2016年(2017年之后的数据未披露),电视动画平均出口额为5 234万元,其中,只有2010年和2015年实现破亿,其他年份均在5 000万以下,并且没有与产量的变化形成任何相关性。① 电视动画的出口所体现出的国际竞争力疲弱说明,虽然政策可以在产量上形成有效的激励,但是在动画质量和创新上仍有巨大的提升空间。正如时任国家广播电视总局宣传司司长高长力在第十四届中国国际动漫节开幕致辞时对电视动画"数量-质量"关系的总结:"当我们回顾电视动画年产量26万分钟的时候,我们发现精品并不多,而如今产量跌至8万分钟,精品依然不多。"② 其中,那些在国内市场获得巨大成功的精品电视动画片的出口情况,更加反映出动画产业国际竞争力的不足。自2004年"电视频道进口动画片播放配额"制度实施以来,涌现出"喜羊羊系列""熊出没系列"等优秀国产动画作品,在电视频道中通过长期轮播获得了极大的规模效应,也带动了奥飞动漫、华强方特等头部企业在衍生品方面的良好收益。然而,在"走出去"方面,这些以低幼向内容为主的国内动画,其出口市场多集中在中东、非洲、东南亚等第三世界国家和地区。华强方特2017年的半年报显示,其国内营收高达18亿元,而海外营收只有46万元,几乎可以忽略不计。为其带来最大比例营收的主题公园业务,虽然也在积极推进对外输出,但截至2023年1月,在建和签约的国家只有伊朗、乌克兰和南非等国。这无法成为中国动画产业国际竞争力的有力证明:一方面,这些国家和地区对文化产品的购买力有限,出口回报率不高;另一方面,欧美日等发达国

---

① 动画电视出口总额年度数据[EB/OL].[2019-11-18].http://data.stats.gov.cn/.
② 高长力.第十四届中国国际动漫节开幕式致辞[C].杭州:第十四届中国国际动漫节,2018.

家才是中国文化产品贸易逆差的对象,也是中国"文化走出去工程"的重点目的地。

随着互联网的崛起,网络动画片开始频频出海,尤其在面向动漫大国日本的出口方面表现非常活跃。自2015年开始短短两年内,国产动画《雏蜂》(Bee)登陆YouTube,《从前有座灵剑山》《一人之下》《龙心战纪》等多部中日合拍动画,以及《狐妖小红娘》等中国独自生产的"纯中国动画",进入日本电视渠道。① 从数量上看,近年来,"出海"日本的动画数量大幅增加,表现形式越来越丰富,大多延续了日本市场上深夜档动画的成年向风格。Netflix等全球性媒体平台也采购了哔哩哔哩(bilibili,简称B站)出品的《天官赐福》《时光代理人》等作品。海外版权的"出海"方式有节目出口、联合制作、逆向外包和海外直接投资等。这些"出海"日本的动画片并非华强方特等在电视动画领域早已获得成功的头部动画制作公司规模效应的海外延伸,其背后更多的是以腾讯、爱奇艺、优酷、哔哩哔哩为代表的头部互联网平台的身影。

总之,在中国动画产业国际竞争力十几年的培育过程中,以2012年左右为界,形成了表现迥异的两个面向:一边是在政策推动之下,电视动画产业出口表现乏力,从国内电视频道中脱颖而出的低幼向国产电视动画片,也未在重要国际市场中获得成功;一边是在互联网的推动下,全龄向的网络动画对发达国家的产品出口表现活跃,呈现出良好的发展势头。

由此引出本书的核心研究问题:从出口乏力到多元"出海",从以低幼向产品为主、在亚非拉地区传播,到全龄向网络动画发展迅速、不断出口到动漫强国日本,在模式转换的过程中,互联网作为一个技术变量,是如何打开中国动画产业国际竞争力培育的创新通道的?

---

① 朱春阳.新媒体、新文化、新产业:技术催化的产业融合创新之路——读《新媒体与文化艺术产业》有感[J].青年记者,2019(16):84-85.

二、文献综述

根据《关于推动我国动漫产业发展的若干意见》,动漫产业是指以"创意"为核心,以动画、漫画为表现形式,包含动漫图书、报刊、电影、电视、音像制品、舞台剧和基于现代信息传播技术手段的动漫新品种等动漫直接产品的开发、生产、出版、播出、演出和销售,以及与动漫形象有关的服装、玩具、电子游戏等衍生产品的生产和经营的产业。①

在该定义中,"以动画、漫画为表现形式",正对应了中文语境中的"动漫"一词,即包含以视频为表现形式的"动画"和以图片为表现形式的"漫画"。根据搭载的媒介不同,动画可分为电视动画片、动画电影、互联网动画片和动画DVD等,动漫可分为漫画书和网络电子漫画等。在英文中,"动画"为"animation","漫画"为"comic",加上"游戏"(game)和"小说"(novel),又产生了ACG和ACGN的概念。

动漫的定义涵盖了复杂的产品品类,由此,动漫产业链形成了围绕IP(intellectual property)开发,以小说、漫画、动画、游戏、周边为主要形式的衍生模式。因为很难将某一品类单独剥离进行研究,所以本研究中的动画产业,虽然主要研究对象为互联网动画片、电视动画片和动画电影,但也会涉及上游的小说和漫画,以及下游的游戏、周边产品等。随着产业链逐渐向产业网演变,上游和下游的次序与分野逐渐不那么泾渭分明,呈现出网状和融合的趋势。

(一) 动漫产业发展研究

1. 国外动漫产业:美日韩三强鼎立

美国、日本、韩国等动漫强国是国外动漫产业的"排头兵",也是动

---

① 国务院办公厅转发财政部等部门关于推动我国动漫产业发展的若干意见的通知[EB/OL].[2023-06-19].https://www.gov.cn/gongbao/content/2006/content-310646.htm.

漫产业研究的主要对象。既有研究归纳总结了这些国家动漫产业发展的成功经验与教训，并从中提炼出有理论价值的模式或路径。

高度工业化的好莱坞是美国影视业的"基础设施"，动画片的生产遵从电影工业的产业化发展逻辑，好莱坞带来的市场、技术和资本是驱动动漫产业发展的核心动力。动画电影构成了美国动漫产业的主产业，也是全产业链运作的开端。[①] 美国动画产业国际竞争力的影响因素研究也指出，"创新优势"是其形成国际竞争力的推动力和核心优势。[②]

作为动漫业异常发达的"二次元"诞生地，日本的动画产业在空间聚集方面的特点比较突出。津坚信之总结得出了"东京一极集中"的产业聚集模式，这种基于地域的产业集群效应是多年来日本动画的重要产业特征。[③] 对东京动漫产业集聚空间组织的研究发现，"内容的民族性、形式的时代性、技术的创新性"是东京动漫产业集聚的原因，其组织结构由单线状传统动漫产业链发展为蜂窝状现代动漫产业网。[④] 增田弘道指出，日本动漫产业具有高流通附加值的特征，核心产品在向外扩展的过程中形成了稳定的收益。[⑤] 王安琪和朱春阳从政府产业规制的视角分析了日本动漫产业发展的经验，认为日本动漫产业的相关政策并非产量取向，目标是完善产业链，并通过行业协会和产业集群来驱动发展。[⑥] 同样是对政策的研究，林乃森认为，日本多元化的金融支持政策和对知识产权的法律保护等是其创意产业发展的有力保障。[⑦]

与美国、日本相比，韩国动漫产业的发展与中国类似，在产业发展

---

① 李铁.美国动画史[M].北京：清华大学出版社，北京交通大学出版社，2014.
② 王建陵.基于创新优势的当代美国动画产业国际竞争力研究[D].杭州：浙江大学，2009.
③ 津坚信之.不可不知的日本动画史：黎明前的关西圈电视动画[M].于泳，刘永平，译.北京：化学工业出版社，2016：111.
④ 褚劲风.东京动漫产业集聚空间组织与空间优化研究[J].世界经济研究，2009(06)：74-79,89.
⑤ 增田弘道.日本动漫产业的商业运作模式[M].李希望，译.北京：龙门书局，2012.
⑥ 王安琪，朱春阳，郭虹.产业规制视角下中国动画片"走出去"之问题研究——以日本为参照系的考察[J].中国媒体发展研究报告，2012(00)：221-243.
⑦ 林乃森.日本创意产业发展政策及其启示[J].中南大学学报(社会科学版)，2011,17(01)：89-93.

初期是作为代工工厂,制作欧美日等动漫发达地区的订单,而随着劳动力价格的提升,韩国逐渐开始脱离代工工厂的身份,寻求在原创动画上有所突破。① 韩国动漫产业具有政府驱动的鲜明特点。② 2009—2015年,韩国政府给全国67个动画文创项目提供了总计205亿韩元的援助。③ 政策的激励使如今韩国的动漫生产与出口均位居世界前列,并成为中国重要的文创产品进口国之一。④

2. 中国动漫产业研究:西方经验观照中国问题

中国动漫产业研究主要分成两个面向:一是以发达国家为榜样,从其发展历程中提炼经验并对中国的动漫产业发展提出建议;二是从中国动漫产业的现实问题出发,以"现状—问题—对策"的逻辑提出产业发展的诊断与优化方案。

前一种研究在不少对国外动漫产业的介绍和研究中也有体现。李子蓉将世界三大影视动画强国美日韩概括为三种发展模式,分别是技术领先模式、滚动发展模式和政府推动模式,并针对中国提出产业关联发展模式、极化与扩散的非均衡发展模式、龙头带动集群模式三种优化路径。⑤ 郑明海通过对中日美三国动漫产业的发展进行对比,认为动漫产业链的完整性,以及动漫与相关产业的关系,是中国动漫产业发展的重要基础。⑥

后一种研究建立在扎根中国实践的基础上。殷俊使用安德鲁斯的

---

① 崔钟日.韩国动画产业的现状和前景[J].中国文化产业评论,2004,2(00):376-382.
② 谢俊逸.中国动漫产业发展模式研究——基于与美日韩的比较[D].北京:对外经济贸易大学,2013.
   孙玉成,伍婷,金美珍.新世纪韩国动画——国家策略引领与产业崛起[J].民族艺术研究,2017,30(05):72-81.
③ 丁李,叶佑天.韩国动漫文创产业的发展及其向中国大陆延伸的趋势[J].电影评介,2017(24):5-9.
④ 丁李,叶佑天.韩国动漫文创产业的发展及其向中国大陆延伸的趋势[J].电影评介,2017(24):5-9.
⑤ 李子蓉.美、日、韩动漫产业发展经验及对我国的启示[J].世界地理研究,2006(04):23-29.
⑥ 郑明海.动漫产业发展的国际比较及启示——以中美日三国为例[J].发展研究,2007(08):50-51.

SWOT模型分析中国动漫产业，认为丰富的文化资源和政府的高度重视是中国动漫产业的优势所在，同时，中国动漫产业存在创意水平较低、缺乏国际动漫品牌、产业模式和产业链发育晚、人才结构不合理、渠道单一、同质化竞争严重等劣势。① 耿蕊测算了动画产业的集中度，认为中国动画产业市场集中度低、产品趋同程度高、规模效益差、资源配置分散，整体呈分散竞争状态。在这种市场结构体系下，动画产业缺乏市场竞争活力，市场绩效较低。研究者提出，"寡头主导的市场结构体系"是动画产业市场结构调整的目标。② 苏锋认为，2004年以来中国动画的发展是一种"虚假繁荣"，并形成了经济和文化的"双重怪圈"，提出用国际化经营的战略走出当前的发展困境。③ 虽然动画产业被认为是影视产业中政策扶持最明显的一个领域，④但是黄德森和杨朝峰运用结构方程模型对219家动漫企业的问卷调查数据进行分析后得出：社会、经济、技术环境的变化对动漫产业发展影响显著；产业政策达到了一定的效果，但仍不足预期；财政金融政策理应是推动动漫发展的核心政策，但目前作用并不大。⑤

在互联网技术对动画产业的影响方面，苏锋和何旭研究指出，大数据、云计算、网络传输等技术为动画产业带来了巨大的创新，视频网站的出现打破了体制垄断，有助于动画产业转型升级。⑥ 卢晓红归纳了网络动画的发展趋势，认为网络动画题材日益广泛，受众向全龄化发展，创作团队与受众形成了互动关系。⑦

---

① 殷俊.动漫产业与国家软实力[M].北京：中国书籍出版社，2012.
② 耿蕊.中国动漫产业集群发展研究[D].武汉：武汉大学，2010.
③ 苏锋.从"政策红利"到"管理红利"——兼谈中国动画产业国际化经营的战略思考[J].同济大学学报（社会科学版），2014,25(01)：58-62.
④ 朱春阳.我国影视产业"走出去工程"10年的绩效反思[J].新闻大学，2012(02)：110-117.
⑤ 黄德森，杨朝峰.基于结构方程模型的动漫产业影响因素分析[J].中国软科学，2011(05)：148-153.
⑥ 苏锋，何旭.从"求生存"到"求升级"——兼谈中国动画产业国际化战略的双重转化[J].同济大学学报（社会科学版），2016,27(03)：41-49.
⑦ 卢晓红."互联网+"时代国内网络动画的发展趋势[J].齐齐哈尔大学学报（哲学社会科学版），2016(08)：143-145.

(二) 动画产业国际竞争力研究

1. 钻石模型：产业国际竞争力的研究框架

虽然大卫·李嘉图（David Ricardo）的比较优势理论长期在国际贸易和竞争分析中处于主流，但迈克尔·波特（Michael Porter）认为，竞争优势才是一国财富的源泉。比较优势所重视的物质禀赋的投入，在全球化的今天作用日趋减少，取而代之的是，"国家应该创造一个良好的经营环境和支持性制度，以确保投入要素能够高效地使用和升级换代"。[①] 迈克尔·波特认为，产业的竞争优势是一个"由国内及国外"的动态升级的过程，而国际市场是产业经过国内市场充分培育后的自然延伸。[②]

在国际竞争力的具体分析中，迈克尔·波特的钻石模型是最经典的理论框架。具体来说，一个产业的竞争力由构成产业环境的四个要素决定：生产要素、需求要素、相关产业和支持产业、企业战略/结构和同业竞争。除了四要素之外，还有两个影响因素：政府和机会。国家政策本身并不直接创造或构成产业的竞争力，而是通过影响钻石模型四要素来影响产业的竞争力。机会则被认为是可遇不可求的，比如互联网就是一种技术性机会，技术的创新会打破原来的状态，提供新的竞争空间，使原本的竞争者优势丧失，创造新的环境。[③]

在文化产业国际竞争力方面，祁述裕认为这是个"比较概念"，即与他国相比，中国文化企业通过生产和销售文化产品、提供各种文化服务，从而占有市场和获取利润的能力，既是一种现实竞争能力，也包括可持续发展的能力。[④] 相关研究主要包括以下几个方面：对国际竞争力评价体系的研究，有不少学者构建和测算了各种评价体系；[⑤] 运用钻石

[①] 迈克尔·波特.国家竞争优势[M].李明轩,邱如美,译.北京：华夏出版社,2002：2.
[②] 迈克尔·波特.国家竞争优势[M].李明轩,邱如美,译.北京：华夏出版社,2002：110,579.
[③] 迈克尔·波特.国家竞争优势[M].李明轩,邱如美,译.北京：华夏出版社,2002：116.
[④] 祁述裕.中国文化产业国际竞争力报告[M].北京：社会科学文献出版社,2004.
  黄筱.我国动漫产业国际竞争力培育政策研究[D].上海：复旦大学,2014.
[⑤] 何波.动漫产业国际竞争力评价研究[D].上海：上海交通大学,2014.
  杨健.基于钻石理论的中国动漫产业竞争力评价研究[D].大连：大连海事大学,2014.（转下页）

模型对文化产业和动漫产业进行综合性分析,①尤其研究了政策对钻石模型四要素的影响②;还有一些学者根据研究对象的特性,对钻石模型进行了一定的修改后再进行研究,③其中有代表性的是李思屈的"新钻石模型"。④

2. 产业集群：产业国际竞争力之源

集群理论是解释产业和经济活动在空间上集聚及其所产生的经济效益的分析框架,即一国之内的优势产业以组群的方式,借助各式各样的环节而联结在一起,而不是平均分散在经济体中。产业集群理论的渊源可以追溯至1890年阿尔弗雷德·马歇尔(Alfred Marshell)对产业区现象的分析,他最先从外部经济的角度分析了产业集聚的形成原因。⑤新制度经济学的奠基人之一罗纳德·哈里·科斯(Ronald Harry Coase)的交易费用理论认为,产业集群是一种中间形态的组织形式,居于纯市场组织与纯层级组织之间,在企业稳定性和市场灵活性中获得平衡,可使交易成本最小化。⑥ 约瑟夫·熊彼特(Joseph Schumpeter)的创新理论认为,集群是一个由多种要素、多种主体、多种联系协同形成的集合体,有效地促进了区域各种要素的结合,在培育区域文化中蕴含了企业

(接上页)戴俊骋,周尚意.基于三角模型的中国城市动漫产业竞争力评价[J].经济地理,2009,29(10)：1612-1618.

① 孙妙凝.基于钻石模型的中国文化服务贸易竞争力分析[J].中国商贸,2012(18)：192-193.
杨健.基于钻石理论的中国动漫产业竞争力评价研究[D].大连：大连海事大学,2014.

② 朱春阳,黄筱.基于钻石模型视角的区域动漫产业扶持政策比较研究——以杭州、长沙为例[J].新闻与传播研究,2013,20(10)：84-102,128.
陈竑机.区域动漫产业政策扶持效果与优化路径研究——以江苏省为例[D].上海：复旦大学,2018.

③ 毕小青,王代丽.基于"钻石模型"的文化产业竞争力评价方法探析[J].华北电力大学学报(社会科学版),2009(03)：54-58.
杨秀云,郭永.基于钻石模型的我国创意产业国际竞争力研究[J].当代经济科学,2010,32(01)：90-97,127.
王建陵.基于创新优势的当代美国动画产业国际竞争力研究[D].杭州：浙江大学,2009.

④ 李思屈.文化产业的竞争要素与内涵式发展[J].杭州师范大学学报(社会科学版),2009,31(02)：85-90.

⑤ Marshall A. Principle so feconomics[M]. Cambridge University Press, 1961 (Fist published in 1890). 15-20.

⑥ Coase R H. The Nature of the Firm[J]. Economica, 1937, 4(16)：386-405.

家的创新精神,有利于区域创新主体与合作的制度和社会结构的形成,有利于培育创新和技术进步的产业环境,便于知识的积累与学习的加强,便于知识和技术的传播与扩散,有利于提高创新速度。①

以上研究多集中于降低交易成本这一功能,而迈克尔·波特的研究指出,集群最重要的功能是"改善创新的条件",他构建钻石模型的基本目的就是推动一个国家的产业竞争优势趋向集群式分布,呈现从客户到供应商的垂直关系,或者从市场、技术到营销网络的水平关联。②因此,在迈克尔·波特的产业国际竞争力分析的钻石模型中,"产业集群"是重要的落脚点。

迈克尔·波特将产业集群定义为"集中在某种特定区域内、具有竞争与合作关系的相互关联性的一群企业和相关机构的集合"。它包括上游提供零部件的专业化供应商,下游的渠道与顾客,提供辅助性产品的制造商,以及具有相关技能、技术或投入相关产业的公司,还包括提供专业化培训、教育和研究与技术支持的相关机构,如大学、制定标准化的机构、产业协会、培训机构等。③ 研究显示,集群有以下好处:降低交易成本;提高效率;改进激励方式;创造出信息、专业化制度、名声等集体财富;更重要的是,集群改善创新的条件,加速生产率增长,有利于新企业形成。④ 判断一个产业是否形成了集群,看其是否形成了产业内和产业间各类企业的互动网络,是否形成了自洽的产业生态;判断产业集群是否推动了产业国际竞争力的提升,最重要的依据是集群的创新能力。迈克尔·波特的国家竞争优势"四阶段论"中的"进步"阶段包括生产要素驱动(factor-driven)、投资驱动(investment-driven)、创新驱动(innovation-driven)三个阶段。⑤ 其中,创新驱动阶段就是产业国际竞

---

① 约瑟夫·熊彼特.经济发展理论[M].何畏,易家详,等,译.北京:商务印书馆,1990.
   叶文忠.基于集群式创新优势的区域国际竞争力研究[D].长沙:湖南大学,2007.
② 迈克尔·波特.国家竞争优势[M].李明轩,邱如美,译.北京:华夏出版社,2002:3,139.
③ 迈克·E.波特,郑海燕,罗燕明.簇群与新竞争经济学[J].经济社会体制比较,2000(2):21-31.
④ 迈克尔·波特.国家竞争优势[M].李明轩,邱如美,译.北京:华夏出版社,2002:2-3.
⑤ 迈克尔·波特.国家竞争优势[M].李明轩,邱如美,译.北京:华夏出版社,2002:534.

争力获得最大限度发挥的阶段。这一阶段形成了完整的钻石体系,并形成了产业集群,所有体系内的关键要素不但发挥了自己的功能,也实现了较强的交互作用。① 因此,一个成熟且有活力的产业集群,一定是创新驱动的,这样才能形成强大的产业国际竞争力。

随着全球网络通信技术的发展和全球经济一体化进程的加快,在知识、技术和创新的维度上,企业实体在区域内的聚集似乎已不再是产业集群形成的必要条件。一种以"组织临近"代替传统的"地理接近",依托传统通信方式与先进的网络技术结合的多维通信方式,将散布在世界各地的企业或组织按行业价值链整合在一起的新型产业集群——虚拟产业集群应运而生。② 虚拟产业集群不仅具有传统基于地理位置的产业集群的各种优势,而且更有利于促进资源跨地区、跨行业的高效率整合。③ 产业集群的虚拟转向,正在降低地理空间接近的重要性,取而代之的是合作关系和网络组织。这无疑都依赖于最新的互联网技术平台。

有不少学者从动画或动漫产业集群的角度来分析动画产业的发展情况。总体而言,研究者多聚焦于中国现有的基于地理属性的区域产业集群或产业园区。

齐骥总结了中国动画产业集群从"企业自发区域性集聚"到"政府主导园区建设"的两个发展阶段,提出"由市场主导的集团建设"正成为动画产业下一轮集群发展的方向。④ 耿蕊对中国动漫产业集群的研究较为全面,从动漫产业基地的极化效应、集群特征、集群品牌、集群经济、集群政策五个维度考察中国动漫产业集群发展的现状,揭示了中国动漫产业"集而不群"的事实。⑤ 在更深入的研究方面,齐骥提出中国文化产业集群地缘驱动、资源驱动、成本驱动的三种演进模式,并提

---

① 迈克尔·波特.国家竞争优势[M].李明轩,邱如美,译.北京:华夏出版社,2002:540.
② 庞俊亭.虚拟产业集群创新网络中知识转移影响因素实证研究[D].长沙:中南大学,2013.
③ 吴秋明,李运强.虚拟产业集群的管理创新[J].经济管理,2008(03):11-15.
宋华,卢强.基于虚拟产业集群的供应链金融模式创新:创捷公司案例分析[J].中国工业经济,2017(05):172-192.
④ 齐骥.中国文化产业集群研究[M].昆明:云南人民出版社,2014.
⑤ 耿蕊.中国动漫产业集群发展研究[D].武汉:武汉大学,2010.

出中国文化产业集群存在产品价值链层级低、产业创新性与互动性不足等问题。① 张梅青和盈利的研究指出,创意产业集群网络机构演进的动因既包括知识溢出、学习机制、企业家精神和网络文化等内部动因,也包括政府行为和市场需求等外部动因。② 朱春阳和黄筱提出,应让"以数量为主导"的产业发展模式让位于"产业集群创新网络主导"的产业发展模式,以产业创新能力留住企业,而不是靠一浪更比一浪高的扶持政策来招揽"行业候鸟"。③

总之,与好莱坞式自发形成的地理产业集群不同,中国大部分动漫产业集群都是以政府主导建设的动漫产业园区为基础,属于"先筑巢,再引凤",因而难免出现"集而不群""候鸟经济"等名不副实的问题。为了吸引企业入驻而推出的各种税费租金补贴政策也被一些企业利用,将政府鼓励的"手段"变成企业生产的"目的",没有起到应有的产业促进效果。

3. 创新网络:集群创新优势产生的微观结构

在传统产业集群中,交易成本、规模效应、专业化制度等优势成为发挥集群竞争优势的基础。随着产业升级和知识经济的发展,产业的知识密集型特征所带来的竞争优势日益明显,集群的创新特征被视为集群发展的关键要素。随着创新方式从线性模式向网络化模式演化,④ 与熊彼特对产业集群的创新功能相呼应,刘友金在总结国内外学者关于集群概念的研究论述的基础上,将集群的本质表述为"以分工合作、竞合创新为基础的,相关企业和机构在一定区域内集中所形成的区域创新网络系统。创新网络系统的形成正是集群发挥优势的前提"。⑤ 全球产业发展也表明,充满活力和竞争力的产业集群区域的共同特点是,

---

① 齐骥.中国文化产业集群研究[M].昆明:云南人民出版社,2014.
② 张梅青,盈利.创意产业集群网络结构演进机制研究[J].中国软科学,2009(S1):231-238.
③ 朱春阳,黄筱.基于钻石模型视角的区域动漫产业扶持政策比较研究——以杭州、长沙为例[J].新闻与传播研究,2013,20(10):84-102,128.
④ Nelson, R.R. and Winter, S.G. An evolutionary theory of economic change[M]. Cambridge: Harvard University Press, 1982.
⑤ 叶文忠.基于集群式创新优势的区域国际竞争力研究[D].长沙:湖南大学,2007.

存在一种高效的、具有生态特征和自组织特征的区域创新网络，能够产生很强的地方根植性和持续的集群创新优势。集群创新网络是集群创新优势产生的微观结构，是集群创新的基础和源泉。①

在创新网络的结构方面，范·阿肯（van Aken）和韦格曼（Weggeman）将创新网络细分为正式网络和非正式网络，强调创新网络的复杂性。② 格姆登和里特尔等认为，核心企业在技术创新中成为主体，并与协作成员建立等价关联，构成"一主两翼"协作创新体系：以核心企业、竞合企业、科研院所和高校为主，以专业服务机构和政府部门为辅。③ 陈劲和阳银娟认为，创新网络是复杂的创新组织模式，公司、大学和研究组织是关键要素，地方政府、供应商和金融机构等是辅助要素。该模式通过两种要素间的知识共享与创造来推进创新资源和信息的整合，以及创新合作，从而产生"1+1＞2"的非线性效用。④ 刘友金和叶文忠将集群创新网络从内而外分成三个层次：第一层是企业和上下游供应商、客商、互补企业、竞争企业等，为核心网络；第二层是企业和研究机构、政府和中介机构、金融机构，为辅助网络或基础网络；第三层是支撑层，即外部市场、集群外企业和科研机构等处于外部的环境要素。⑤ 安纳利·萨克森宁（Annalee Saxenian）等从更广的区域层次来考察创新网络的构成，提出区域创新网络中存在公司、中介、高等学校、政府、风险投资机构等多个参与者。⑥

（三）已有研究文献评析

综上所述，目前国内外动漫和动画产业的研究中，基于产业发展和

---

① 叶文忠.集群创新优势与区域国际竞争力[M].长沙：湖南师范大学出版社，2008.
② Aken, J. E. V, Weggeman, M. P. Managing learning in informal innovation networks: Overcoming the Daphne-dilemma[J]. R&D Management, 2000, 30(2): 139-150.
③ 庞俊亭.虚拟产业集群创新网络中知识转移影响因素实证研究[D].长沙：中南大学，2013：30.
④ 陈劲，阳银娟.协同创新的理论基础与内涵[J].科学学研究，2012,30(2)：161-164.
⑤ 刘友金，叶文忠.集群创新网络与区域国际竞争力[M].北京：中国经济出版社，2011：61-64.
⑥ 安纳利·萨克森宁.地区优势：硅谷和128公路地区的文化与竞争[M].曹蓬，等，译.上海：上海远东出版社，1999.

现状的研究较多,归纳型和对策型研究较多,对政策与动漫产业的关系的研究较多,但在互联网作为一种外在技术力量对动画产业所产生的影响方面缺乏深入、系统的研究。这体现在对国内动画的研究大多建立在"电视动画"的一般概念的基础上,未将互联网渠道和互联网动画纳入主流研究视野,同时,对国外互联网平台和动画的现状缺乏及时的关注。

在以往动画产业或文化产业国际竞争力的研究中,钻石模型普遍被认为是一个成熟可靠的分析框架。但是,在具体使用中,学者们或关注四要素本身的静态评价与特征,或研究政府对产业发展四要素的影响及优化作用,而对钻石模型中的机会缺乏足够的关注。例如,李思屈的新钻石模型仅将机会变量作为背景性的参考。[①] 在迈克尔·波特的理论表述中,产业发展的机会通常是指基础发明、技术、战争、政治环境发展、国外市场需求等方面的重大变革与突破。机会通常非企业,甚至政府所能控制。这些机会因素可能调整产业结构,给一国的企业超越另一国企业提供机会。因此,迈克尔·波特认为,机会条件在许多产业竞争优势上的影响力不容忽视。[②] 如今,互联网日益渗入产业各个环节,形成颠覆性影响,当前正扮演重塑动画产业环境钻石模型的技术性机会的角色。研究者亟须从理论层面对这一可遇不可求[③]的产业力量展开研究,分析互联网给动画产业国际竞争力带来的影响。

钻石模型最终的落脚点在于"基于创新网络的产业集群"的形成。2012年后,以爱奇艺、优酷、腾讯、哔哩哔哩为代表的头部互联网动画平台在动画产业链中的纵横捭阖,其实正是在向"平台主导—社区化运作—无边界发展"的虚拟产业集群生产路径发展。[④] 这一虚拟产业集群的路径能否替代"数量集中—质量提升—研发和品牌创新主导"的传统产业集群生产路径?互联网技术和互联网平台企业在其中扮演了何种

[①] 李思屈.文化产业的竞争要素与内涵式发展[J].杭州师范大学学报(社会科学版),2009,31(02):85-90.
[②] 迈克尔·波特.国家竞争优势[M].李明轩,邱如美,译.北京:华夏出版社,2002:69.
[③] 迈克尔·波特.国家竞争优势[M].李明轩,邱如美,译.北京:华夏出版社,2002:116.
[④] 陈小勇.产业集群的虚拟转型[J].中国工业经济,2017(12):78-94.

角色？对产业整体产生了哪些重大影响？这都需要结合最新的产业现实,进行系统且深入的研究。

三、研究进路

(一) 产业国际竞争力研究的两种进路：前端贸易与后端培育

从目前的研究来看,文化产业国际竞争力研究具有两个面向：一是产业国际竞争力的前端研究,关注国际市场,例如文化产品走出去、国际贸易等；二是产业国际竞争力的后端研究,关注国内市场,即在国内市场中如何培育文化产业国际竞争力。

考林·霍斯金斯(Colin Haskins)等学者的经典研究认为,文化产品的"文化折扣"和"国内市场规模"的相互作用是具有大国国内市场规模的国家获得文化国际贸易竞争优势的核心原因。[①] 其中,"文化折扣"就是文化产品在"走出去"的前端所出现的文化属性导致的价值缩减；"国内市场规模"则是后端,是文化产业在走出国门之前的情况,是在国内市场培育竞争性的基本土壤。

"国内市场规模"作为培育产业国际竞争力的土壤,在以往研究中被视为一国产业形成竞争优势的重要来源。美国好莱坞电影的案例证明,在巨大的北美市场即可收回成本的好莱坞大片,可以极低的价格出口国外,获得竞争优势。国内学者的研究也证明,中国最大的国际贸易竞争优势来自超大规模的国内市场这一无法被模仿和替代的自然基础。[②] 大国国内市场能够为充分发挥本国传媒产品在国际市场的比较优势、规模经济优势和竞争优势,提供一个独特而有效的温床

[①] 考林·霍斯金斯,斯图亚特·迈克法蒂耶,亚当·费恩.全球电视和电影：产业经济学导论[M].刘丰海,张慧宇,译.北京：新华出版社,2004：56.

[②] 朱春阳.中国文化"走出去"为何困难重重？——以文化产业国际贸易政策为视角的考察[J].中国文化产业评论,2012,16(02)：84-104.

和舞台。① 相比小国,大国经济能集中优势资源进入资本密集度较高的行业,缩短产业升级的时间;凭借国内的市场规模和生产资源条件,大国经济即使在外贸比重较低的条件下也能进行专业化生产,实现规模经济。② 因此,中国的大国市场规模无论是对文化产业还是对传统制造业,甚至农业,都是培育产业竞争力的重要因素。

基于大国市场规模属性的国内市场培育,是产业国际竞争力的开端。在产业国际竞争力理论中,产业的竞争优势是一个动态升级的过程,而国际市场是产业经过国内市场充分培育后的自然延伸,产业的国际市场表现恰是对竞争优势真实情况的检验。正如迈克尔·波特所说,"国际竞争中成功的产业必然先经过国内市场的缠斗,迫使彼此进行改进和创新",产业的国际竞争优势是一个由内而外的过程,"海外市场则是竞争力的延伸"。③ 这种国内外市场竞争力的"同源性",在1985年美国总统产业竞争力委员会提交的《关于产业竞争力的总统委员会报告》中也有反映。该报告对产业国际竞争力的定义为:"在自由良好的市场条件下,能够在国际市场上提供好的产品、好的服务的同时又能提高本国人民生活水平的能力。"④

本书认为,后端的产业国际竞争力培育,显然要比前端的国际贸易更为根本,后端的培育创新决定前端最终"走出去"的表现。中国动画产业必须从国内市场出发,在国内国外市场同源性的基础上考量产业国际竞争力的培育问题。在全球化和网络化的当下,国内市场和国外市场的边界日益模糊。例如,Netflix等互联网平台,在海外上市的腾讯、爱奇艺等互联网公司,面对的都是全球一体化的网络市场。因此,"国内国外市场同源性"会逐渐演化为"国内国外市场同一性",这将更

---

① 钟昌标.大国国内市场体系与国际竞争力的关系[J].杭州电子科技大学学报(社会科学版),2005(03):1-6.
② 黄先海,张胜利.中国战略性新兴产业的发展路径选择:大国市场诱致[J].中国工业经济,2019(11):60-78.
③ 迈克尔·波特.国家竞争优势[M].李明轩,邱如美,译.北京:华夏出版社,2002:110,579.
④ 金碚.产业国际竞争力研究[J].经济研究,1996(11):39-44.

有利于我们以产业国际竞争力的视野来整体观照产业所面向的市场,无论是国内还是国外。

基于此,本书的基本研究进路将参照迈克尔·波特的国家竞争优势理论。他的产业国际竞争力的钻石模型,正是从国内产业环境入手,在基于创新网络的产业集群上落脚,以产业国际竞争力培育的后端视角,为我们提供了一套成熟的研究框架。

(二)核心概念界定:作为技术的互联网

在展开研究之前,我们需要厘清关键概念,即本研究将从哪个层面使用"互联网"这一复杂的技术概念。

1. 互联网技术的基础结构属性

互联网在人类发展历史中的重要技术创新地位毋庸置疑,无论是"后工业时代""信息时代"还是"第三次浪潮""第三次工业革命",都是对互联网变革性力量的认可。在迈克尔·波特的钻石模型中,作为机会的技术创新,并不是渐进式的技术改良,而是带来重构式影响的基础性技术。毫无疑问,互联网当属此类。

中国权威机构全国科学技术名词审定委员会从技术的角度对"互联网"的定义为:"由多个计算机网络相互连接而成,而不论采用何种协议与技术的网络。"[①]互联网的基础理念是开放、便捷、分享、免费。[②] 这些由技术决定的理念,使附着互联网而形成的企业网络、社会组织逐渐形成一种新的运行规则。本书认为,在动画产业国际竞争力的培育过程中,互联网这种技术创新是作为一种基础结构来发挥作用,而不仅仅是一种传输技术,其开放、连接等核心价值对产业的培育起到了根本性作用。

曼纽尔·卡斯特用"网络社会的崛起"来形容互联网对社会巨大的重构作用:"各种沟通模式整合入一个互动式的网络中。经过人脑两

---

① 全国科学技术名词审定委员会.通信科学技术名词(2007)[M].北京:科学出版社,2007:33.
② 刘金婷."互联网+"内涵浅议[J].中国科技术语,2015,17(03):61-65.

端,也就是机械和社会脉络之间的崭新互动,人类心灵的不同向度重新结合起来。"①这种对社会的重构作用在经济生活中同样存在。曼纽尔·卡斯特(Manuel Castells)认为,在技术快速变迁的情况下,"网络而非公司才是实际的运作单位"。他据此提出了"信息化-全球化经济的新组织形式""网络企业"的概念:一种特殊的企业,其手段系统是由各自主目标系统之部分交织而成的。网络中的组成元素相对于网络而言,既是自主的又是有依赖性的,也可能是其他网络的一部分。既定网络的操作依赖该网络的两种属性而定:一是连接性(connectedness),指促进组成部分之间无障碍沟通的结构性能力;二是一致性(consistency),指网络目标及其组成部分的目标之间利益的共通程度。②

连接性和一致性,正是互联网出现之前动画产业所缺乏的东西,其时,行政垄断及其带来的收益分配不平衡等产业现象,最终导致整个动画产业系统低效。

马歇尔·麦克卢汉(Marshall McLuhan)的"媒介即讯息"理论认为,媒介的技术形态本身就包含内容之外的信息。这是对技术非工具性的含蓄表达。西皮尔·克莱默尔(Sybille Krämer)则非常分明地将技术分为两个层面:作为"工具"的技术和作为"装置"的技术。前者节省了劳动,后者则"开启了新的经验,使新的方法得以可能产生……不是效率的提升,而是世界的产生"。③ 阿尔伯特·伯格曼(Albert Bargmann)将这种"装置"的思想命名为"技术的装置范式",认为技术凝结了社会的、政治的和文化的因素。④

---

① 曼纽尔·卡斯特.网络社会的崛起[M].夏铸九,王志弘,等,译.北京:社会科学文献出版社,2001:406.
黄旦.重造新闻学——网络化关系的视角[J].国际新闻界,2015,37(01):75-88.
② 曼纽尔·卡斯特.网络社会的崛起[M].夏铸九,王志弘,等,译.北京:社会科学文献出版社,2001:214-215.
③ 西皮尔·克莱默尔.传媒、计算机、实在性——真实性表象和新传媒[M].孙和平,译.北京:中国社会科学出版社,2008:75.
④ 徐龙,胥春雷.论伯格曼的"装置范式"技术本质观[C].云南省第1—3届科学技术哲学与科学技术史研究生论坛优秀论文集.云南省自然辩证法研究会等,2014:109-111.

正是在装置层面，互联网技术在动画产业国际竞争力的培育过程中发挥作用。互联网不是在以往的电视动画产业上做修补，而是创造了"互联网动画产业"这一全新的动画产业形态，即西皮尔·克莱默尔所说的"新的世界"的产生。

2. 从"＋互联网"到"互联网＋"：互联网基础结构属性的形成

互联网所建构的"新的世界"，在中国语境下的政策具象即"互联网＋"战略。这一战略的目的是促进虚拟经济和实体经济深度融合发展，从而形成互联网经济。它在本质上是将互联网和传统产业、传统社会等嫁接在一起，用互联网来推动传统世界向新世界的进化。

2015年3月，在第十二届全国人民代表大会第三次会议开幕会上，时任国务院总理李克强在政府工作报告中提出制定"互联网＋"行动计划，要"推动移动互联网、云计算、大数据、物联网等与现代制造业结合，促进电子商务、工业互联网和互联网金融健康发展，引导互联网企业拓展国际市场"[1]。

在"互联网＋"概念的背后，是腾讯、阿里巴巴等互联网头部企业的支持与实践。

2015年全国"两会"上，全国人大代表马化腾在议案中提出："互联网＋"是以互联网平台为基础，利用信息通信技术与各行业的跨界融合，推动产业转型升级，并不断创造出新产品、新业务与新模式，构建连接一切的新生态。随后，腾讯研究院2015年《"互联网＋"系列报告之一：愿景篇》将"互联网＋"定义为：利用互联网的平台，利用信息通信技术，把互联网和包括传统行业在内的各行各业结合起来，在新的领域创造一种新的生态。"互联网＋"代表的是一种利用外在资源和环境提升一个行业的能力。[2]

---

[1] 政府工作报告（全文）[EB/OL].（2015－03－16）[2023－06－20].http://www.gov.cn/guowuyuan/2015－03/16/content－2835101.htm.
[2] 腾讯研究院."互联网＋"系列报告之一：愿景篇[EB/OL].（2015－03－29）[2020－03－20].http://www.tisi.org/article/lists/id/3704.html.

2015年3月,阿里研究院发布中国第一份《"互联网+"研究报告》,将"互联网+"界定为:以互联网为主的一整套信息技术在经济、社会生活各部门的扩散、应用过程。该报告指出,与传统意义上的信息化不同,传统的信息化没有释放出信息和数据的流动性,而互联网作为信息处理成本最低的基础设施,其开放、平等、透明等特性将使信息和数据动起来,并转化成巨大的生产力,成为社会财富增长的新源泉。① 开放、平等、透明的特性是互联网技术的本质价值,会通过技术传导给传统产业和传统社会。

2015年4月,时任国务院总理李克强在2015年一季度经济形势座谈会上指示,要在互联网服务中"提速降费",强调"信息基础设施建设是重要的公共服务,应当加大建设力度"。② 这意味着中国"互联网+"战略开始从基础设施入手,培育虚拟经济和传统经济融合的土壤。

与"互联网+"相对应的一个概念是"+互联网"。区分两个概念,有助于我们更准确地理解"互联网+"的特殊意义。

赵振指出,"+互联网"与"互联网+"的差异在于:前者将互联网作为传输技术,是工具化的存在,这种工具仍然建立在企业原本的价值创造逻辑上,是一种延续;后者则是对企业能力的重构,形成了新的价值创造方式,跳出了原有的竞争框架,从而从"红海"走向"蓝海"。③ 黄楚新等认为,"互联网+"代表一种新的经济形态,互联网通过将开放、平等、互动等网络特性在传统产业的运用,通过大数据的分析与整合,试图厘清供求关系,通过改造传统产业的生产方式、产业结构等,增强经济发展动力,提升效益。④ 在"互联网+"业态下,互联网不仅仅是信息化的升级版,不仅仅是"云"(云计算和大数据基础设施)、"网"(互联网

---

① 阿里研究院"互联网+研究报告"[EB/OL].(2015-03-29)[2020-03-20].http://www.aliresearch.com/blog/article/detail/id/20284.html.
② 傅旭.李克强敦促"提网速""降网费"[EB/OL].(2015-04-15)[2020-03-20].https://www.gov.cn/xinwen/2015-04/15/content_2846616.htm.
③ 赵振."互联网+"跨界经营:创造性破坏视角[J].中国工业经济,2015(10):146-160.
④ 黄楚新,王丹."互联网+"意味着什么——对"互联网+"的深层认识[J].新闻与写作,2015(05):5-9.

和物联网)、"端"(直接服务个人的设备)的应用,还要从经济和社会变革的高度,作为一种全新的发展范式发挥作用。①

欧阳日辉总结了互联网对传统社会和产业的渗透,将互联网分为三个阶段。② 第一阶段是以通信技术为主要特征的"+互联网"阶段,互联网作为一种技术,赋能企业发展,提供更快、更高效的信息传播技术。第二阶段是"互联网+"阶段,互联网技术涵盖移动通信、大数据、云计算等高阶应用,这些技术深度融入传统产业的发展和传统社会的方方面面,影响整个经济社会形态的变迁。第三阶段是在物联网技术下,万物互联,虚拟和实体产业难分彼此,"全球赛博空间"形成。这就是互联网最终所构造的新的世界,而"互联网+"正在走向新的世界的路上。

3. 技术创新在产业国际竞争力培育中的作用

迈克尔·波特认为,技术的创新会打破原来的状态,提供新的竞争空间,使原本的竞争者优势丧失,创造新的环境。③ 这种技术创新所发挥的"丧失旧优势、创造新优势"作用,与熊彼特的技术创新理论的关键论断"创造性破坏"是一致的。在技术创新理论奠基性著作《经济发展理论》中,熊彼特从经济系统内部寻找导致经济变迁的因素。他把这种内在的力量归结为企业家实施的供给上的"新组合",即"创新"④。熊彼特从技术创新的角度指出,产业发展的实质就是一个旧的被破坏、新的得以产生的持续性过程,即"创造性破坏"的过程。在此过程中,技术创新成为主导力量。⑤

在产业国际竞争力的培育过程中,技术创新一直扮演重要的角色。这种重要性最先从制造业的研究中得出。科技进步对工业产业国际竞

---

① 柳洲."互联网+"与产业集群互联网化升级研究[J].科学学与科学技术管理,2015,36(08):73-82.
② 欧阳日辉.从"+互联网"到"互联网+"——技术革命如何孕育新型经济社会形态[J].人民论坛·学术前沿,2015(10):25-38.
③ 迈克尔·波特.国家竞争优势[M].李明轩,邱如美,译.北京:华夏出版社,2002:116.
④ 刘志铭,郭惠武.创新、创造性破坏与内生经济变迁——熊彼特主义经济理论的发展[J].财经研究,2008,34(2):18-30.
⑤ 熊彼特.经济发展理论[M].孔伟艳,朱攀峰,娄季芳,编译.北京:北京出版社,2008.

争力的决定机制表现在:第一,提高效率,降低成本;第二,提高产品的质量和性能;第三,可推动新产品研发;第四,科技不仅是管理与制度创新的技术基础,还对其有明显的促进作用。①

作为一个人才、资本、技术密集型产业,文化产业的本质就是创新。②随着时代的变迁,传统生产要素的地位下降,知识创新、技术创新的主导作用越来越强化。③李思屈认为,作为文化创意产业的动画产业,在新兴的文化产业价值链中创新性最强,对高科技的依存程度最高,对日常生活渗透最直接。④

随着互联网的发展,文化产业蜕变成数字文化产业,科技含量被放在前所未有的位置。数字文化创意产业被列为国家创新发展战略的重要组成部分。2018年10月,国家统计局通过了《战略性新兴产业分类(2018)》,增加"数字创意产业"的分类,正式将"数字文化创意内容制作服务"等增列为战略性新兴产业。可见,在今后数字文化产业的发展中,互联网等新一代信息技术将作为基础设施,扮演越来越重要的角色。

综上所述,本研究中的作为技术性机会的互联网,不再是一种简单的传输技术,而是对生产要素的聚集方式、用户消费的规模和形态、从业企业的组织和管理结构、关联企业的联结方式等带来一系列重构式影响的基础装置。

(三) 本书研究进路:互联网对后端培育路径创新的作用

1. 研究框架:钻石模型与技术要素

为了保证国内文化产业不被国际大型文化企业瓜分,中国文化产业采取组建文化集团、扶持强势文化企业的措施,不料导致各区域各自

---

① 史清琪,张于喆.国外产业国际竞争力评价理论与方法[J].宏观经济研究,2001(02):27-31.
② 李思屈.论中国文化产业发展的"3P战略"[J].西南民族大学学报(人文社科版),2009,30(03):115-120.
③ 王建陵.基于创新优势的当代美国动画产业国际竞争力研究[D].杭州:浙江大学,2009:30.
④ 李思屈.数字娱乐产业[M].成都:四川大学出版社,2006:1.

为战,在国内交易不充分的背景下直接参与文化国际贸易,相互杀价,恶性竞争。中国提出文化强省和文化立市的省级区域已经超过30个,区域分割与垄断最终消解了中国大国国内市场规模的优势。① 这种"大国市场规模"和"小国经济实现条件"的现象,形成事实上的"诸侯经济",其存在与"行政性分权"政策所引起的区域性市场分割有关。②

迈克尔·波特的国家竞争优势理论认为,一个国家中有竞争力的产业往往是不均衡分布的,产业集群是培育产业国际竞争力的基本模式。③ 齐骥总结了中国动画产业集群的发展历史,呈现了中国动画产业集群从"企业自发区域性集聚"到"政府主导园区建设"的发展过程,指出如今政府主导的园区成为动画产业生产能力的基础性结构。④ 目前,中国长三角地区、华南地区、华北地区、东北地区、西南地区和中部地区都形成了若干个动画产业集群带。相比之下,全球电影国际竞争力最强的美国,到目前为止仍然没有发展出好莱坞之外的第二个具有相似国际竞争力的电影产业集群。同样,在世界动漫强国日本,东京的"一极地位"目前也无可撼动。⑤ 中国星罗棋布的动漫产业园区并未带来产业集群的竞争优势,反而呈现出"集而不群"、⑥产品价值链层级低、产业创新性与互动性不足等问题。⑦ 迈克尔·波特的研究表明,集群最重要的功能是"改善创新的条件",而"钻石体系的基本目的就是推动一个国家的产业竞争优势趋向集群式分布"。⑧ 集群主导的创新网络更强调要素的自由流动、聚合与集体创新。

先前由电视渠道垄断和进口配额保护的中国动画产业,遇到互联网

---

① 朱春阳.中国"文化逆差"几个反思[J].人民论坛,2012(21):70-71.
② 朱春阳.如何撬开阻隔全国性电视产业市场生成的大门?——以2005—2012我国省级卫视"选秀"节目热潮演变为例的阐释[J].新闻大学,2013(05):98-105.
③ 迈克尔·波特.国家竞争优势[M].李明轩,邱如美,译.北京:华夏出版社,2002:139.
④ 齐骥.中国文化产业集群研究[M].昆明:云南人民出版社,2014.
⑤ 津坚信之.不可不知的日本动画史:黎明前的关西圈电视动画[M].于泳,刘永平,译.北京:化学工业出版社,2016:111.
⑥ 耿蕊.中国动漫产业集群发展研究[D].武汉:武汉大学,2010.
⑦ 齐骥.中国文化产业集群研究[M].昆明:云南人民出版社,2014.
⑧ 迈克尔·波特.国家竞争优势[M].李明轩,邱如美,译.北京:华夏出版社,2002:3.

这一全新的技术变量,产生了一系列产业变迁。互联网不仅成为电视之外的新播放渠道,还降低了产业链延伸过程中的各种交易成本,加强了供给侧和需求侧的互动,形成了全新的产业平台。互联网公司作为独立的个体,通过资本和企业组织的延展,在动画产业集群的勾连与建设中发挥重要的中介作用。正如《中国动漫产业发展报告(2016)》所指出的,伴随着数字网络技术的普及,特别是移动互联网的崛起,"互联网+动漫"正在改变和颠覆旧有的产业格局,创造新的平台经济和生态体系。①

互联网促成的媒体产业融合打破了媒介边界,让国内市场规模扩展至全球,与国外市场形成了直接的连接,生产制作商和动画受众在互联网平台上形成虚拟的聚合,头部互联网平台的多元化"出海"模式为中国文化"走出去"带来了全新的面貌……以上种种互联网对动画产业国际竞争力的影响,都可以在迈克尔·波特的钻石模型四要素中找到理论支点。互联网给四要素带来的影响是我们在分析互联网时代中国动画产业国际竞争力培育路径的主要抓手。

本研究将以互联网背景下产业国际竞争力的培育路径为研究对象,以迈克尔·波特的产业国际竞争力钻石模型②为主要分析框架(见图1),分析互联网这一技术性机会对产业集群四要素(生产要素、需求要素、相关产业和支持产业、企业战略/结构和同业竞争)的影响作用,并最终考察互联网在形成以创新关系网络为主要标志的虚拟产业集群中所发挥的作用及其内部机制。

2. 具体研究问题与章节安排

第一章将梳理中国动画产业发展的整个历史,以国际竞争力为观测维度,在迈克尔·波特的"生产要素驱动-投资驱动-创新驱动-财富驱动"的国家竞争优势发展"四阶段论"的框架内,**对中国动画产业国际竞争力的成长路径进行历时性分析。**

---

① 卢斌,牛兴侦,郑玉明.中国动漫产业发展报告(2016)[M].北京:社会科学文献出版社,2016:47.
② 迈克尔·波特.国家竞争优势[M].李明轩,邱如美,译.北京:华夏出版社,2002:119.

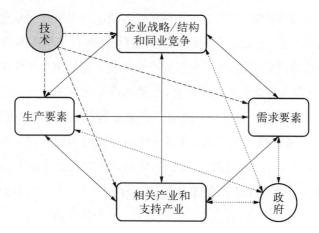

图1　迈克尔·波特产业国际竞争力理论钻石模型

第二章至第五章将回答第一个研究问题：**中国动画产业国际竞争力的钻石模型四要素如何被以互联网为代表的技术影响？**回答这一问题，需要结合最新的产业现实，以互联网对四要素的优化作用为研究对象，分析产生的具体影响及其背后反映的技术对产业四要素的作用机制。

在这部分的分析中，"大国市场规模"这一文化产业国际竞争力的国内优势来源的实现与否，成为衡量互联网对四要素作用效果的评判标准：**是否实现生产要素的高效汇聚？是否形成新需求并改革旧需求？是否形成更广泛的产业合作组织？是否形成与大国市场相匹配的大型企业？**

产业国际竞争力钻石模型的出发点在于分析产业国际竞争力的培育环境，落脚点在于四要素和两影响因素的互动是否促进产业要素向高效率的环节流动、是否最终形成基于企业间创新关系网络的产业集群。在互联网技术条件下，动画产业集群的形成像高新技术产业一样，从地理集群逐渐转向虚拟集群，需要互联网在其中扮演基础性角色。由此引出第二个研究问题：**互联网如何推动中国动画产业形成基于创新关系网络的虚拟产业集群？**第六章将研究这个问题。

不少学者在研究2012年之前由政策驱动的动画产量剧增、产业园区林立的现状时，同样采用迈克尔·波特的产业国际竞争力钻石模型，研究政策对四要素的影响,对要素间关系的优化,对基于创新关系网络的产业集群的影响。如此,在中国动画产业国际竞争力培育路径方面就形成了一组政策驱动和技术驱动的效率竞争关系,2012年之前以政策驱动为主,2012年之后政策转型,技术驱动发挥了巨大作用。第七章将聚焦由此引出的第三个研究问题:**在动画产业国际竞争力培育过程中,互联网技术和政府政策如何形成协同促进的关系?** 主要分析互联网是否对政策驱动时代留下的问题有所回应,政策的变迁是否对互联网这一新生事物有恰当的应对。本研究认为,正如迈克尔·波特所构建的钻石体系,一颗完整的"钻石",不仅需要政策和技术对四要素的优化,还需要政策与技术之间形成良性关系,这样才能促进产业国际竞争力的长期增长。

第一章
中国动画产业国际竞争力成长路径变迁

一、前产业时期(1978年前)

新中国成立前,以万氏兄弟为代表的民间艺术家对民族动画进行了早期尝试,创制出一些较为简单的动画作品,但动画市场开发仍处于萌芽阶段。新中国成立后直至改革开放,在完全的计划经济体制下的国产动画施行的是"统购包销"制度,国家统一价格收购影片,并且长片与短片收购价格一样。因此,以上海美术电影制片厂为首的国营电影厂,在摄制动画片时更多执行艺术标准,而不考虑市场需求,更倾向于拍摄短片而不是长片。在这种情况下,虽然产出了大量具有民族特色的优秀动画片,但是在市场化方面没有太多亮点,与产业化相去甚远,更遑论动画的产业国际竞争力了。但这些早期动画作品也实现了"走出去",获得了非常高的国际声誉。

虽然中国动画早期的产业国际竞争力没有形成,但动画片的国际影响力不可低估,尤其是动画片中体现出的中国传统技法、传统文化元素等,恰恰是当前中国动画产业对外贸易所欠缺的东西。因此,在梳理中国动画产业国际竞争力变迁之时,我们不能忽视文化产业国际竞争力建构的背景是中国"文化走出去"战略,对前产业时期中国动画国际影响力的回顾与总结是必要的。

在中国动画的发展历史中,万氏兄弟被公认为中国动画的奠基人。

兄弟四人在商务印书馆工作期间,从事漫画、插画和书报杂志的封面设计工作。1922年,万氏兄弟完成了中国有据可考的第一部动画片广告片——《舒振东华文打字机》。

1939年,迪士尼《白雪公主和七个小矮人》动画片在上海公映,获得了巨大的商业成功。这让中国动画人看到了动画片的市场前景。万氏兄弟在新华联和影业公司与上元银公司的投资下,由百余人参加、绘制两万多张画稿、耗时一年半的《铁扇公主》终于拍摄成功,成片长达9 200英尺,可放映80分钟。[1] 该片上映后获得了巨大反响,在日本人控制的上海国际剧场上映六天,连日满座,观众达18 000余人。随后,影片更名为《西游记》,在日本上映,同样大受欢迎,电影拷贝甚至远销东南亚等地。万氏兄弟和中国动画第一次走出国门,获得巨大的国际影响力。[2]

1945年,在中共中央的指示下,中国最早专门制作动画片的东北电影公司成立,厂长袁牧之提出"艺术片、科教片、新闻纪录片、美术片、翻译片、幻灯片和新闻照片"的"七片生产"口号,将动画片以"美术片"的名称作为独立种类列居其中。在东北电影公司里,动画片的生产隶属于技术处美工科卡通组。[3] 1948年,东北电影公司拍摄了第一部木偶动画《皇帝梦》,开创了中国民族风动画的先河。

新中国成立后,中国动画更注重社会效益,即"用娱乐的方式对儿童施以教育",品德教育成为中国动画发展的指导思想;中国民族风动画片采用的特殊技艺,如皮影、木偶等,也多取材于中国传统儿童玩具。[4] 总体上,中国动画片主要以儿童教育题材为主,呈现出动画低龄化的特征。[5]

1950年,根据文化部"鉴于动画片的发展前景,在上海办厂较为合

---

[1] 薛扬.动画发展史[M].南京:东南大学出版社,2011:90.
[2] 费牛.万籁俱鸣——一位民盟前辈的动画人生[J].群言,2017(07):48-51.
[3] 薛扬.动画发展史[M].南京:东南大学出版社,2011:94.
[4] 薛扬.动画发展史[M].南京:东南大学出版社,2011:140.
[5] 薛扬.动画发展史[M].南京:东南大学出版社,2011:100.

适"的指示,东北电影制片厂美术片组 22 人归入上海电影制片厂。截至 1956 年,上海电影制片厂美术组发展壮大到 200 余人,成为中国规模最大的美术电影制片基地。① 1957 年,上海美术电影制片厂成立,拉开了民族动画繁荣的序幕。

在毛泽东提出的"百花齐放,百家争鸣"和"古为今用,洋为中用"的方针下,上海美术电影制片厂厂长特伟提出"探民族风格之路"的口号②,上海美术电影制片厂陆续拍摄了《小猫钓鱼》《小小英雄》《神笔》《骄傲的将军》《小蝌蚪找妈妈》《大闹天宫》等一系列极具民族风格的动画作品。拍摄手法突破了西方卡通作品的线条式绘画手法,出现了木偶动画、水墨动画、剪纸动画等新类型,还糅合中国戏曲、古乐、服饰、壁画、诗歌等传统文化元素。例如,《小蝌蚪找妈妈》的原画来自齐白石,《牧笛》里的水牛则是李可染亲笔所作。截至 1966 年 4 月,上海美术电影制片厂共拍摄 60 多部动画片,总长度约 1 500 分钟。③

具有中国民族风格的动画片走出国门后在国际上收获了一片赞誉,动画片的"中国学派"逐渐为西方动画界所认可。④ 例如,木偶动画《神笔》获得第八届意大利威尼斯国际儿童电影节儿童文娱片一等奖、第一届叙利亚大马士革国际博览会电影节短片银质一等奖、第一届南斯拉夫贝尔格莱德国际儿童电影节优秀儿童片奖、第二届波兰华沙国际儿童电影节木偶片特别优秀奖等。⑤ 以绢为画纸、工笔手法绘制的少数民族题材动画片《一幅僮锦》获第十二届捷克斯洛伐克卡罗维发利国际电影节荣誉奖。中国水墨风格的《小蝌蚪找妈妈》获得第十四届瑞士洛迦诺国际电影节短片银帆奖、第四届法国安纳西国际动画电影节短片特别奖、第十七届戛纳国际电影节荣誉奖等。

作为中国早期动画片的顶峰,《大闹天宫》于 1964 年拍摄完毕。这

---

① 薛扬.动画发展史[M].南京:东南大学出版社,2011:96.
② 孙立军.中国动画史[M].北京:商务印书馆,2018:48.
③ 薛扬.动画发展史[M].南京:东南大学出版社,2011:97.
④ 孙立军.中国动画史[M].北京:商务印书馆,2018:53.
⑤ 薛扬.动画发展史[M].南京:东南大学出版社,2011:101.

一耗时四年、投资超百万元、长达117分钟、包括154 000帧画面的动画巨制,先后在44个国家和地区上映,创下国产动画片出口等最高纪录,在国外获得众多奖项,充分展现了中国民族动画的制作实力。①

在国外各类影展频频获奖的"中国学派"动画,依靠的不是"卖出去"的产业国际竞争力,而是基于民族特色的作品影响力。这种国际影响力仅仅在艺术层面实现了文化"走出去",并没有在产业层面获得规模化的市场影响力。

"文化大革命"开始后,中国动画业一度陷入停摆的局面,动画生产的民族化模式受到很大的冲击,神话、童话等题材不允许拍摄,出现了《小号手》《小八路》等反映阶级斗争和歌功颂德的作品。在十年内乱期间,中国动画的国际影响力跌入最低谷。

二、代工时期(1978—2002)

(一) 传统国营动画制片厂的衰落

改革开放之后,生产能力受到压制的中国动画业逐步走出低谷,寻求恢复以往荣光。

上海美术电影制片厂等国有动画生产企业不断有佳作产出。《哪吒闹海》《狐狸打猎人》《猴子捞月》《九色鹿》等单体动画片在弘扬中国传统文化方面发挥了重要作用,《葫芦兄弟》《黑猫警长》等动画系列剧则展示了国营电影厂在更复杂的叙事结构和更大的制作体量上的制作能力。这些动画的受众仍然定位于儿童群体,沿袭了中国传统动画的低幼化特点。

随着市场机制的逐渐成熟,动画生产机构的市场化转型箭在弦上。1995年,国家正式取消对上海美术电影制片厂的统购包销政策,美术片

---

① 薛扬.动画发展史[M].南京:东南大学出版社,2011:113.

计划经济时代正式终结,市场化改革成为唯一的解决方案。正如时任上海美术电影制片厂厂长常光希所说:"当时美影厂面临很大压力,报纸上常常出现这样的标题,'美影厂怎么了'。我们知道是自己的体制出了问题,以前是计划经济,可以关起门来搞创作,不考虑市场,但20世纪90年代初进入市场经济体制,把我们以往的制作理念、制作方式,包括制片厂的管理模式全部推翻了。"①在艰难的市场化转型探索中,上海美术电影制片厂历时四年、投资1 200万制作的动画长片《宝莲灯》于1999年上映。影片采用国际先进技术,突破传统国产动画的制作与发行模式,作为商业电影进行宣传、发行等运作,开发歌曲、音像等衍生市场,并努力打造成商业化品牌。彼时,《宝莲灯》创造了2 400万票房的辉煌纪录,并将此纪录保持了整整十年。这部作品可以看作坚守传统中国动画生产制作模式的上海美术电影制片厂在市场化浪潮袭来时的转型之作。

然而,可惜的是,《宝莲灯》并未成为传统国营动画生产商冲向开放的国内外市场的号角,当时刘欢、李玟等明星免费加盟的模式也不是长久之计。2001年,上海美术电影制片厂卷土重来,制作了《我为歌狂》系列动画片,虽然在原声带衍生品方面获得了不菲的收益,但因题材涉及早恋、丑化教师和教育制度、校园暴力等问题而被禁播。之后,吸收了上海美术电影制片厂动画团队的中央电视台动画部,拍出了《西游记》等优质动画系列片,但仍然摆脱不了亏损的局面。国营动画生产商在几十年统购包销模式中形成的路径依赖,导致其在市场中水土不服,产量低、效率低、市场运作差的弊病成为其发展的桎梏。

2000年6月,面对市场化转型中的中国动画业"不仅未出现应有的繁荣,相反却走入了低谷"的态势,②国家广播电影电视总局在上海美术

---

① 钟菡.动画片《宝莲灯》如何创造票房神话?导演常光希细说秘诀[EB/OL].(2018-01-08)[2019-12-22].https://www.jfdaily.com/news/detail?id=76265.
② 郭虹.中国动画:何时走向振兴[C].中国动画学会.中国动画学会2003年会论文集,2003:10-12.

电影制片厂召开"繁荣国产动画片现场会议",对动画产业的发展目标、政策措施和实施举措都做了规划。① 其中,最直接的扶持就是资金上的扶持:2001—2002年上海美术电影制片厂的动画拍摄,一半资金都是由上海几家电视台按有关行政规定进行资助的。② 虽然当时计划经济式的"襁褓"对于缓解动画制片厂的资金压力具有切实的作用,但这种扶持政策甫一消失,产量就应声下降。③

在市场化风起云涌的开放时代,以往以上海美术电影制片厂为首的中国原创动画的核心力量逐渐式微,中国动画的参与主体悄然发生了变换。据统计,仅从1987年到1991年,中国动画生产商就从上海美术电影制片厂一家发展到37家。④ 其中,深圳翡翠动画制作公司、深圳太平洋动画公司、大连阿凡提国际动画有限公司和上海亿利美动画公司等成为佼佼者。

(二) 代工动画业的崛起

20世纪80年代之后,由于美国、日本等动画大国的动画产量激增和当地用工成本提高,这些动画发达地区的企业开始将动画片的中间制作环节跨地域外包,转移至中国深圳等动画人力成本较低的地区,使其成为代工工厂。中国承接国际动画外包业务始于1979年,上海美术电影制片厂承接了为日本东映株式会社的动画片加工描线的业务。此后,业务量获得明显提升。时任上海美术电影制片厂厂长严定宪介绍:"系列片要一个月出好几集,这个经验我们没有,所以我们引进加工片。加工片就是有了前期剧本、造型、分镜头后,中间原动画那些劳动由我们做,后期配音、录音再拿到国外去完成。片子做完后,费用相当于做一部完整的国产动画片的3倍到5倍。"⑤ 如此高额的利润,吸引了更多

---

① 张娟.政策变革中的转型期国产动画电影发展概况[J].当代电影,2016(12):170-173.
② 郭虹.中国动画传播状况研究[D].上海:复旦大学,2003:3.
③ 张娟.政策变革中的转型期国产动画电影发展概况[J].当代电影,2016(12):170-173.
④ 王六一.征途:走向百年的中国动画(第四卷)[M].北京:三辰影库音像出版社,2012:16.
⑤ 文立杰.中国动画代加工企业转型研究[D].武汉:华中师范大学,2016:12.

动画制作组织的产生。中外合资的动画代工厂(如翡翠动画、太平洋动画等)极速扩张。为了扩大生产,这些公司开出了极高的工资来吸引动画人才。20世纪80年代"下海"的动画导演邹勤曾感叹:"我为《鹿和牛》工作了一整年,仅比平时多收入800元人民币。而我在太平洋动画工作,做一些不动脑筋的简单活,一个月能拿5 000元。"[①]严定宪也说,当时的合资动画公司从上海美术电影制片厂和其他电影厂"挖人",提供高10倍的薪水,还有加班工资。[②] 在这种情况下,上海美术电影制片厂的人才大量流失,1989年前就先后有80多个动画制作人才南下深圳。[③] 上海美术电影制片厂也因此而产能大幅下降,许多动画系列片都比原计划有不同程度的缩减。例如,计划拍摄26集的《魔方大厦》只拍到第10集,《黑猫警长》在第5集片末打出"请看下集"字幕后便杳无音信。在1992年邓小平视察南方谈话之后,"下海"成为社会潮流,中国国营制片厂的动画人才资源开始大批流向中外合资和民营独资的动画加工企业。而北京、上海、深圳等地出现的这些海外独资和合资动画企业,用高薪吸引的大批原国有动画制片厂的员工,多半从事海外加工动画的工作。[④]

1980年年底,出自日本动漫之父手冢治虫之手的日本动画片《铁臂阿童木》在中央电视台开播,成为进入中国的第一部国外动画片。当时,日本卡西欧公司出资购买了该片的播放权给中央电视台,而作为交换,中央电视台播放卡西欧公司的广告。[⑤] 随后,美国好莱坞的《米老鼠和唐老鸭》《变形金刚》《猫和老鼠》等相继进入中国市场。据不完全统计,1981—1992年,中国各电视台从美国、日本等10国引进了139部动画片。[⑥] 这些国外动画片因为在其本土已经收回成本,所以可以极低的价格倾销

---

① 宫承波.中国动画史[M].北京:中国广播影视出版社,2015:206.
② 孙立军.中国动画史[M].北京:商务印书馆,2018:215.
③ 孙立军.中国动画史[M].北京:商务印书馆,2018:217.
④ 孙立军.中国动画史[M].北京:商务印书馆,2018:217.
⑤ 《铁臂阿童木》的中国记忆:阿童木形象源自孙悟空[EB/OL].(2009-10-26)[2019-12-22].http://book.ifeng.com/culture/whrd/200910/1026_7467_1404273.shtml.
⑥ 孙立军.中国动画史[M]北京:商务印书馆,2018:227-229.

给中国电视台,同时辅以漫画、文具、玩具等周边产品的市场化运作,给国产动画带来了巨大的冲击。① 在质优价廉的进口动画面前,国产原创动画更加举步维艰,也更加依赖于代加工业务。经过20世纪90年代中期的快速发展,中国成长为全球最重要的动画外包业务承接国。20世纪末,长三角地区凭借廉价且稳定的劳动力供给,成为与珠江三角洲并列的动画代加工基地,中国内地也取代韩国、中国香港地区和中国台湾地区,成为全球最重要的动画加工基地。鼎盛时期,70%以上的日本动画片都是由中国内地加工制作的。②

国外动画外包业务对中国动画产业的刺激仍然具有积极意义,为中国动画企业积累的资金,以及人才、技术和管理等多方面的经验,是中国民营动画企业崛起的重要基础。民营动画企业和中外合资动画企业一起,逐渐成为之后中国动画产业的主体力量。甚至可以说,没有代工,就没有之后的原创。例如,中国第一个自筹资金创办的民营动画公司——1988年成立的大连阿凡提国际动画公司,便是从加工业务开始做起,先后承接过法国、西班牙、日本等多国动画加工订单,然后在长期代工业务的积累基础上,在20世纪90年代之后逐渐转型,从代加工发展为独立制片。③ 另外,还涌现出如三辰卡通、江通动画、中南卡通和原创动力等优秀民营企业,推出《蓝猫淘气3 000问》《天上掉下个猪八戒》《天眼》《喜羊羊与灰太狼》等品牌延续至今的优秀动画。其中,1999年首播的由三辰动画制作的《蓝猫淘气3 000问》风靡一时,曾在中国1 020家电视台同步播出,中国大陆的固定观众就高达8 000万,同时,还通过卖片和贴片广告服务的方式扩展产业链,提高了品牌价值。在出口方面,积极扩大海外版权业务,2005年登陆美国迪士尼频道,成为中国动画版权"走出去"的样板,得到世界知识产权组织的赞誉。④

---

① 孙立军.中国动画史[M].北京:商务印书馆,2018:220-221.
② 文立杰.中国动画代加工企业转型研究[D].武汉:华中师范大学,2016:11.
③ 王六一.征途:走向百年的中国动画(第四卷)[M].北京:三辰影库音像出版社,2012:19.
④ 王六一.征途:走向百年的中国动画(第四卷)[M].北京:三辰影库音像出版社,2012:122-123.

迈克尔·波特最早提出的价值链理论,把企业价值链分为内部物流、生产作业、外部物流、市场销售、服务五个基本活动,以及采购、技术开发、人力资源管理和企业基础设施四个辅助活动。① 后来,学者们将价值链简化为设计研发、生产制造和营销及服务三大环节。② 而相关数据显示,在高技术领域,处于两端的研发设计和销售服务各占利润的20%～25%,中间加工环节利润只有5%。③ 在全球产业层面,这种现象被施振荣提炼为全球价值链的"微笑曲线":产业链两端附加值高,中间环节附加值低,形成一个微笑状的曲线。④ 作为创意文化产业,动画行业也包含前期的创意与设计、中期的生产加工、后期的包装发行与营销。全球化时代,这些环节可分布于不同的国家。20世纪90年代之后中国的动画代工便是接收了发达国家动画中间加工环节的订单,利用中国较为低廉的动画人力资源,从事较为基础的动画勾线、上色等生产工作。如图2所示,生产代加工环节处于动画行业全球价值链微笑

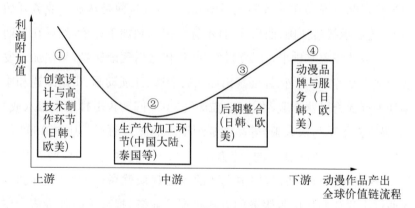

图2　动漫产业全球价值链的微笑曲线⑤

---

① 迈克尔·波特.竞争优势[M].陈小悦,译.北京:华夏出版社,2005:39-42.
② 吕乃基,兰霞.微笑曲线的知识论释义[J].东南大学学报(哲学社会科学版),2010,12(03):18-22.
③ 杨帆.产业升级已成为国家前途生死攸关的问题[EB/OL].(2009-06-04)[2019-12-22].http://finance.ifeng.com/news/opinion/dlgc/20090604/743287.shtml.
④ 施振荣.再造宏碁:开创、成长与挑战[M].北京:中信出版社,2005.
⑤ 刘斯洋.逆向外包:中国大陆动漫产业升级新现象研究[D].上海:复旦大学,2018.

曲线的谷底，多由中国、泰国等承担，而微笑曲线两端的创意设计、高技术制作、影视后期、品牌营销与服务等，都由日韩、欧美等动漫发达国家占据。

总之，改革开放后20多年间，中国动画虽然总体上逐渐复苏，并在产业化方面获得发展，但在国际竞争力方面不尽如人意。

如前所述，在凭借人口红利从事动画低端代工业务的人力驱动时期，坚守"中国学派"的中国传统国营动画制片厂撞上了市场化改革的浪潮，艺术化的动画追求和匠心打磨的生产效率难以满足新时代的需求。因此，在统购包销体制的解体下，以上海美术电影制片厂为代表的动画制片厂在市场化的冲击中迅速衰落。从国营动画制片厂"抽干"动画人才的，是沿海地区如雨后春笋般萌出的合资动画企业和民营动画企业，它们通过高薪高效的市场化运营模式，成为这一时期中国动画产业的主体。但可惜的是，这些初创企业由于实力有限，在动画产业全球价值链中只能扮演代加工的角色，像三辰动画那样具有原创能力且产品可以"走出去"的企业凤毛麟角。

从国际竞争力的角度来看，中国动画产业刚刚从计划经济走向市场经济，却陷入全球价值链微笑曲线的底部。虽然逐渐失去"中国学派"繁荣时期的国际影响力，但在代加工的国际产业分工角色下，培养了动画人才，积累了资本，提升了动画的创意设计与营销能力。日本、韩国和加拿大在成为动画强国之前，都经历了很长一段时间的承接外包加工业务的阶段。[①] 有学者分析认为，这些国家在承接外包业务方面有两个共同点：一是承接外包业务的周期一般为十年；二是原创动画的大发展与该国经济腾飞的时间大致吻合。[②] 按此规律推算，中国动画产业必将在经过一定的积累期之后，完成从代工到原创的转型，中国动画产业国际竞争力也将因此而获得提升。

果然，21世纪伊始，国家政策的东风成为转型和提升的重要推手，

---

① 文立杰.中国动画代加工企业转型研究[D].武汉：华中师范大学，2016：12.
② 文立杰.中国动画代加工企业转型研究[D].武汉：华中师范大学，2016：18.

人力生产要素的驱动逐渐让位于宏观政策的直接驱动,构成 2002—2012 年动画产业发展主旋律。

三、政策驱动主导时期(2002—2012)

如前所述,韩国动画产业的发展经历了从代工到原创的转型。在转型过程中,韩国的动画政策起到了非常重要的作用,让韩国动画产业实现了后发优势。因此,产业政策被认为是后发国家实施追赶战略的关键所在。有研究者通过比较亚洲国家文化产业集聚发展的模式,得出结论:文化产业发展的内在增长引擎源于政府主导性的发育和成长。①进入 21 世纪后,中国动画产业的快速发展,也有赖于政策驱动这一产业发展路径的实施。

(一) 政策驱动下动画产量爆发式增长

新中国成立初期,动画片年产量约为 100 分钟,而至 21 世纪初,产量达到一万多分钟。动画生产机构从 20 世纪 90 年代中期的 50 余家增长到 130 余家,从业人员从 1996 年的 3 000 余人发展到 8 000 余人。但从供需角度看,动画片的年产量依然难以满足上千个电视频道的播放需求,例如 2006 年中国动画片的年产量,也仅与中央电视台《动画城》一个栏目的播放量相当。② 中国动画片市场处于严重的供不应求状态,于是,大量国外动画得以涌入。

在此情况下,提升国产动画产量成为第一要务。2002 年,国家广播

---

① 顾江,昝胜锋.亚洲国家文化产业集群发展模式比较研究[J].南京社会科学,2009(06):38-41.
朱春阳,宋蒋萱.我国电影产业财税扶持政策绩效——一个国际竞争优势培育视角的考察[J].中国文化产业评论,2014,19(01):239-261.
② 刘源.高职高专影视动画专业课程体系改革与实践[C]//四川省高等教育学会.四川省高等教育学会 2006 年学术年会论文汇编.2006:568-571.

电影电视总局发布《影视动画业"十五"期间发展规划》,成为中国政策驱动动画产业发展的起点。随后,国家广播电影电视总局、文化部,以及各地政府部门相继出台了一系列配套政策,推动中国动画产业发展和对外出口。例如,2004年的《中共中央、国务院关于进一步加强和改进未成年人思想道德建设的若干意见》从"动画担负着教育、培养、引导青少年树立正确的世界观、人生观、价值观"的角度,积极扶持儿童影视,尤其是原创国产动画片的生产,要求逐步形成具有民族特色、适合未成年人特点、展示中华民族优良传统的动画片系列。① 这一揽子政策是对国外动画片在中国倾销的回应。当时很多学者将这种倾销上升到"文化入侵"的高度,认为其影响了中国儿童的民族文化认知与认同。2004年通过的《关于发展我国影视动画产业的若干意见》要求促进中国影视动画产业繁荣,构建国产动画片播映体系,培育影视动画交易市场,发挥国家动画创作生产主力军的作用,放开参与中国影视动画产业的开发与经营等。② 在税收补贴方面,2009年的《关于扶持动漫产业发展有关税收政策问题的通知》对动漫企业,特别是原创动漫作品、自主研发软件,从增值税、企业所得税、营业税、进口关税和进口环节增值税四个方面给予税收优惠。更重要的是,2006年颁布的《关于推动我国动漫产业发展的若干意见》将视野从培育国内市场延伸到对国外市场的重视,除了中央财政设立扶持动漫产业发展专项资金以支持优秀动漫原创产品、鼓励社会资本进入动漫产业之外,还提供一系列具有可操作性的补贴措施以支持动漫企业开拓海外市场,包括:提供出口信贷,出口动漫产品享受国家统一规定的出口退(免)税政策,出口动漫版权可适当予以奖励,对在境外提供劳务获得的境外收入不征营业税等。这些政策都在供给端给予动画生产商更优厚的生产补贴,引导更多经济资源涌入动画产业,并鼓励更多本土动画企业完成从国内市场到国外

---

① 荣文婷.浅谈动画定位的调整与成人市场开发[J].中国电视,2006(11):70-72.
② 吴杰.全球化背景下中国动漫产业发展现状评价及其地域分布特征[D].重庆:重庆师范大学,2016.

市场的开拓,以实现产业国际竞争力。

在需求端,中国国产动画片播放的配额制度逐渐形成。早在 2000 年,《关于加强动画片引进和播放管理的通知》中就规定 60% 必须是国产动画片。2005 年,《关于促进我国动画创作发展的具体措施》出台,为了扶持国产原创动画,除了鼓励各级电视台增加动画时段和栏目数量,还规定 17:00—20:00 的黄金时段必须播出国产动画片,规定国产动画片播出总量不得少于六成的播放配额。① 同年,《广电总局关于禁止以栏目形式播出境外动画片的紧急通知》补充规定:禁止以"栏目"形式、以所谓"介绍境外动画片"为由,播出未经审查的境外动画片。2006 年,《广电总局关于进一步规范电视动画片播出管理的通知》将全天播出的国产动画片和境外动画片的比例从之前的 6:4 提高到 7:3。2008 年,国家广播电影电视总局下发新要求,将必须播放国产动画片的时段延后一个小时,即 17:00—21:00,同时强调要严格执行每天国产动画片和引进动画片播出比例不低于 7:3 的规定。

在政策大力扶持之下,国内动画产量激增,中国电视动画片的生产数量从 2005 年的 4.28 万分钟,迅速增长到 2011 年的 26.12 万分钟,一举超过老牌动漫强国日本,成为全球动画产量最大的国家。相应地,中国动漫产业的产值从"十五"末期的不足 100 亿元,迅速增长到 2011 年的 621.72 亿元、2012 年的 759.94 亿元、2013 年的 870.85 亿元。② 2014 年年底更是轻松超过千亿元,高于全国文化产业增加值的增长速度,③ 体现出政策驱动的显著效果。

政府对原创动画的鼓励引导了动画生产业务的变迁。2004 年后,中国动画代工业增速开始放缓,以动画代加工为主营业务的动画公

---

① 虞晓.政策导向清晰 力促品牌建设——对国产动画电影扶持措施的解读[J].当代电影,2013(09):19-22.
② 去年我国动漫产业总产值逾 870 亿[EB/OL].(2014-07-11)[2019-12-22].http://gd.people.com.cn/n/2014/0711/c123932-21643072.html.
③ 2014 年中国动漫产业总产值已突破千亿元[EB/OL].(2015-10-09)[2019-12-22].http://comic.yesky.com/495/97974995.shtml.

司数量开始下滑,服务外包业务在公司的比重也在下降。2010年年末的一项覆盖京、沪、粤、浙等代工工业发达地区的调研显示,在157家样本企业中,只有不到27%的企业开展过动画加工业务。①《2011中国动画企业发展报告》的数据也显示,2011年,在动画企业经营内容方面,自主制作业务占65%,自主合作业务占23%,代加工制作只占12%。②

(二) 量大质次:产业国际竞争力培育的国内外失衡

密集出台的对国产动画的扶持政策和对进口动画的限制政策,带来了动画产量的节节攀升,让中国在2011年成为全球动画片产量最大的国家。同时,中国动画片国际贸易实现顺差,出口量获得提升,2009年全国影视动画片出口额为3 056.6万美元,占全国影视节目出口总额的51.9%。③

然而,繁荣的背后掩盖着巨大的现实问题,"量"的提升并不意味着"质"的保证。

1. 动画片国内产量泡沫

在因政策干预而形成的市场格局下,产品生产能力被认为是抢占市场的核心竞争力。④ 基于此,中国动画片年产量在2006年达到8万多分钟,是2005年的两倍,到2011年更是空前达到26万多分钟。然而,在如此巨大的产量背后,却是动画片质量的下降。

首先,由于缺乏相关的政策约束,在"只要生产、播放便有补贴"的政策导向下,很多动漫企业都选择通过低成本、短生产周期的模仿式生

---

① 牛兴侦.总收入在涨 利润薪资在降——中国动画加工企业经营状况调查[N].中国文化报,2011-02-23(8).
② 中国动画学会,北京大学文化产业研究院.2011中国动画企业发展报告[M].北京:中国科学技术出版社,2011:32.
③ 卢斌,郑玉明,牛兴侦.中国动漫产业发展报告(2011)[M].北京:社会科学文献出版社,2011:14.
④ 朱春阳,黄筱.基于钻石模型视角的区域动漫产业扶持政策比较研究——以杭州、长沙为例[J].新闻与传播研究,2013,20(10):84-102,128.

产实现产量增加并获得不菲的"政策租"。① 例如,2010年对10多个城市的调研显示,市级广电部门设定的"播出奖励"总体水平是:在地级市以上播出的2D动画奖励500元/分钟,3D则翻倍,上限为100万元;在中央电视台播出的,则在此基础上翻倍,上限为200万元。② 其中,2005年,杭州不分2D、3D,每分钟补贴1 000元;2006年,南京对3D动画每分钟奖励3 000元,2D动画每分钟奖励2 000元,每部上限为200万元;2008年才出台政策的郑州一出手就是3D奖励4 000元,2D奖励2 000元,最高不超过500万元;2009年,石家庄市政府更进一步,把奖励金额加码至3D的5 000元、2D的2 000元……③因此,只需"搞定渠道",无论动画片质量如何,企业都可以赚回大量的补贴,补贴金额足以覆盖成本,甚至还能产生利润。

中央电视台曾在晚间23时至次日凌晨1时推出《动漫星空》栏目,播出国产动画片。该栏目制片人透露,《动漫星空》动画片的播出是一种赠予的形式,即动画制作方与中央电视台签订合同,同意该片在中央电视台免费播出。④ 在并没有观众的时段免费播出,国产动画企业的目的就是赚取补贴。这种补贴政策,产生了大量质量极差的动画作品,伤害了中国动画产业的良好生态,也引起了负面的社会影响。例如,2010年由沈阳动漫产业基地创作的30集动画片《雷锋的故事》,其粗制滥造的程度与2 100万元的投资极不相符,豆瓣评分只有2.5分。但就是这样一部动画片,却登陆中央电视台少儿频道,播放时间是凌晨0点,可见又是一部"骗补"之作。还有全盘抄袭美国《汽车总动员》的国产动画片《汽车人总动员》,被迪士尼告上法庭,不仅败诉赔偿,还严重影响了中国动画产业的国际形象。

---

① 雷宏振,张敬博.动漫产业集群发展中"政策租"效应及其对集群知识创新绩效的影响[J].经济经纬,2013(1):56-61.
② 杨泳.中国动画"怪现象"[J].艺术科技,2014,27(04):66,100.
③ 朱涛伟.95%死亡率的动漫行业,《秦时明月》背后的玄机科技是如何成为幸存者的[EB/OL].(2017-03-13)[2019-12-22].https://www.tmtpost.com/2574497.html.
④ 电视频道午夜播动画片 成公司领取政府补贴平台[EB/OL].(2010-07-22)[2019-12-22].http://news.sina.com.cn/m/2010-07-22/095420733967.shtml.

其次，虽然2004年之后中国动画产量突飞猛进地增长，但是相对于电视播出时长而言仍然不足。这种趋势在2011年电视动画产量下滑后更加延展。2018年动画片播出时长37.45万小时。然而，从播出/制作发行比来看，2011—2017年该比例增长趋势明显，2017年竟然达到260倍。换言之，电视台每播出260分钟的国产动画，制作公司才做出1分钟的新动画。① 即便是制作出来的动画，也只有很少质量能够登陆电视频道，因此，电视频道中呈现出少数质量优秀的动画片"霸屏""联播"的情况。例如，2013年首播的《熊出没之丛林总动员》，2019年1月2日在湖南金鹰卡通黄金时段(17:00—23:00)仍然能以1.80%的收视率夺魁，而同时段的竞争对手《新大头儿子和小头爸爸之梦幻乐园奇遇记》(2017年1月作品)和《爆裂飞车3》(2018年3月作品)也皆非新作。② 有研究者统计指出，2013年中央电视台少儿频道和5家上星动画频道共播出120部动画片，其中，新片仅有21部，同比下降16%，③ 显示出动画电视领域创新严重不足。

最后，全国遍地开花的动漫产业园区，很大程度上也不是靠园区的硬条件真正吸引企业入驻，企业进驻开发区的主要目的是获取园区的补贴——"政策租"，入驻动漫公司的"扎堆"并不具备产业集群所应有的产业集聚效应。④ 通常，这类企业不是整体入驻，而是仅仅挂牌，实际业务所在地仍在北京、上海、广州等发达地区。它们被称为"候鸟"，看中各地政府扶持地区动漫产业的补贴政策，不断地迁徙到有更多产业政策优惠的地方。⑤

---

① 国金证券.娱乐行业深度研究:《哪吒》爆红之后,国产动画的"复兴之路"才刚刚开始呢[EB/OL].(2019-08-12)[2019-12-22].http://wk.askci.com/details/ef767e7a87484ba0802647e856159fb8/.
② 漫收视.1月2日榜单:《熊出没之丛林总动员》霸占榜首;《宇宙护卫队》和《云奇飞行日记3》在白天时段名列前茅[EB/OL].(2019-01-03)[2019-12-22].https://mp.weixin.qq.com/s/CywZE_X5_9Yr8BoNQ_knsA.
③ 宋磊.2013年中国电视动画产业发展情况[J].出版广角,2014(18):66-69.
④ 郑江淮,高彦彦,胡小文.企业"扎堆"、技术升级与经济绩效——开发区集聚效应的实证分析[J].经济研究,2008(05):33-46.
⑤ 沈玉燕,钱言.杭州创意产业提升商业模式竞争力的研究——基于动漫产业现状调研[J].价值工程,2010,29(18):174-175.

2. 动画片国际出口乏力

自加入世界贸易组织开始,中国就开始布局文化"走出去"工程。2001 年,中央宣传部、国家广播电影电视总局、新闻出版总署联合发布的《关于深化新闻出版广播影视业改革的若干意见》和文化部颁布的《文化产业发展第十个五年计划纲要》提出,要鼓励文化产业单位面向国际市场,充分利用两个市场、两种资源发展外向型文化产业,出口优秀的、具有民族特色的文化艺术产品。① 同年年底,国家广播电影电视总局发布《关于广播影视"走出去工程"的实施细则》,明确了培育中国影视节目国际竞争力是发展的未来重要目标,标志着中国"文化走出去工程"的正式启动。此后,几乎每年都有文件出台,用补贴、退税等一系列措施持续推动中国文化产品的出口国际贸易。在这样的政策背景下,中国动画业出口贸易获得长足发展。2009 年,中国动画片出口3 056.6 万美元,占影视节目出口总金额的 51.9%,首次超过电视剧等节目类型,成为出口额第一的影视节目。②

然而,正如前文所述,中国电视动画的出口呈非常不稳定的波动状态,动画产业国际竞争力不足,主要出口国家集中在中东和非洲,对于欧美等动画发达国家,中国动画的登陆战还未打响,"走出去"仍任重而道远。③

总之,近十几年,为促进动漫产业发展,政府推出多项政策措施,显著提高了产量,也形成出口贸易顺差。但是,从质的角度衡量,无论是国内市场还是国外出口,都难以令人满意。有学者甚至措辞严厉地认为,2004 年以来中国动画的发展是一种"虚假繁荣",并形成了经济和文化的"双重怪圈"。④ 迈克尔·波特认为,"国际竞争中成功的产业必然

---

① 黄筱.我国动漫产业国际竞争力培育政策研究[D].上海:复旦大学,2014.
② 中华人民共和国国务院新闻办公室.广电总局发言人就 09 年我国影视文化产品和服务出口情况答问[EB/OL].(2010-03-22)[2019-12-22].http://www.scio.gov.cn/xwfbh/gbwxwfbh/xwfbh/gdzj/Document/579906/579906.htm.
③ 耿蕊.中国动画产业组织优化研究[M].北京:学习出版社,2014:73.
④ 苏锋.从"政策红利"到"管理红利"——兼谈中国动画产业国际化经营的战略思考[J].同济大学学报(社会科学版),2014,25(01):58-62.

先经过国内市场的缠斗,迫使彼此进行改进和创新",产业的竞争优势是一个由内而外的过程,"海外市场则是竞争力的延伸"。① 国内没有竞争对手的"超级明星企业",通常并不具有国际竞争能力,因为它"往往是政府补贴和保护下的产物,政府介入的痕迹明显,而且扭曲了竞争的样貌"。② 可见,在政策驱动主导时期,中国动画产业国内的产量泡沫和对外出口的弱势是同源的,都显示出中国动画产业国际竞争力的羸弱。

单纯的产量刺激和财政补贴不能成为长久之计,最终的产业发展效果仍有很大的优化空间。中国动画产业在十年突飞猛进发展之后,无论是政府政策还是企业战略,都需要完成从量到质的观念转变。于是,动画产业的"提质增效"成为新时期的核心着力点。

四、技术驱动主导时期(2012 年至今)

21 世纪以来,动画产业被认为是影视产业中政策扶持最明显的一个领域。③ 但面对量与质之间的失衡,政府部门意识到之前一系列政策所带来的负面后果,于是从政府规制层面开始陆续转轨。

2012 年,文化部印发《"十二五"时期国家动漫产业发展规划》,标志着产业政策方向的转型。该规划明确将追求"增量"转向"提质",确立"十二五"时期国家动漫产业发展的主要目标是"推动我国从动漫大国向动漫强国跨越发展"。时任文化部产业司司长刘玉珠表示,"动漫强国"是指"动漫产业产值、效益良好,创意、质量优秀,品牌、形象突出,企业具有竞争力,消费能力强劲,专业人才不断涌现"。④ 规划强调,要发挥市场机制对动漫文化资源配置的积极作用,政府对动漫产业的扶持方式从税费补

---

① 迈克尔·波特.国家竞争优势[M].李明轩,邱如美,译.北京:华夏出版社,2002:110,579.
② 迈克尔·波特.国家竞争优势[M].李明轩,邱如美,译.北京:华夏出版社,2002:110.
③ 朱春阳.我国影视产业"走出去工程"10 年的绩效反思[J].新闻大学,2012(02):110-117.
④ "十二五"动漫规划发布[EB/OL].(2012-07-13)[2019-12-23].https://www.bjnews.com.cn/net/2012/07/13/209986.html.

贴和播出保护开始逐渐转向培育企业主体、完善投融资服务等市场化手段。自此，动画产量的水分被迅速挤出。2012年以后，各地的动画补贴政策开始减少，一大批投机的动画公司应声倒闭。① 电视动画片的产量开始进入下行通道，虽然在2020年曾短暂攀升至116 688分钟，但总体上2017—2022年都在8万分钟左右徘徊，回到2006年的水平(见图3)。②

图3　2004—2022年中国电视动画片年产量

与"政策"这一持续了十几年的因素相比，2012年之后动画产业出现的最大变量就是"互联网"这一"技术"变量。苏锋和何旭研究指出，大数据、云计算、网络传输等技术为动画产业带来了巨大的创新，视频网站的出现也打破了体制垄断，有助于动画产业转型升级。③ 一直处于播放渠道垄断地位的电视频道，其实际播出时长近年来比较稳定，播出空间已经饱和。④ 视频网站蓬勃发展，打开了中国动画产业全新的成长

---

① 王雅莉.《哪吒》之前，被遗忘的中国动画三十年[EB/OL].(2019-09-15)[2019-12-23]. https://www.jiemian.com/article/3502988.html.
② 参见国家统计局年度国民经济和社会发展统计公报。
③ 苏锋，何旭.从"求生存"到"求升级"——兼谈中国动画产业国际化战略的双重转化[J].同济大学学报(社会科学版)，2016，27(03):41-49.
④ 孙立军，孙平，牛兴侦.中国动画产业发展报告(2017)[M].北京:社会科学文献出版社，2017:6.

空间。它们不仅是一种容量无限的渠道,而且以腾讯、优酷、爱奇艺、哔哩哔哩为代表的视频网站,作为动画产业的参与主体,以其国际化企业的面貌和雄厚的资本实力,积极向产业链的上下游扩张,不仅通过"百番计划""创计划""轻春联盟""晨星计划"和"苍穹计划"等战略来促进网络动画生产和人才培养,还带动了动画的网络营销、网络消费等一系列变革。

21世纪的第二个十年,是网络视频蓬勃发展的十年。《中国视听新媒体发展报告(2018)》的数据显示,2017年在线视频市场规模952.3亿元(2012年为90亿元),年均增幅超过50%。当年网络视听节目收入142.98亿元,其中,用户付费收入占比78.86%,节目版权收入占比15.38%。[①] 艾瑞咨询的数据也显示,近年来,在线动画市场极速提升,广告收入和用户付费收入从2012年的6.8亿元极速攀升至2018年的124.5亿元。[②]

《2019中国网络视听发展研究报告》指出,截至2018年12月,中国网络视频用户规模达7.25亿,占网民总数的87.5%,网络视听已占据互联网数据访问总流量的80%以上。[③] 其中,头部网络视频平台做出了巨大贡献。以爱奇艺为例,根据其招股说明书,截至2017年年底,爱奇艺移动月平均访问用户为4.21亿,移动日平均访问用户为1.26亿;用户在爱奇艺平台总计观看了92亿小时的视频内容,每个用户平均每天观看时长为1.7小时。2019年6月,爱奇艺的会员数量突破1亿,中国视频付费市场正式进入"亿级"会员时代。哔哩哔哩在2019年第一季度也实现月均活跃用户首次破亿,达到1.01亿,同比增长31%。其中,移动端月活跃用户为8 860万,同比增长39%。2019年3月,腾讯视频

[①] 周煜媛.视频网站崛起14年,已成影视发展新势力[EB/OL].(2018-12-21)[2019-12-23].http://www.sohu.com/a/283599932_613537.

[②] 艾瑞咨询.2019年中国动画行业研究报告[EB/OL].(2019-07-05)[2019-12-23].http://www.199it.com/archives/900660.html.

[③] 央视网.《2019中国网络视听发展研究报告》发布 我国网络视频用户规模7.25亿[EB/OL].(2019-05-29)[2019-12-23].http://news.cctv.com/2019/05/29/ARTIPvSTd0RB5wGcoyrM8gPP190529.shtml.

付费会员达到 8 900 万,距"破亿"仅一步之遥。有数据显示,爱奇艺、腾讯视频、优酷在付费用户 14 日留存率方面,2019 年 6 月的数据分别为 58.3%、57.5%、42.9%。① 由此可见,网络付费视频消费已经成为如今受众的重要媒介使用习惯。

与之相较,电视渠道却在走向没落。根据国家统计局公布的数据,中国电视节目综合人口覆盖率在 2017 年达到 99.1%,但付费电视用户只有 7 014 万。② 易观千帆的《中国网络视频市场年度分析 2019》报告中整理了 2011—2018 年中国电视观众收视时长和网民上网时长的对比,前者逐渐下降,后者稳步提升,显示出非常明显的此消彼长的趋势,意味着用户信息接触主渠道的变换。③

在产业格局巨变之下,动画产业在国内市场中释放出极大的活力,最重要的变化就是动画片开始逐渐摆脱"低幼"的唯一定位。正如前文所述,中国动画片从诞生伊始就被赋予了强烈的儿童教育色彩,在政策定位和电视渠道垄断的双重锁定之下形成了几十年的路径依赖,低幼化成为限制中国动画产业发展空间的桎梏。综观从电视频道中走出来的热门 IP,从《喜羊羊与灰太狼》《熊出没》到《猪猪侠》《超级飞侠》,至六大儿童卫视频道每天收视率排行榜前十位的动画片,几乎都是低幼作品。据国家新闻出版广电总局发布的全国国产电视动画片制作备案公示数据,在 2016 年全年备案公示的动画片中,童话题材(占比 50%)和教育题材(占比 16%)仍然高居前两位。④ 而反观网络动画,爱奇艺用户 53% 为 20~29 岁;哔哩哔哩声称其主要用户人群属于"Z 世代"

---

① QuestMobile 研究院.QuestMobile2019 付费市场半年报告[R/OL].(2019-08-30)[2019-12-23].http://www.jiyw.com/article/detail/post-508.html.
② 国家统计局.电视节目综合人口覆盖率[EB/OL].(2019-01-01)[2019-12-23].http://data.stats.gov.cn.
③ 易观国际.中国网络视频市场年度分析 2019:面朝挑战,机遇再生[EB/OL].(2019-10-12)[2019-12-23].http://data.eastmoney.com/report/zw_industry.jshtml?encodeUrl=TCPSrcV4fb7TMEGJwbqfyUR/aFlNEXI+5ZiwbSdLYBs=.
④ 三文娱.国产电视动画五大特征[EB/OL].(2017-01-04)[2019-12-23].http://baijiahao.baidu.com/s?id=1555574163324438&wfr=spider&for=pc.

(Generation Z),即"95后"和"00后"。① 艺恩《2017中国在线动漫市场白皮书》显示,2017年的动画视频流量中,成人向和全龄向动画占33%的比例,腾讯和优酷的成人向动画比例已经超过儿童向和青少年向动画的比例。②

国内市场的培育也带来了国际市场的开拓,网络动画片在"走出去"方面成绩斐然。与电视动画多向东南亚、中东和非洲等不发达地区出口不同,中国网络动画片在面向动漫大国日本的出口方面表现非常活跃。2015年,国产动画《雏蜂》日语版通过YouTube等视频网站向日本公开;2016年,《从前有座灵剑山》《一人之下》《龙心战纪》等多部中日合拍动画相继登陆日本电视台;2017年,《灵契》《狐妖小红娘》等由中方独自制作的纯中国动画再次登陆日本电视台。③ 出海日本的动画数量大幅增加,表现形式越来越丰富。在出海方式上,出现了节目出口、联合制作、逆向外包、海外直接投资等多种方式。这些出海日本的动画片,背后更多的是以腾讯、爱奇艺、优酷、哔哩哔哩为代表的头部互联网平台的身影。

2015年7月4日,国务院印发《国务院关于积极推进"互联网+"行动的指导意见》,正式提出"互联网+传统行业"的发展理念。互联网成为与传统行业进行深度融合,进而创造新的发展生态的技术和平台。在这一宏观政策背景下,互联网这一技术变量与中国传统动画行业发生了深度交融,以爱奇艺、优酷、腾讯为代表的头部互联网视频平台则成为这种交融的载体和执行者,通过激烈的市场竞争,携手促进中国动画产业国际竞争力的提升。

---

① 安福双.干杯! B站的野望:二次元娱乐生态圈[EB/OL].(2018-11-27)[2019-12-23]. https://mp.weixin.qq.com/s/tdd9_EJmDRv-EvnN9INX5Q.
② 广东省动漫行业协会.艺恩发布《2017中国在线动漫市场白皮书》[R/OL].(2018-04-12)[2019-12-30].https://www.sohu.com/a/228109559_502894.
③ 朱春阳.新媒体、新文化、新产业:技术催化的产业融合创新之路——读《新媒体与文化艺术产业》有感[J].青年记者,2019(16):84-85.

本章小结
互联网开启动画产业创新驱动新阶段

迈克尔·波特在分析国家竞争优势发展时,提出"四阶段论",其中,"进步"阶段包括生产要素驱动、投资驱动、创新驱动三个阶段,而"衰退"阶段则为财富驱动(wealth-driven)阶段。[①] 大多数国家的产业国际竞争力在提升的过程中大致都要经历从土地、人力等生产要素驱动的时期,到以资本刺激发展的时期,最终成长为依靠创新能力获得产业国际竞争力的高级阶段。如今动画产业发达的国家日本和美国,无不是依靠其创意能力来获得微笑曲线左侧的高附加值,而把代工环节交由东南亚等发展中地区。因为归根结底,创新能力是不可复制的,但生产要素和投资都是无差别的,并且可以跨国自由流动和转移。

1978—2002年中国动画产业代工时期,国际竞争优势的基础在于沿海地区低廉的动画劳动力成本资源,即人口红利。这一时期对应了迈克尔·波特的生产要素驱动阶段。这种低成本、低技术含量、劳动密集的产业特性,使中国动画产业链在嵌入全球动画产业链时,国际竞争力被锁死在微笑曲线的谷底,无法获得更高的增加值,难以形成更强大的产业力量。动画产业本质上是内容产业,而内容产品的核心竞争力并非集中于低成本,更多源于创新创意的能力。内容产业是否具备核心竞争力,主要看该产业是否形成有利于创新能力的产业环境。[②] 而对当时处于从代工到原创艰难转型阶段的中国动画业而言,谈创新能力还为时尚早。

进入21世纪,政策驱动时期拉开大幕。中国经济的飞速增长,为

[①] 迈克尔·波特.国家竞争优势[M].李明轩,邱如美,译.北京:华夏出版社,2002:534.
[②] 朱春阳,黄筱.基于钻石模型视角的区域动漫产业扶持政策比较研究——以杭州、长沙为例[J].新闻与传播研究,2013,20(10):84-102,128.

动画产业提供了坚实的经济基础，政府补贴和企业投资都十分可观。这一阶段处于迈克尔·波特所分析的生产要素驱动到投资驱动的过渡阶段。但即便政府投入大量资金进行补贴，并通过政策引导大量社会资本的流入，最终只带来动画产业短期的繁荣，并未形成基于创新关系网络的产业集群，导致中国动画产业国际竞争力建设缺乏坚实的基础结构，只是追随政策"逢场作戏"，造成产能泡沫，出口效果不佳。

2012年之后，随着政府政策向"提质增效"转型，以往过分的补贴政策开始以更有效率的方式展开，大量靠补贴产能的消除意味着中国动画产业开始进入新的历史阶段。在这一时期，以互联网为基础的技术要素形成了新的驱动力，并在国内和国外两个市场中表现出前所未有的活力。生产、发行、营销等市场创新被互联网这一变量激活，让我们对这一时期动画产业国际竞争力充满了期待。中国动画产业开始从投资驱动向最高层级的创新驱动进发。

在动画产业令人刮目相看的表现背后，互联网是否真正使中国动画产业国际竞争力培育跳出以往的路径，实现了培育路径的创新呢？

在迈克尔·波特的产业国际竞争力钻石模型中，产业国际竞争力的培育有赖于四种产业环境要素的优化，有赖于产业集群的最终形成。互联网作为一种技术性机会，对钻石模型中产业环境四要素带来了怎样的影响？

本书将在第二章至第五章逐一分析钻石模型四要素的变化。第六章则回答：互联网与中国动画产业的结合最终是否形成基于创新关系网络的产业集群。

第二章
平台化：互联网消解动画产业生产要素区域割据

在产业国际竞争力评估的钻石模型中，国际竞争力的培育需背靠四种环境要素：生产要素、需求要素、相关产业和支持产业、企业战略/结构和同业竞争。其中，生产要素的相对优势是国际贸易的起源。大卫·李嘉图在《政治经济学及赋税原理》中提出了经典的比较优势贸易理论，认为源于不同生产要素优势的产品相对成本的差别，导致国与国之间的相互交换，国际贸易由此产生。其中，生产要素是任何一个产业最上游的竞争条件。[1]

本章讨论在互联网技术背景下，动画产业的生产要素发生了哪些变化。互联网本质上是一种连接方式，本身可能不会产生资源，但带来了资源的更优化配置。如前所述，在政策驱动时期，生产要素被各地区域性产业扶持政策隔离在当地，形成了"诸侯经济"现象，不利于大国市场的实现。本章尤其关注动画产业生产要素的聚集方式发生了怎样的革命性变迁。

根据以往的研究[2]，生产要素主要可以划分为以下几类。

第一，天然资源。这一资源在传统工业中主要包括土地、能源、地理位置、气候等最基础的空间资源。

---

[1] 迈克尔·波特.国家竞争优势[M].李明轩,邱如美,译.北京：华夏出版社,2002：70.
[2] 迈克尔·波特.国家竞争优势[M].李明轩,邱如美,译.北京：华夏出版社,2002：70-71.
杨健.基于钻石理论的中国动漫产业竞争力评价研究[D].大连：大连海事大学,2014：52-54.

第二,基础设施。基础设施是一个产业成长的结构性空间基础,如运输条件、通信系统、保障系统、房屋供给、文化机构等等。在动画产业中,基础设施表现为地域上的集中形态——动画产业聚集区、产业基地或产业园区。

第三,人力资源。包括人力成本、工作量、人力资源的技术水平等。

第四,知识资源。既包括在科学技术方面的知识,也包括在市场方面的知识,尤其指其中的技术和知识创新情况。知识资源存在于大学、政府研究机构、私立研究单位、政府统计部门、商业与科学期刊、市场研究报告与资料库、行业协会及其他来源。

第五,资本资源。包括企业资本、国家补贴、银行信贷情况等。

基于以上分类,本书将天然资源和基础设施作为整体的空间资源进行分析,在此之下再分别讨论人力资源、知识资源、资本资源等细化的生产要素。

一、平台:互联网结构下动画产业生产要素聚集新方式

杨培芳认为,人类社会的信息结构代表其经济结构。其中,"中心辐射"是农牧时代的经济结构,"分级控制"是工业时代的经济结构,"扁平关联"才是信息时代的经济结构。在扁平关联的基础结构下,互联网方式代表最先进的生产力。[①] 互联网改变了经济的组织方式和运行模式。

在罗纳德·哈里·科斯的交易费用理论中,由于不同主体进行交易活动会产生大量的交易费用,因此,以企业的制度安排来内化和降低交易费用,可以提高市场运行的效率。企业划定了将外部性内化并降低交易费用的边界:在企业边界内的,用行政等级的治理结构(hierarchical contracting);在企业边界外的,用市场买卖的治理结构

---

① 陈禹,杨培芳,姜奇平,吕本富,吴绪亮.互联网时代的经济学革命[J].财经问题研究,2018(05):3-20.

(market contracting);跨企业边界的,用关系联盟的治理结构(relational contracting)。①

随着市场经济和新兴技术的发展,需求产生碎片化趋势,企业内部交易成本升高,既有的边界遭遇挑战,于是诞生了新的制度安排形式——平台经济。② 2003 年,法国图卢兹学派让·夏尔·罗歇(Jean-Charles Rochet)和诺贝尔经济学奖得主让·梯若尔(Jean Tirole)率先提出"双边市场"和"平台竞争"的概念,构建适用于双边市场研究的经济模型。③ 戴维·S.埃文斯则将平台称为"多边市场",网络经济学是其理论基础。④

平台(platform)是一个真实或虚拟的空间,可以引导或促进两个或更多客户之间的交易,其核心是连接(connection)、架桥(bridge)或媒合(matchmaking)。平台企业具有双边市场特征,其行为具有显著区别于传统的单边市场的经济特征。⑤ 相较于罗纳德·哈里·科斯的企业和市场二分法,平台延伸了经济参与主体的边界。它广泛地降低了交易成本,激发了正网络外部性。平台参与者越多,交易成本越低,效率也越高。⑥ 平台经济得以迅速发展,重新定义了价值创造的方式,改变了消费者的行为,也改变了多个行业的产业结构。⑦

---

① 鲍勇剑.营造魅力企业[M].上海:上海人民出版社,2007:63-68.
② Cusumano M A. Staying power:Six enduring principles for managing strategy and innovation in an uncertain world[M]. Oxford:Oxford University Press,2010:17-52.
③ Jean-Charles Rochet & Jean Tirole,Platform competition in two-sided markets[J]. Journal of the European Economic Association,2003,1(4):990-1209.
④ 戴维·S.埃文斯.平台经济学:多边平台产业论文集[M].周勤,赵驰,侯赟慧,译.北京:经济科学出版社,2016:1.
⑤ 徐晋,张祥建.平台经济学初探[J].中国工业经济,2006(05):40-47.
陈红玲,张祥建,刘潇.平台经济前沿研究综述与未来展望[J].云南财经大学学报,2019,35(05):3-11.
⑥ Cusumano M A.Staying power:Six enduring principles for managing strategy and innovation in an uncertain world[M]. Oxford:Oxford University Press,2010:17-52.
崔晓明,姚凯,胡君辰.交易成本、网络价值与平台创新——基于38个平台实践案例的质性分析[J].研究与发展管理,2014,26(03):22-31.
⑦ 柳卸林,丁雪辰.2017年中国创新50人论坛"平台经济与中国制造的未来"[J].今日科苑,2017(10):80-85.

第二章 平台化：互联网消解动画产业生产要素区域割据

在互联网技术背景下，网络平台成为整合产业链、提高资源配置效率的新型经济组织模式，①重组了产业资源，激发了企业活力。在"互联网+"战略的推动下，各种互联网平台层出不穷，涵盖教育、医疗、政务，以及与互联网具有天然亲缘的媒体行业。在互联网内容平台上，数字化信息的流动和沉淀成为人工智能和大数据计算的基础，用户生产内容（UGC）和专业用户生产内容（PUGC）等新内容生产模式的出现也带来了大规模的社会化内容生产。

互联网平台经济有三个重要特征：一是平台与市场、企业同等地位；二是社会的主导公司形态从产品型公司转向平台型公司；三是技术驱动的互联网平台成为经济、社会与生活中新的资源配置与组织方式②。例如，从社交软件起家的腾讯，如今已经变身为互联网平台公司，下属的大型事业群业务涵盖个人生活的方方面面。2018年，腾讯向产业互联网进军的战略规划，将企业组织纳入其平台，进一步扩大平台的影响力。互联网平台经济随着其巨大的社会经济影响力，成为国家关注的重点。2019年8月1日，国务院办公厅印发的《国务院办公厅关于促进平台经济规范健康发展的指导意见》指出，互联网平台经济是生产力新的组织方式，是经济发展新动能，对优化资源配置，促进跨界融通发展和大众创业、万众创新，推动产业升级，拓展消费市场，尤其是增加就业，都有重要作用。③

保罗·兰利（Paul Langley）和安德鲁·莱森（Andrew Leyshon）将互联网平台分为在线交易市场、社交媒体平台、共享经济平台、众包平台、众筹和P2P无担保贷款平台五种，覆盖互联网上的物质商品交易、精神

---

① 陈红玲,张祥建,刘潇.平台经济前沿研究综述与未来展望[J].云南财经大学学报,2019,35(05):3-11.
② 陈禹,杨培芳,姜奇平,吕本富,吴绪亮.互联网时代的经济学革命[J].财经问题研究,2018(05):3-20.
③ 国务院办公厅关于促进平台经济规范健康发展的指导意见[EB/OL].(2019-08-08)[2019-12-23].http://www.gov.cn/zhengce/content/2019-08/08/content_5419761.htm.

商品交易、资产租赁交易、劳动服务交易、货币金融交易等市场领域。[①]对于动画产业而言,互联网平台主要指以爱奇艺、腾讯视频、优酷、哔哩哔哩为代表的动画视频网站。这些网站汇聚了动画的买家——动画视频受众,也汇集了动画的卖家——动画制作和发行商。随着动画制作技术学习成本日益下降、UGC 和 PUGC 的内容生产制作模式日渐成熟,动画消费者也可以逐渐成长为个人生产者,如动漫 UP 主。当然,由于动画片的制作门槛仍高于小说和漫画,因此,以爱奇艺、腾讯视频、优酷、哔哩哔哩为首的动画网络平台,尤为重视聚集动画片生产商的组织和生产要素。对于早已成为买方市场的互联网动画平台商而言,只有生产出好的内容,才能吸引更多消费者,继而启动网络平台经济正外部性的按钮。

在传统产业模式中,这一汇聚生产要素的平台多由产业集群承担工作,比如好莱坞、宝莱坞等影视产业集群,日本东京练马区和杉并区两个动漫主产区,以及遍布中国各地的动漫产业园区。各类生产要素以地理维度聚集,产生连接,形成产业网络,推动产业效率的提升。而在互联网技术背景下,互联网平台成为产业集群的新载体。中国动画产业从总体上作为基础设施的空间平台的构成,到人力资源、资本资源和知识资源三种生产要素,都在互联网平台的作用下形成了新的汇聚和变革。

二、空间平台:互联网平台打造跨地域基础设施

平台是连接上下游、供需端或买卖方的第三方或第四方服务,也是在撮合交易、资源配置、开源创新等过程中,通过降低交易费用、分享价

[①] 王彬彬,李晓燕.互联网平台组织的源起、本质、缺陷与制度重构[J].马克思主义研究,2018(12):65-73.
Paul Langley & Andrew Leyshon. Platform capitalism: The intermediation and capitalisation of digital economic circulation[J]. Finance and Society, 2017, 3(1): 11-31.

值增值收益的经营实体。① 与传统的实体集群相比,互联网平台经济的价值在于连接的特性,通过互联网进行连接,从而在虚拟空间中打破传统产业中的时空概念,让企业从本地走向全球市场。同时,依靠对长尾的低成本开发,拓展了过分依赖头部企业的发展模式,一定程度上也削弱了垄断,激发了产业活力。

在生产要素方面,天然资源和基础设施是最基础的空间要素,包括土地、能源、交通、通信,以及地理位置、厂房等基础要件。在传统时代,这些空间要素需要以产业集群的方式聚集,方能发挥最大化效用。全国各地已经有数十个省级以上的动漫产业基地或园区,但总体来看,中国动漫产业园区存在"集而不群"的现象。冲着补贴而来的"候鸟"型企业较多,产业园区内部大多数企业仍是"自扫门前雪",没有形成产业互动,有的产业园甚至沦为挂着"创意文旅"招牌的餐饮聚集区,没有实现产业园建设的初衷。

在爱奇艺、优酷、腾讯、哔哩哔哩等视频网站加入中国动画产业的产业链之后,互联网作为数字经济的基础设施,在动画产业中开始逐渐发挥作用。互联网平台通过大数据和算法连接生产者和消费者,形成精准的匹配。更重要的是,爱奇艺、优酷、腾讯、哔哩哔哩等视频网站作为平台企业,以互联网为底层技术架构,组织和建设动画产业的互联网基础设施,在国内网络虚拟空间中聚合生产要素。

在传统视频行业中,如中央电视台,周边就坐落着大大小小的节目制作和加工机构,等待中央电视台栏目的外包业务,形成了小规模的产业集群。好莱坞更是影视产业集群的代表,甚至能达到"只要你有一个故事",就可以在好莱坞找到所有的导演、演员、拍摄、后期和宣传、发行资源,产业集群内部的正外部性得以达成。如果按照传统产业聚集的方式来衡量,爱奇艺、优酷、腾讯、哔哩哔哩四家动画网络平台都具有优越的地理位置。爱奇艺和优酷总部设在北京,腾讯总部位于深圳,哔哩

---

① 陈禹,杨培芳,姜奇平,吕本富,吴绪亮.互联网时代的经济学革命[J].财经问题研究,2018(05):3-20.

哔哩总部在上海,覆盖中国前三大经济中心。然而,围绕三家总部却没有形成基于地域的产业聚集区。这是因为如今生产要素聚集已经脱离传统工业时代必须"坐在一起"的方式,而是通过互联网实现云端共连。在第六届世界互联网大会上,爱奇艺首席内容官兼专业内容业务群总裁王晓晖就表示,5G 配合 AI 技术,加上越来越强大的云端和远程协同计算能力,动画生产的效率将得到质的提升。①

在全国性空间平台的打造方面,爱奇艺、优酷、腾讯、哔哩哔哩四家展开了激烈的竞争。具体而言,主要通过三种方式来建设动画产业的基础设施:一是通过采购动画产品,积累版权,以此来聚合用户,进而沉淀大量的用户数据,构成动画生产精准化升级的数据基础设施;二是通过多种方式联合生产制作公司,促进动画生产,并将生产力凝结到平台上,形成生产者聚集的空间平台;三是作为平台公司,梳理内部动画生产制作架构,形成生产上的效率示范。

(一) 内容采购和用户数据积累

由于电视频道对动画播放有国外限额政策,很多优秀的国外动画片,尤其是青年向、成人向动画片无法在电视频道中播放,因而失去了大量动画受众。互联网出现之后,AcFun 和哔哩哔哩等动画视频分享网站开始重新引进国外动画。开始时多以个人上传的盗版形式传播,在形成爱奇艺、优酷、腾讯、哔哩哔哩四家头部动画视频平台的格局后,盗版现象开始受到遏制,视频平台运用资本优势大量采购国外动画,聚拢国内动画爱好者,积累了海量用户数据,构成动画产业在互联网时代新型空间平台的数据基础。这些数据基础为动画生产者准确定位生产、动画分发者精准投放,提供了像传统产业集群中土壤和能源一样的基础作用。

在外购版权内容方面,背靠百度、阿里巴巴、腾讯且均为上市公司

---

① 爱奇艺王晓晖出席乌镇世界互联网大会:5G 打破视频消费和创作的时空限制[EB/OL]. (2019 - 10 - 24)[2019 - 12 - 23]. http://science.china.com.cn/2019 - 10/24/content_40933581.htm.

的网络视频平台一向出手阔绰。

据ACGx统计,在230部日本2018年新番动画中,78.7%的作品被各大视频平台正版引进,共计181部。其中,哔哩哔哩和爱奇艺在数量上占据绝对优势。① 2018年,爱奇艺版权内容同比增长45.7%,总量达77.95亿元,在整体内容中的比例远超自制内容,并实现了《航海王》《名侦探柯南》《龙珠》《奥特曼》《火影忍者》《蜡笔小新》等头部日本动漫的全覆盖。2019年仅前三季度,爱奇艺就投入165亿元来购买内容。爱奇艺购买国外动画版权,主要看中国外经典动画对于中国观众的吸引力,以此来推广其会员制度,形成稳定的客户群体。②

作为国内较早布局的视频平台,爱奇艺动漫频道已拥有1400多部动画作品,覆盖百度搜索风云榜前200名之内的95%的国产动漫剧集和众多海外经典动画片。③ 引进众多国外动漫,单纯靠以往"免费播放-广告盈利"的方式是难以收回成本的。随着互联网付费技术的完善,网络动画呈现出的一个重要特征是,引进动画逐渐都被各大平台纳入收费会员体系之中。例如,2018年爱奇艺和哔哩哔哩两家在引进日本番剧时,就逐渐实施了"仅收费会员观看"制度,至年底基本覆盖所有热门番剧。④

在丰富的内容资源库的吸引下,各大平台的会员数量逐渐攀升。2019年第三季度财报显示,爱奇艺会员服务收入37亿元,同比增长30%,在第三季度末,订阅会员规模达到1.06亿,订阅会员规模同比增长31%。腾讯视频会员在2019年第一季度也达到8900万,其中,作为动画消费主力军的"90后"用户占比超七成。在活跃度方面,Quest Mobile

---

① ACGx.2018年新番动画引进市场 已全面进入了付费时代[EB/OL].(2018-12-20)[2019-12-23]. https://baijiahao.baidu.com/s?id=16203734330529658998&wfr=spider&for=pc.
② 三文娱.BAT花多少钱买内容?腾讯前三季度559亿元,爱奇艺165亿,阿里大文娱亏损减少[EB/OL].(2019-11-19)[2019-12-23].https://finance.ifeng.com/c/7rikQfgBqFU.
③ 文化部、爱奇艺、中国传媒大学联合发布《中国动漫指数报告》[EB/OL].(2014-09-29)[2019-12-23].http://science.china.com.cn/2014-09/29/content_33649067.htm.
④ ACGx.2018年新番动画引进市场 已全面进入了付费时代[EB/OL].(2018-12-20)[2019-12-23]. https://baijiahao.baidu.com/s?id=16203734330529658998&wfr=spider&for=pc.

数据显示,2018年12月,爱奇艺、腾讯视频分别以1.18亿、1.12亿的月日均活跃用户数稳居行业前两名;优酷月日均活跃用户数为7 512.09万,排名第三;哔哩哔哩和芒果TV在垂直细分领域持续发力,分别以2 147.76万和1 683.71万的月日均活跃用户数排名第四和第五。[①] 2019年,企鹅影视高级副总裁韩志杰表示,"国漫品类是腾讯视频最具潜力的会员拉新部分,目前涨势较好,上升空间较大"。[②]

在用户数据层面,平台组织出现后,信息就被按照标准格式提取出来而成为数据,单个组织内部分割、间断、延迟的"小数据"被跨产业、跨组织的联系、连续、实时的"大数据"取代。掌控网络和数据的平台,既可以依据需求数据,科学地规划和组织整个互联网平台的生产,实现社群分工的公共利益最大化,也可以按照资本逻辑,实现平台自身的利益最大化。[③] 因此,这些平台上以亿为量级的用户数据,将为平台带来商业化开发的最重要的基础资源。

(二) 动画生产制作力量的组织

各大视频平台除了在产品层面汇集远比电视时代丰富的国内外动画,吸引受众的聚集,获得大量基础用户数据,还在企业层面进行生产制作力量的连接和组织,以平台为基础扶持动画生产企业,提升国产动画的供给,最终让国内生产者与用户在平台上形成产业互动,完成平台经济意义上"卖方-买方"的关系建构。

1. 爱奇艺:推动建设iPPC内容生产者平台

在头部平台中,爱奇艺是最早开始有体系地组建与内容生产者的

---

① 爱奇艺2018年活跃用户规模持续增长,稳居在线视频行业第一[EB/OL].(2019-01-25)[2019-12-23].http://it.cri.cn/20190125/79c67acf-bb7d-587b-efec-3289559d3852.html.
② 张一童,黎佳瑜.国漫崛起第五年,接下来的路怎么走? 腾讯视频或许给出了的答案[EB/OL].(2019-07-15)[2019-12-23].https://new.qq.com/omn/20190715/20190715A093UA00.html.
③ 王彬彬,李晓燕.互联网平台组织的源起、本质、缺陷与制度重构[J].马克思主义研究,2018(12):65-73.

关系的。

2012年,爱奇艺就与慈文影视、华策影视、完美动力、意外制作等多家影视、综艺、动漫、微电影内容制作机构共同发布了"分甘同味计划",取意"同甘共苦",搭建起与合作伙伴共同经营、播放与传播的共融平台,并面向专业内容制作机构和制作者提供从内容分发到利润分账的平台支持。如爱奇艺首席执行官(CEO)龚宇所言:"'分甘同味'计划的核心就是,通过清晰可见的商业模式,保证用户、内容生产者、平台运营者及广告主长期的利益共存与可持续发展,从而推动互联网专业生产内容(internet professional produced content,iPPC)时代网络视频长期、健康发展。"①至2015年,爱奇艺已接入2 271家内容合作伙伴,合作视频总计时长4 148 908分钟,日均播放量接近3亿。②

"分甘同味计划"瞄准的是中国影视作品巨大的产量与有限的院线资源/电视频道资源之间的落差,通过平台的搭建来吸引无法上映的影视作品,并通过分账体系来与院线和电视台竞争,逐渐聚拢起优势影视资源。在此计划下,动画电影和动画番剧的制作方都在爱奇艺所搭建的iPPC内容生产者平台上获得了从播放渠道到收益分成的多种支持。

2. 腾讯:对头部生产企业的驱动

2016年,腾讯视频与出品过《秦时明月》系列动画片的玄机科技合作,出品了动画片《武庚纪》。随后,在腾讯的推动下,以往只专注原创内容生产的玄机科技开始涉足动画IP改编制作的全新领域,并且是从小说IP直接向动画片跨越——对已具备头部地位的小说《斗罗大陆》进行动画化改编。腾讯视频和玄机科技的制作团队一起调整了原著故事体系与动画用户需求之间的平衡关系。在《斗罗大陆》第一季成功播出后,2018年腾讯将《斗罗大陆》变成年番,保持每周更新,持续了五年之久,直到2023年6月才走向完结。玄机科技为满足用户需求,不得

---

① 李涛.爱奇艺启动"分甘同味"内容战略[N].中华工商时报,2012-03-28(06).
② 爱奇艺合伙人计划启动 2016年5亿现金助推PGC行业发展[EB/OL].(2015-12-23)[2019-12-23].http://www.iqiyi.com/common/20160112/3c08ee060dafec52.html.

不从人员配置和技术创新两方面入手进行改革。例如,创新地采用"AB组"的方式交替生产,并采用自己研发的实时渲染技术,提高流程效率。① 腾讯视频负责动漫制作的天画工作室内部已经形成成熟且完整的合作制片流程,以制片人为核心,与外部制作公司展开合作,实现较为稳定的国漫内容生产制作。② 除了玄机科技,腾讯与动漫行业的很多制作公司都成功合作过,力图搭建起一张涵盖国内顶级制作力量的动画生产网络。例如,《全职高手》和《魔道祖师》的联合出品方之一视美影业就与腾讯有过多年的合作。

在2019腾讯视频动漫年度发布会上,企鹅影视高级副总裁韩志杰表示,在合作伙伴的选择上,目前腾讯视频主要是与一些具备头部产能、有持续开发能力和发展潜力的公司进行深度绑定,包括投资或深度战略合作。关于筛选机制,一是从过往项目和与团队的接触方面得出的评估经验;二是根据行业上的口碑,是否具备核心技术,具有市场竞争力的业务能力。③ 为此,腾讯推出面向优秀原创制作公司的"种子计划",并以"征集令"的形式寻找和共同研发具有开发潜力的原创国产动画片。第一批"征集令"作品已经上线,其中包含《日暮之隙》《夸父追日》这种定格动画;第二批"征集令"也已经发出,计划将优选10部作品进行扶持和孵化。④

3. 优酷:背靠阿里巴巴生态,构建宣传、发行支援体系

优酷利用背后阿里巴巴集团的生态化资源优势,从动画片的宣传、发行环节入手来与国产动画制作商合作,推出"优合计划",针对优酷内

---

① 张一童,黎佳瑜.国漫崛起第五年,接下来的路怎么走? 腾讯视频或许给出了的答案[EB/OL].(2019-07-15)[2019-12-23].https://new.qq.com/omn/20190715/20190715A093UA00.html.
② 张一童,黎佳瑜.国漫崛起第五年,接下来的路怎么走? 腾讯视频或许给出了的答案[EB/OL].(2019-07-15)[2019-12-23].https://new.qq.com/omn/20190715/20190715A093UA00.html.
③ 亚澜.47个IP背后:腾讯视频如何点燃国漫? [EB/OL].(2019-07-05)[2019-12-23].https://baijiahao.baidu.com/s?id=1638229950479723890&wfr=spider&for=pc.
④ 大海里的针.腾讯视频2019动漫年度发布会启动海量IP,国漫将成为下一个圈层爆点[EB/OL].(2019-07-04)[2019-12-23].http://www.sohu.com/a/324888340_566241.

容开放平台上网络电影、网剧、动漫、少儿、综艺、纪实等品类优质项目,提供宣传、发行资源加持和合力营销的服务。①

该计划提供资源涵盖优酷、阿里巴巴生态和三方渠道资源,在全国范围内统合所有的宣传渠道资源来配合动画宣传、发行,渠道包括线下资源(LED 和灯牌等户外媒体、电视台广告等)和线上资源(硬广展示、社交媒体推送、短视频内容分发等)。除宣传、发行资源加持外,"优合计划"针对 S 级内容还提供专业的宣传、发行策略,并讨论在阿里巴巴商业生态内的进一步开发潜力。

"优合计划"合作模式通过资源加持和联合宣传、发行两种方式进行。资源加持指针对参与"优合计划"的内容合作方,优酷依据合作方投入宣传、发行资源,按资源类型和比例提供资源加持,助力优质内容获得更优播放效果与商业化收益。联合宣传、发行指合作方与优酷以平等的关系采用协同宣传、发行策略,宣传物料也保持标识上的步调一致。

"优合计划"还采用会员制度,与优酷合作过的制作方可以提请加入会员,随着会员等级的提升,优酷在宣传、发行资源的配套方面将逐级进行提升。② 这种逐级优惠的金字塔式会员制度,有助于将动画生产商锁定在阿里巴巴-优酷的商业生态内,从而最大限度地发挥优酷的平台化优势。

(三) 平台企业内部动画运营构架的建设

除了连接和汇聚生产制作企业,网络视频公司作为平台企业也直接参与动画片及其周边产业的生产和运营。爱奇艺、优酷、腾讯、哔哩哔哩等公司关于动画产制的内部架构构成这一空间平台更为微观和内化的组成部分。内部架构的合理性很大程度上将决定该平台企业的运

---

① 众视.优酷内容合作白皮书升级,转向 B2B2C 模式[EB/OL].(2019-04-04)[2019-12-23].http://www.sohu.com/a/305943792_120051417.
② 中国经济网.优酷开放平台发布"优合计划" 亿级曝光资源赋能合作伙伴[EB/OL].(2019-03-21)[2019-12-30].http://www.ce.cn/xwzx/gnsz/gdxw/201903/21/t20190321_31720168.shtml.

营效率,进而影响整个平台的运作效率。

例如,腾讯原来的动漫作品往往由两个公司生产,一是腾讯动漫,二是腾讯视频旗下的企业影视。前者原属于互动娱乐事业群,后者属于网络媒体事业群。在2018年腾讯新一轮的架构调整中,分属不同事业部的腾讯动漫和腾讯视频,以及波洞星球,共同被整合到新成立的平台与内容事业群,虽然依然各司其职,分别负责漫画、动画、社区,但事业群内部的沟通合作显然要优于之前跨事业群的协商,大大降低了内部成本。腾讯动漫和腾讯视频旗下的企业影视的制作力量得到整合,出现了诸多合力拍摄的动画作品。

有了整合性的动漫内部架构作为支撑,腾讯视频于2019年发布"国漫BANG计划",借助动画VR、虚拟角色开发等前沿技术形式,效仿漫威的"超级英雄宇宙",线上线下相结合,打通动漫各个产业链,最终打造出属于腾讯视频的"国漫英雄宇宙"。[1]

以动画番剧为核心竞争力的哔哩哔哩,也深知以往靠引进日本番剧的模式会被资本更雄厚的购片方轻易取代,因此,从2015年开始着手打通国产动画番剧相关资源,并于2017年在网站和App首页开设"国创"(国产原创)专区,推广并维护国创动画生态。2018年,哔哩哔哩国创区上线86部动画作品,并发起"哔哩哔哩国创扶持计划",以此来打造自己的国创生态圈。2019年,国创作品供应量首度追平番剧区,国创区的月活跃用户数也首次超过以引进动画为主的番剧区,一跃成为哔哩哔哩第一大专业内容品类,总播放时长破3亿小时,同比上年增长125%。[2] 截至2019年11月,共有73部国产作品参与付费观看,同比上年增长接近3倍。[3] 可见哔哩哔哩在动画业务的架构调整上已初见成效。

---

[1] 腾讯视频发布"国漫BANG计划"打造国漫英雄宇宙[EB/OL].(2019-07-05)[2019-12-23].http://prnews.techweb.com.cn/qiyenews/archives/129675.html.

[2] 吴雪.40部国产动画新内容发布 哔哩哔哩李旎:做好动画是B站的初心[J].新民周刊,2019(45):70-73.

[3] 新浪财经.B站加码国创动画,40部作品背后全民动画元年开启[EB/OL].(2019-11-18)[2019-12-23].http://baijiahao.baidu.com/s?id=16505254910463043 87&wfr=spider&for=pc.

三、人力资源平台：生产者的连接与孵化

作为基础设施的空间平台的搭建，构成了中国互联网动画产业生产要素平台的基础框架。在框架之内，人力资源、资本资源和知识资源则构成三种最重要的微观要素。如果说空间平台是河渠，那么人力资源、资本资源和知识资源则是河中流水。正是这三种要素的涌动和汇流，才形成了中国动画产业的活力之源。在动画产业这个知识和劳动密集型行业，人力资源无疑成为基础性要素之一。

伴随中国动画产业的发展，从 20 世纪 90 年代以来的代工热潮，到 21 世纪初的原创趋势，巨大的产业需求带动了高等教育的供给侧回应，动画专业在国内遍地开花。1999 年，中国大陆仅有 2 所高校开设动画专业，这一数字在 2009 年升至 1 279 所，在校生近 40 万，已经不能称动画专业为"小众专业"。① 一大批相关高校涌现，如中央美术学院、中国美术学院、北京电影学院、中国传媒大学、广州美术学院、吉林动画学院等。但动画专业就业状况却不尽如人意，2010—2012 年连续 3 年登上亮就业"黄牌"专业榜。② 在中国动画产量达到世界首位的 2012 年之后，动画本科专业甚至屡屡成为就业"红牌"专业之首。③ 中国传媒大学的调研显示，动画企业对于实践能力的培养需求较高，对动画专业毕业生的工作满意度不高，高校在这个方面的培养亟待加强。④

根据 2019 年三文娱的调查，动画专业仅有 36% 的学生选择留在动

---

① 薄克国.动画专业人士把脉中国动画产业 高端人才奇缺[EB/OL].(2011-09-19)[2019-12-23]. http://www.ce.cn/culture/whcyk/gundong/201109/19/t20110919_22703814.shtml.
② 文立杰.中国动画代加工企业转型研究[D].武汉：华中师范大学，2016：19.
③ 孙立军.中国动画史[M].北京：商务印书馆，2018：351.
④ 薄克国.动画专业人士把脉中国动画产业 高端人才奇缺[EB/OL].(2011-09-19)[2019-12-23]. http://www.ce.cn/culture/whcyk/gundong/201109/19/t20110919_22703814.shtml.

画行业,其余毕业生大多选择游戏、漫画等相近行业,尤其是资金较为充裕的游戏行业,成为吸纳动画人才的大户。① 经过培育的动画人才如何能留在动画行业,是困扰动画教育的首要问题。

即便进入了动画行业,由于中大制作公司的科层制度和流水线工序,以及大量动画代工企业的存在,动画专业毕业生普遍只能从事非常简单的制作工作。"一方面,公司头疼于学生招来不能直接用;另一方面,学生的创造力与活力也泯灭于链条式的机械生产中,那些理应成为国产动画希望的学生动画,往往成为这些专业动画人最初也是最后的作品。"②

面对这些问题,资本雄厚、渠道多元的互联网平台发挥连接的功能,通过一系列机制聚合动画相关人才,逐渐打造出互联网时代中国动画产业的人力资源平台。

2018年,爱奇艺在"爱奇艺世界·大会"上启动了"晨星计划",用于支持优秀国产动漫创作人和制作团队。国内上百个团体和个人成为第一批参与者。2019年,"晨星计划2020"上线,共孵化《重启:时空之砂》《赤焰锦衣卫》等十余部动画。③

腾讯直指原创动画人的痛点,推出"微光计划",在分成方面给予原创者更高的激励,并提供多种服务精心培育初创时期的动画人和动画工作室。截至2017年年底,共签约漫画作品888部,制作动画27部;2017年回馈创作者总收益1.4亿元。④

爱奇艺的"晨星计划"和腾讯的"微光计划"更倾向于支持已经有稳

---

① 三文娱.动画毕业生去哪儿?除了进鹅厂做游戏,还有这些去向[EB/OL].(2019-11-08)[2019-12-23].https://36kr.com/p/5264122.
② 犀牛娱乐.连接行业与青年动画人的"新星计划",B站在国创领域究竟有何野心?[EB/OL].(2019-11-19)[2019-12-23].https://mp.weixin.qq.com/s/aGNnO6HcP1w1nMmod6PavA.
③ 大众新闻.爱奇艺动漫游戏嘉年华盛大开幕发布"晨星计划2020"持续发力原创动漫[EB/OL].(2019-11-08)[2019-12-23].http://news.163.com/19/1108/16/ETFM8K860001 89DG.html.
④ 2017腾讯动漫创作者大会"脱贫致富"助国漫创作者增值[EB/OL].(2017-12-06)[2019-12-23].http://comic.people.com.cn/n1/2017/1206/c122418-29690219.html.

定产出的动画人和团队,而哔哩哔哩的"小宇宙新星计划"将目光瞄准初出茅庐的动画新人。"小宇宙新星计划"的前身是2016年的"哔哩哔哩小宇宙"企划,通过与国内各大高校合作,在平台上展映优秀的动画毕业设计作品。2019年升级为"小宇宙新星计划"后,在校学生、独立动画人、动画工作室等都可以参与评选,除了哔哩哔哩给予的现金激励外,优质作品将有机会签约并进行系列化开发。哔哩哔哩副董事长兼首席运营官(COO)李旎表示,哔哩哔哩推出将持续扶持年轻人,在国产原创动画领域扮演服务者和基础建设者的角色。例如,豆瓣评分高达9.0的治愈系动画《请吃红小豆吧!》就出自2017年的哔哩哔哩"小宇宙新星计划",其制作团队主要来自广州美术学院的毕业生;2019年获得金奖的《阿莉塔的睡前故事》,主创团队由北京电影学院、中国传媒大学、清华大学美术学院、中央美术学院的毕业生组成,平均年龄只有24岁。①

除此之外,头部平台还时常组织动画创作者的线下聚会。2017年,"腾讯动漫创作者大会"线下活动就有包括320位漫画作者和动画工作室成员在内的近500人出席会议。②爱奇艺动漫和自媒体研究机构三文娱在杭州动漫节上联合举办"IP孵化大会",吸引了国内100家动画制作公司参与。由平台组织的大规模的聚会,无疑有利于动画创作者在平台上交换资源、相互连接,进而结成利益共同体,更好地推动动画产业人力资源的流动与升级。

四、资本平台:平台参股与分账补贴

对于动画产业而言,互联网是发行渠道,是用户池,是人力资源的

---

① 庄怡.国创的未来在哪里?B站试图告诉你[EB/OL].(2019-11-18)[2019-12-23]. https://www.guancha.cn/ChanJing/2019_11_18_525575.shtml.
② 2017腾讯动漫创作者大会"脱贫致富"助国漫创作者增值[EB/OL].(2017-12-06)[2019-12-23].http://comic.people.com.cn/n1/2017/1206/c122418-29690219.html.

聚集地。在市场经济环境下,互联网头部企业的巨大资本优势,则是吸纳动画产业资源的最直接原因。

动画产业作为资本密集型产业,其动画产品的公共产品属性使其具有"高初始成本"的典型特征。因此,对于动画企业而言,资金就像血液,持续支撑创新和经营活动。中国产业扶持政策体系中最重要的体现就是税收减免和生产补贴,从中央政府到地方政府投入了不计其数的资金来推动国产动画发展,但实际效果并不理想。黄德森和杨朝峰的实证研究表明,中国动漫产业中资金匮乏问题相当严重,只有少数大企业方能获取政府的大量补贴,绝大多数小制作公司则申请不到。[①] 2010年针对南京、常州、无锡、苏州的一项调研显示,只有8.8%的企业能获得较多的引导资金、补助或奖励,其他企业即便获得了补贴,数额也较小。[②]

纵观1997—2019年全球市值前十的上市公司,2011年前石油公司占据前列,2011年后则是互联网公司扛起大旗,开始逐步取代老牌企业。2019年10月全球市值前十企业中,涉及互联网业务的高科技企业占据七席:苹果、谷歌、微软、亚马逊、腾讯、阿里巴巴、脸书。[③] 其中,腾讯和阿里巴巴是中国互联网头部企业,而作为动画产业互联网平台的腾讯视频和优酷正是两者的子公司。在国内,百度、阿里巴巴、腾讯长期以来被视为中国互联网三大头部企业,并称BAT。爱奇艺属于百度旗下平台。以"二次元"为核心竞争力的头部视频平台哔哩哔哩,则获得了腾讯和阿里巴巴的注资。其中,腾讯作为战略投资者投资3.176亿美元,持股12.3%,这一比例在2020年年初升至18%,使腾讯取代哔哩哔哩CEO陈睿而成为最大股东,阿里巴巴则入股2400万股,持

---

① 黄德森,杨朝峰.基于结构方程模型的动漫产业影响因素分析[J].中国软科学,2011(05):148-153.
② 邱华青,恽如伟,闫荟.苏南动漫产业现状调查及政策研究[J].中国高校科技与产业化,2010(Z1):48-49.
③ 吴碧慧.全球市值前十公司十年对比:高科技企业占比从3家变化到7家[EB/OL].(2019-10-10)[2019-12-23].https://tech.sina.com.cn/roll/2019-10-10/doc-iicezuev1239263.shtml.

第二章 平台化：互联网消解动画产业生产要素区域割据

股8%。①

可见,头部互联网视频平台背后是互联网头部企业。互联网行业充足的资本是爱奇艺、优酷、腾讯、哔哩哔哩急速扩张的关键要素之一。这些平台企业均为上市公司,在融资方面也有相当大的便利。雄厚的互联网资本像血液一样滋养着中国动画产业,互联网平台公司则通过直接投资和分账体系与动画生产企业形成利益关联。这种共荣共损的机制是近年来互联网动画生产制作繁荣景象的资本保证。从这个角度看,互联网平台企业扮演着重要的资本平台角色。

(一) BAT 直接输血动画产业

背靠 BAT 巨大的产业资本,爱奇艺、优酷、腾讯、哔哩哔哩介入动画生产要素的最直接方式就是投资参股,乃至直接并购。例如,腾讯2015 年投资了玄机科技、动漫堂、原力动画、哔哩哔哩,2016 年投资了东方二次元、艾尔平方,2017 年投资了骏豪宏风、艺画开天、徒子文化、糖人动漫、铸梦动画、绘梦动画,2018 年有狐文化、幕星社等,主要以小体量公司为主,涉及漫画原创内容公司、综合型动漫公司、硬件公司,其中有不少已转化为腾讯自己孵化 IP 的工作室或公司。2015 年,哔哩哔哩已投资包括绘梦动画在内的多家头部动画公司,投资动画公司超过50 家,覆盖动漫全产业链。②

除了直接投资动漫公司,平台公司还参与投资制作动画项目,更集中于动画 IP 本身的开发。这样不仅能对生产环节有更多的把控,还在后续版权开发方面占据先机。

现金流更充足的腾讯表现活跃。2017 年,腾讯旗下的企鹅影视宣布与腾讯动漫、腾讯游戏、阅文集团、玄机科技、视美精典、米粒影业、原

---

① 陈宇曦.3.2 亿美元现金!腾讯增持 B 站,持股比例将升至 12.3%[EB/OL].(2018 - 10 - 03)[2019 - 12 - 23].https://tech.sina.com.cn/roll/2018 - 10 - 04/doc - ihkvrhps2688961.shtml.
② 王心怡.视频平台抢当"国漫金主",IP 联动是出路?[EB/OL].(2019 - 10 - 09)[2019 - 12 - 23].https://new.qq.com/omn/20191009/20191009A0A27Z00.

力动画等数十家合作伙伴共同启动国漫"百番计划"。企鹅影视在每部动画番剧中的投资比例在20%～30%，包括玄机科技的《武庚纪》、米粒影业的《神契幻奇谭》和原力动画的《陨神记》等100部作品。① "百番计划"显示出腾讯开掘动画市场的野心，最终交出了令人满意的答卷：以2017年上新的66个国产动画IP为例，超过半数都为腾讯系参与出品（腾讯动漫出品13部，企鹅影视出品10部，阅文出品5部，腾讯视频出品4部，腾讯游戏玩家联盟出品2部，腾讯游戏出品1部）。②

其他几家平台虽然在投资参与动画制作方面数量未及腾讯，但也均倾力而为。据笔者调研数据，截至2019年11月，哔哩哔哩已投资20个国内专业动画团队，参与近50个业内外具有广泛影响力的原创动画项目，出品20余部国产原创动画。③ 爱奇艺于2015年成立动漫创投事业部，专事国漫自制投资，并推出《四海鲸骑》《大主宰》《少年歌行》等大制作动画。

（二）搭建收入分账模式

如果资本的力量仅限于并购和注资，那么动画产业将永远在马太效应的阴影之下。资本是逐利的，平台企业的资本再充足，也只会流向一流的制作团队和头部动画作品。这势必带来大制作动画对行业流量的垄断，也无法给处于金字塔底的众多小微创业者提供足够的存活土壤和创新空间。没有创新，最终会让整个产业失去根基。头部互联网平台自然深知此意。回顾当年腾讯与360的"3Q大战"，想把所有利润都锁定在企业"护城河"之内的做法让腾讯背负了巨大的社会舆论压力，"走别人的路，让别人无路可走"的模仿策略，使腾讯获得了真金

---

① 高庆秀.7个月投资10家动漫公司，腾讯疯了吗？[EB/OL].(2017-08-23)[2019-12-23].http://m.sohu.com/a/166614560_115280.
② 王诗诗.2017国产动画番剧IP报告：66个IP上线，近四成为腾讯系出品[EB/OL].(2018-03-13)[2019-12-23].https://baijiahao.baidu.com/s?id=1594790882090135349&wfr=spider&for=pc.
③ 数据源自2019年11月20日笔者对哔哩哔哩总部对外公共事务部职员的网络访谈。

白银,但也扼杀了中国互联网产业众多小微企业的创新火种。之后,腾讯从垄断思维转向开放思维,通过调整架构,以将自己打造成平台为目标,建立共赢的产业生态。在动画产业中,头部互联网平台纷纷通过技术加持的科学化网络分账制度,与众多制作公司共同分享作品收益。

腾讯视频、爱奇艺、哔哩哔哩和优酷都有固定的分账模式,对在其平台上播放的国产动画给予现金分成。例如,优酷内容开放平台专门设置了动漫类型和少儿类型,分账收入模式如表1所示。

表1 优酷内容开放平台少儿频道分账规则①

分账模式	收入计算公式	备注
会员+广告分账合作	会员分账收入=动画剧集会员观看总时长/剧集总时长×定级单价×剧集总时长奖励系数 广告分账收入=(节目所产生的广告收益—平台运营成本)×分账比例	动画分级说明:S/A/B级为独家合作;C级为非独家合作
流量分账合作	合作方分账收入=(节目有效播放量/1 000)×流量分成单价	

2018年8月20日,优酷内容开放平台的动漫类型和少儿类型正式上线。截至2019年年底,共入驻企业数达到400多家,已上线节目数超过300部,产生有效点击22亿次。② 完美鲲鹏动漫科技有限公司副总裁罗静表示,《宇宙护卫队》上线之前还在采购和分账两种模式中犹豫,但参与优酷内容开放平台之后的收益足够有说服力,"现实数据来看,播出之后我们在优酷上线比其他平台晚一个半月到两个月,但在两三个月的时间内追平了其他平台的数据。在优酷平台的分账收入是其

---

① 优酷内容开发平台申请说明[EB/OL].[2019-12-23].https://om.youku.com/home/detail?openCategory=177.
② 王峰.《哪吒》之后,如何燃动国漫?[EB/OL].(2019-11-12)[2019-12-23].http://ent.people.com.cn/n1/2019/1112/c1012-31449669.html.

他平台采买收入的 5—8 倍"。①

爱奇艺的"分甘同味计划"设置了更高的分账比例,对在平台上播放的影片设置了 7 个月的付费窗口期,根据影片收益给导演分成。窗口期后,收益模式会自动转换成广告 CPM(千人成本)分成。② 如果是爱奇艺独播,分成比例会更高。在此制度之下,导演和制片最高可得到影片总收入的 70%。③ 腾讯的"微光计划"除了分成最高也达到七成之外,表现优异的作品最高还会获得额外的每部作品每个月一万元的现金奖励。④

五、技术平台:平台主导的生产制作技术创新

互联网技术作为本研究的重点,是在迈克尔·波特钻石模型中以机会要素的形式出现的。互联网在本研究中是影响钻石模型四要素,并与政策要素构成互动的宏观技术,是作为基础结构的技术,即西皮尔·克莱默尔所谓的作为装置的技术,建构了"新的世界"。动画产业是一种高科技产业,其中涉及生产、制作与传输等多种具体的技艺。这种技术是微观的,如视频分发技术、大数据辅助制作技术、CG 渲染技术等,服务于生产流程,是西皮尔·克莱默尔所定义的作为工具的技术。本节主要论述作为工具的技术,在互联网平台这一作为装置的技术下,其创新实践发生了什么变化。为避免"技术"字面意义和"工具-装置"的双重属性的含混,在此特做说明。

---

① 环球网.优酷公布首批优合计划 VIP 会员:将享受权益支持[EB/OL].(2019-08-21)[2019-12-23].https://tech.huanqiu.com/article/9CaKrnKmlMt.
② 爱奇艺发布"分甘同味"电影计划[EB/OL].(2013-04-15)[2019-12-23].http://finance.china.com.cn/roll/20130415/1387276.shtml.
③ 爱奇艺杨向华:坚持分甘同味计划助力青年电影导演[EB/OL].(2014-11-06)[2019-12-23].http:ent.dahe.cn/2014/11-06/103725808.html.
④ 三文娱.现金激励、推广扶持、资源合作,腾讯动漫推出微光计划能为行业带来什么?[EB/OL].(2017-09-05)[2019-12-23].http://www.sohu.com/a/169629126_502878.

在平台出现之前,企业的工具性技术知识都固化在企业边界之内,企业之间的技术共享在竞争的语境下往往难以实现。而平台经济的基本架构是基于平台的多市场主体的共存与互动。由平台主导的技术创新,从诞生之初就处于开放平台的环境中。因此,这些技术的使用和迭代实现了平台经济的正外部性。在此过程中,平台公司成为实践和创新的主导者与推动者。

以爱奇艺、优酷、腾讯、哔哩哔哩为代表的头部互联网视频平台,深知技术对于平台运行的重要意义,因此,在动画片制作和传输两个方面都进行了大量的技术创新,并且在平台上与所有平台参与者分享,共同推动中国动画产业技术性要素的积累和迭代。正如2017年爱奇艺对其企业愿景的调整,从"让人们平等便捷地获取更多、更好的视频"升级为"做一家以科技创新为驱动的伟大娱乐公司",[①]足见技术在平台企业战略中的重要性。

(一)动画生产技术

1. 内容制作技术

动画片在内容制作方面经历了从人工手绘和电脑 CG 的技术升级,到如今形成了二维动画、三维动画等一系列行业技术标准。在传统电视时代,由于频道带宽的技术限制,长期以来动画片的制作技术存在天花板效应,无法大跨度更新换代。互联网出现后,数字化的形式、无限的容量、从 PC 端到移动端的变迁等,为动画内容制作提供了更广阔的空间,技术也有了创新的土壤。4K、8K、AR、VR 等一系列内容标准的更新升级,都在动画片内容制作技术上有所反映,高清制作和剪辑、真人动态捕捉等技术得以广泛应用。由于动画片的最终载体是互联网视频平台,需要符合平台的技术标准,因此,在内容制作技术的创新升级方面,平台公司发挥了积极的作用。

[①] 筱松.爱奇艺发布3大计划升级内容战略[EB/OL].(2017-06-19)[2019-12-29].http://www.cbbr.com.cn/article/112397.html.

在视频制作增强技术方面,爱奇艺自主研发了 ZoomAI。它基于爱奇艺平台的数据优势进行算法训练,研制出智能插帧算法。例如,在动画片《大主宰》中,那些快速移动、打斗激烈的片段帧数原本只有 24 帧,观看中难免会有卡顿感,而通过 ZoomAI 的智能插帧,每秒帧数提升到 60 帧,画面变得更为平滑顺畅,极大地提升了观看体验。① 在传统时代,每帧都需手动绘制,而如今只需 ZoomAI 一键完成,大大提高了动画制作效率。ZoomAI 视频增强技术还有很多种功用,内部为多模块功能结构,包括超分辨率、去噪锐化、色彩增强、智能插帧、场景切分、去除划痕、前景提亮、质量评价等,可以用于封面图增强、短视频增强、国剧修复、老片修复、动漫插帧、AI 省流、图片质量自动评价等。每个模块都由一个或多个深度学习模型组成。②

一直以来,漫画的动画化是动画片的重要 IP 开发方式。成熟 IP 的漫画具有完整的故事情节、人物设定和形象风格,也拥有现成的粉丝群体,对其进行动画改编和翻拍市场风险较小。但漫画和动画的制作成本有天壤之别,漫画往往由画师一人即可完成,而动画片一秒动辄几十帧,绘制成本非常高昂,需要团队作业才可能完成。

在国外,日本动画《攻壳机动队》《机动战士高达 SEED》《命运之夜(无限剑制)》等单集制作费用高达 3 000 万日元,美国动画电影《魔发奇缘》制作成本高达 2.78 亿美元。在国内,根据艾瑞咨询 2017 年的调研,2D 动画成本基本在每分钟 4~6 万元,3D 动画成本基本在每分钟 3~5 万元。③ 中国网络动画的成本普遍在 10 分钟 50 万元以上。④ 早期动画

---

① 爱奇艺出品动画《大主宰》位居动漫飙升榜第一位 AI 赋能超级追番体验[EB/OL].(2019-08-23)[2019-12-23].http://www.iqiyi.com/common/20190823/aa73056a3bb40da0.html.
② 爱奇艺技术产品团队.爱奇艺视频增强技术——ZoomAI[EB/OL].(2019-01-17)[2019-12-23].https://www.jiqizhixin.com/articles/2019-01-17-4.
③ 中国日报网.良心出品,2D 版动画大电影《全职高手之巅峰荣耀》你了解多少?[EB/OL].(2019-08-20)[2019-12-23].http://baijiahao.baidu.com/s?id=1642368290407063158&wfr=spider&for=pc.
④ 魏玉山.2017 年中国动漫游戏产业年度报告[M]北京:中国书籍出版社,2018:77.

片的成本较低,例如采用Flash动画技术的《喜羊羊与灰太狼》,但也至少要4 000元每分钟,①个人力量几乎无法承担。随着中国动画观众审美和消费水平的提高,他们日益成长为"挑剔的顾客",使得中国动画片的生产制作费用也在水涨船高。②

为此,腾讯视频研发了动效生成器。漫画生产者可以通过这一工具为漫画增加动态、声效、震动、点击触发任务等效果,然后一键发布至腾讯视频。此举实现了视觉效果的动态化,也增加了互动的成分。这一技术已经在《魔道祖师》漫画上做出尝试,后续还将开发《默读者》《剑来》等动效漫画项目。这一技术创新实现了低成本的漫画转动画,降低了时间和加工成本,同时可以加速漫画IP的孵化。③

随着光学动捕、3D引擎、虚拟直播技术的成熟和门槛的降低,动漫制作会更加平民化。洛天依、初音未来等虚拟偶像的成功也让各大平台公司看到了动漫开发的潜力。腾讯推出实拍虚拟偶像技术,由真人穿戴设备进行动态捕捉,将演员的现场表演转化为动漫形象,在现实环境下让用户与虚拟偶像进行深度互动。爱奇艺动漫创投主导开发了原创虚拟乐队Rich Boom,包含跨物种的六位乐队成员,并且基于Rich Boom的角色和形象,计划开发或授权音乐作品、潮流玩具、动画、电影和游戏等。

2022年,OpenAI的生成式人工智能(AIGC)产品ChatGPT横空出世,给各行各业带来了冲击,其建构的触手可及的技术想象打开了动画制作技术创新的大门。当前已出现的AI视频生成模型包括Meta的Make-A-Video、谷歌的Imagen Video和Phenaki、Runway的Gen-2,以及Movio.ai、Synthesia、DeepBrain.ai、Elai.io和Steve.ai等,中国互联网头部企业也陆续推出"文心一言""通义千问"等智能内容生成大

---

① 吕雪慧.《喜羊羊与灰太狼》成功要素及问题分析[D].天津:天津音乐学院,2014:29-55.
② 三文娱.做一部国产动画要多少钱?单部投资千万起步,成本直追日本[EB/OL].(2017-03-06)[2019-12-23].http://www.3wyu.com/11485.html.
③ 亚澜.47个IP背后:腾讯视频如何点燃国漫?[EB/OL].(2019-07-05)[2019-12-23].https://baijiahao.baidu.com/s?id=1638229950479723890&wfr=spider&for=pc.

模型,提供文字生成视频的功能。2023年3月30日,腾讯发布AI智能创作助手"腾讯智影",可以提供数字人生成、文本配音、音色定制、智能变声、文本自动生成视频等服务。相较真人影视剧,动画片的AI生成门槛更低,因而有望成为最早使用AIGC工具的文化产品品类。百度、阿里巴巴、腾讯的AI视频制作模型也会优先在动画制作中测试和运行。

2. 大数据辅助制作

平台的优势在于规模化用户的聚集。爱奇艺用户已经破亿,优酷和腾讯视频用户数紧随其后,几家头部网络视频平台积累了海量的用户数据,包括使用习惯、观看偏好等,在平台大数据运算能力的支撑下,形成了对数据的深度挖掘和利用。

早在2014年,爱奇艺就推出了"爱奇艺大脑",用大数据技术来指导内容的制作、生产、运营、消费。① 爱奇艺对其自媒体内容构建多维度数据算法模型,爱奇艺号榜单将对自媒体账号的价值全貌进行完整呈现,并更好地为内容创作者提供运营数据支持和商业价值评估。在为合作者提供创作帮助方面,爱奇艺号同样利用AI智能与大数据分析,帮助创作者了解当前热门内容,掌握粉丝兴趣、受众画像、舆论动向等重要的数据。②

优酷不仅为生产者提供用户反馈数据、精准的用户画像、用户对内容的"关注点、失望点",③其大数据智能预测平台北斗星团队还开发上线了全网首个AI观影情绪模拟产品。该产品通过视频内容中的人物表情、姿态特征、背景音乐、台词语气及场景等信息,预测出用户观影时的情绪数据,并形成曲线。曲线趋势、节奏、密度越高,表明视频内容对

---

① 闫诗慧.爱奇艺文学作品《竹林颂·嵇康传奇》 以IP驱动网络影视创作[N].中国新闻出版广电报.2018-06-13(7).
② 魏蔚.爱奇艺号发力原创内容和垂直领域[EB/OL].(2018-12-06)[2019-12-23]. http://www.bbtnews.com.cn/2018/1206/277477.shtml.
③ 环球网.优酷内容开放平台升级 "剧场模式"正式上线[EB/OL].(2019-07-01)[2019-12-23].https://baijiahao.baidu.com/s?id=1637840003652742226&wfr=spider&for=pc.

观众的吸引力越大。该技术面向优酷视频平台的所有合作伙伴开放，为更精准地把控消费者的需求提供了创新性的技术支撑。①

（二）内容分发技术

在传统经济时代，市场交易具有高摩擦和高耗散的特征，过多的中间环节和市场信息耦合中出现的耗散形成了罗纳德·哈里·科斯所说的交易成本。而平台经济就是通过开放且透明的机制设计，减少市场环节过多带来的摩擦和耗散。这种机制取决于各种技术手段的支撑，数据和知识运用于决策，其关键在于平台的算法。②

在动画产业中，传统电视时代的内容分发由电视台决定，电视台的频道定位、编辑和制片人喜好、成本控制等，都会决定电视动画片的播放时间和播放时段。受众往往没有选择，只能被动接受，动画片成为彻底的卖方市场，成年观众也因为电视卡通频道的定位带来的动画片低幼化而被挤出受众目标。在互联网时代，无限的储存空间可以容纳大量丰富的动画内容，动画片进入买方市场。这就需要更先进的内容分发技术，为受众找到合适的内容，也为内容找到匹配的受众。在互联网平台上，沉淀的海量数据和 AI 算法相互配合，为内容的精准分发提供技术支撑。如今，这一技术已经成为爱奇艺、优酷、腾讯等头部平台内容分发技术标配。

在此基础上，爱奇艺还有一些技术创新。2013 年年底，爱奇艺推出视频编辑功能插件"绿镜"。这一插件通过分析用户的观看数据，来分析观看者的好恶，从而以此为依据将原版视频"浓缩"为时长更短的精华视频。据爱奇艺首席技术官（CTO）汤兴介绍，"几乎每个用户观看视频时，都至少会产生一次视频快进或快退操作，这些行为为绿镜判断用户对该时间点内容的喜恶提供了海量数据来源，而这些数据又可以拿

---

① 环球网.优酷开放平台服务升级：发布 AI 情绪模拟、内容商业化产品［EB/OL］.(2019 - 10 - 30)［2019 - 12 - 23］.https://tech.huanqiu.com/article/9CaKrnKnw2R.
② 吕本富.从平台经济到平台经济学［J］.财经问题研究，2018(05)：12 - 16.

来为没有时间观看完整版或刚刚开始追某档综艺节目的用户作收视参考,实现了真正的'民意'决定内容组合"。① 另外,在用户的"二次分发"方面,爱奇艺还开发了"绿尾巴"视频分享技术,可以让用户在线下通过简单的操作完成视频的分享功能,"一碰即传"。②

(三) 制定技术标准和建设技术平台

平台公司除了在动画内容制作和分发方面提供技术基础与技术创新,还有更大的诉求:成为动画内容制作标准的制定者,并打造服务于所有生产者的技术平台。因为只有这样,才能将生产力量牢牢地与平台捆绑在一起,实现生产要素的聚集,形成生产制作合力。

2019年爱奇艺世界·大会上,爱奇艺针对处于风口的"互动内容",推出互动技术标准(interactive video guideline, IVG),并计划推出互动视频辅助制作工具平台——互动视频平台(interactive video platform, IVP),提供分支剧情、角色切换、画面信息探索结构等能力,让制作方、平台方、软件工具方实现技术、创意和资源的顺畅协同,为产业化运作互动视频内容提供理论和技术支持。③

优酷早早开展了技术平台的生态化布局,组建了基于优酷云服务的优酷开放平台,为开发者提供云存储技术服务及与之相关的技术服务和支持,提供开放能力(OPENAPI)、视频技术(SDK)、视频云服务(如云点播、云直播)三大类服务,包括上传、存储、转码、分发、云点播、CDN、解决方案等各种不同要素组合成的视频云平台服务。

---

① 爱奇艺上线"绿镜"依靠大数据解构视频内容[EB/OL].(2013-11-26)[2019-12-23]. http://www.iqiyi.com/common/20131128/13875261ad970a12.html.
孙磊.媒介产品如何优化传播力?[D].杭州:浙江大学,2014.
② 中国网.爱奇艺推出"悄声"绿尾巴 通过声波即可完成视频互传[EB/OL].(2014-04-10)[2019-12-23].http://mo.techweb.com.cn/phone/2014-06-17/2026492.shtml.
③ 鞭牛士.爱奇艺推互动技术标准及原创电影计划 产品技术、商业模式、内容创意全面创新[EB/OL].(2019-05-10)[2019-12-23].http://www.bianews.com/news/details?id=35785.

本章小结
跨域聚集,构造大国市场生产优势

迈克尔·波特将生产要素详尽地分为两个层面:一是基本要素(初级生产要素),包括自然环境、资源、气候、地理位置、非技术人工和半技术人工;二是高级生产要素,包括现代化通信的基础设施、复杂熟悉的劳动力、专门的技术知识、各大学研究所等。[①] 其中,高级生产要素对于提高产业国际竞争力的重要性要高得多。[②] 动画产业正是以创意为核心,资金、科技、知识和劳动密集的重要文化产业,具有消费群体广、市场需求大、产品生命周期长、成本高、投入高、附加值高、国际化程度高等特点。[③] 因此,动画创意设计人才和动画制作前沿技术等高级生产要素对于提高动画产业国际竞争力举足轻重。

网络价值来自正外部性,网络创造的价值超越产品和服务本身,来源于利益群体间的互动性。作为平台领导者,企业的角色应该是终端的运营者、平台的设计者、价值的提出者和资源的整合者。[④] 因此,在生产要素方面,以爱奇艺、腾讯、优酷、哔哩哔哩为代表的头部视频网站,通过其技术和资本优势,形成了对内容版权、用户数据、人力资源、资本、生产制作技术的平台化聚集。其中,资本固然对引导市场生产要素的流动起到重要的推动作用,但单纯的购买并不能激活创新活力,更重要的是,互联网开放、互动、透明、精确的技术价值观给生产要素的有效

[①] 张毅,焦秀红.迈克尔·波特的"国家竞争优势"理论[J].商业研究,1998(03):7-10.
[②] 邹鑫.文化创意与电信产业国际化竞争优势——以波特钻石模型为基础分析[M]//孙启明,郭玉锦,刘宇,曾静平.文化创意产业前沿——希望:新媒体崛起.北京:中国传媒大学出版社,2008:97.
[③] 殷俊,杨金秀.论动漫产业六大基本特性[J].现代传播(中国传媒大学学报),2009(02):137-138.
[④] 崔晓明,姚凯,胡君辰.交易成本、网络价值与平台创新——基于38个平台实践案例的质性分析[J].研究与发展管理,2014,26(03):22-31.

聚集提供了土壤,使动画企业形成连接,使大规模用户数据得以沉淀,使动画生产人才找到用武之地,使动画作品更符合消费者的需求,使动画制播技术得以创新迭代。最终,在这些生产要素的汇聚和互动中,形成中国动画产业的生产要素平台,为中国动画产业国际竞争力的培育夯实基础。

大国市场规模是产业国际竞争力实现的基础,也是中国动画产业在发展中可资利用的优势资源之一。美国好莱坞电影正是凭借巨大的北美市场,获得强大的国际竞争优势。在传统电视时代,统一的国内电视市场本可培育出全国性的供给侧力量,却被区域性的产业扶持政策切割,在"诸侯经济"模式之下,生产要素散落在星罗棋布的产业园区中,无法形成集群优势。基于互联网这一跨地域基础设施,动画产业的供给侧结构性改革开始出现,各种高级生产要素最终汇聚在互联网平台上,形成了可与中国大国市场规模相匹配的供给端。跨地域、全国性的供给端在一定程度上刺激着需求端的扩展,动画产业国际竞争力的供需两端在互动之中最终得以利用大国市场的规模优势。

第三章
圈层化：技术调适失衡的动画市场需求结构

在迈克尔·波特的产业国际竞争力钻石模型中，内需市场的重要意义在于它是产业发展的动力，会刺激企业改进和创新。在市场经济条件下，如今的市场形态以买方市场为主，买方的需求要素作为重要的产业拉动力量，拉动着以逐利为目标的企业提供更加符合市场需求的产品，并为此展开竞争，进而提高整个产业的效率。

市场需求要素可以从三个层面来判断：第一是国内市场的性质、客户需求的形态；第二是国内市场的大小和成长速度；第三是国内市场需求转换为国际市场需求的能力。① 三个层面逐次递进，国内市场需求增长缓慢，会使企业的投资和设备更新趋于保守，不利于企业加速成长；反过来，满足国内市场是开拓国际市场的基础，将构成产业竞争力的基本动力和源泉。② 国际市场的表现其实是本国产业满足国内需求后的延伸，其国际竞争力恰恰表现在此。只有经过国内市场的充分培育，对国内需求予以深度挖掘和满足，才能在市场均衡中最终形成企业的竞争力。迈克尔·波特提出，本国市场要促进产业竞争优势的形成，必须细分市场需求结构，要善于满足老练而挑剔的客户需求，要能够预期需求走向。③

具体到中国动画产业中，市场需求要素指国内受众对于动画片消

---

① 迈克尔·波特.国家竞争优势[M].李明轩,邱如美,译.北京：华夏出版社,2002：81.
② 芮明杰.产业竞争力的"新钻石模型"[J].社会科学,2006(04)：68-73.
③ 迈克尔·波特.国家竞争优势[M].李明轩,邱如美,译.北京：华夏出版社,2002：81.

费的需求。在中国经济体制从计划经济到市场经济的逐渐转轨中,动画需求从新中国成立初期计划经济体系下的"不被识别",到进口动画繁荣时期的"初步满足",再到配额政策和电视渠道垄断之下的"被忽视",最终在互联网渠道打破电视渠道垄断的背景下被"完全释放"。中国动画市场的大国规模效应,在以往被分割和被忽视的情况下难以有效激活,而互联网的出现改变了这一结构性市场失衡,由此形成如今品类繁多的动画片市场,逐渐形成圈层化的市场需求格局,进而对整个产业的发展形成创新的力量。

一、电视时代动画产业需求要素的结构性失衡

在长期的计划经济影响下,中国动画消费国内需求一直被忽视。新中国成立之初,中国动画片被定性为"美术片",担负在价值观和审美方面教育儿童群体的重任,因而意识形态色彩浓厚,多数动画片都内含以传者为中心的说教意味。在生产方面也是纯粹的卖方市场,即国家通过"统购包销"的方式给国营动画制作厂下达生产指标、拨付生产成本,动画生产出来之后国家统一收购并安排渠道进行计划性播放,受众意识在当时的动画业中尚未普遍形成。

20世纪90年代初中国市场化改革启动,在中国电视动画还未有国产播放配额之时,电视台大量引进国外优质动画片,电视动画的收视率和社会影响力开始爆发。这一进口热潮在一定程度上是出于电视台本身的利益抉择,当时进口动画亟须打开中国市场,多采用低价,甚至免费的方式倾销,电视台引进进口动画的成本要低于购买国产动画的成本。2000年《国家广播电影电视总局关于加强动画片引进和播放管理的通知》规定,每天每套节目中,播放引进动画片的时间不得超过少儿节目总播放时间的25%,其中,引进动画片不得超过动画片播放总量的40%。在启动国产动画配额政策之后,进口动画市场迅速萎靡,动画片

进口量大幅下跌。2006—2012 年,中国电视动画进口额仅在 0.02 亿元至 0.15 亿元之间徘徊。① 在电视渠道垄断和动画播放配额的双重背景下,中国动画产业的需求要素呈现出结构性失衡的特征,主要有以下两个方面的问题。

(一)电视渠道垄断下的低幼化锁定

1. 电视渠道的垄断特征:稀缺、分割与定位单一

在互联网视频渠道崛起之前,中国动画片的播放主要依赖电视儿童频道和儿童栏目。中国电视频道均属国有,来自民营资本的竞争力量无法涉入,电视渠道长期处于垄断动画播放的局面。

中国共有 6 个少儿卫星频道(央视少儿、湖南金鹰卡通、北京卡酷少儿、上海炫动卡通、江苏优漫卡通、广东嘉佳卡通)、33 个少儿地面频道、其他上星和地面频道的动画栏目、3 个付费数字频道。从历时性角度来看,动画频道和节目的数量没有出现持续性增长,甚至还有倒退。2009 年 7 月,在国家广播电影电视总局公布的名录中,全国覆盖的付费电视频道有 112 套,其中,动漫、游戏、幼儿与青少年教育相关的频道有 10 家左右。② 然而,在 2018 年 2 月的付费电视频道名录中,全国覆盖的付费电视频道只有 98 套,其中,只有 6 套涉及动漫内容,不增反降。③ 动画的总播放时长多年稳定在 30 万小时左右,④ 并未因动画供需情况的变化而出现频道数量和播放时长的增减,形成了一个相对封闭和固定的发行市场。

电视渠道呈现出一定的区域分割性,以往"四级办电视"的建设路径带来的是条块分割的电视市场,"小散乱"成为抑制中国电视产业做

---

① 孙立军,孙平,牛兴侦.中国动画产业发展报告(2017)[M].北京:社会科学文献出版社,2017:14.
② 赵斐.2003—2010 中国数字付费电视频道发展研究[D].济南:山东大学,2011:75-82.
③ 付费频道名录[EB/OL].(2018-02-05)[2019-12-23].http://www.gapp.gov.cn/sapprft/govpublic/9771/358476.shtml.
④ 孙立军,孙平,牛兴侦.中国动画产业发展报告(2017)[M].北京:社会科学文献出版社,2017:6.

大做强的结构性难题,区域性动画节目难以跨越行政地域边界,只能困于所在的小市场内。即便是面向全国播出的动画卫视,受限于高昂的落地费用问题,只有央视少儿频道、金鹰卡通和北京卡酷实现了全国覆盖,更何况频道数量最多的还是区域地面频道。播放动画片的频道资源比较稀缺和分散,既未形成充分的竞争,也未有效开掘中国超大市场规模的潜力。

2. 动画片需求的低幼化锁定

在 2016 年全年备案公示的电视动画片中,童话题材(占比 50%)和教育题材(占比 16%)分列前两位。① 2018 年,全国实际制作发行电视动画片 241 部,其中,以少儿为受众的作品占比在 90% 以上。在 2019 年上半年 223 部备案电视动画片中,童话题材占比 53%,比 2018 年同期的 49% 还高出三个百分点。② 可见低幼化特征在电视渠道中的表现不降反升。

电视渠道对动画播放的垄断,正是导致中国动画片供给产生定位偏向的直接原因。中国专业动画频道和综合频道的动画栏目,基本是以儿童为受众,频道或栏目的名称上多数有"儿童""少儿"等年龄段标识,在栏目内容设置上多围绕小朋友展开设计。由于中国对动画产业的补贴政策多以在电视频道播出为依据,因此,国产动画商别无选择,只能按照电视渠道的定位来锚定自身的动画片生产定位。只有满足卡通频道和儿童栏目需求的动画作品,才能获得电视台的播出订单和政府的生产补贴。

电视动画片的低幼化供给偏向并非源自市场逻辑,而是源自渠道和政策引导。这种供给偏向意味着除此定位之外的动画片需求都未得到满足,即青年向、成人向的动画需求都被无视了,由此形成了需求方

---

① 三文娱.国产电视动画五大特征[EB/OL].(2017-01-04)[2019-12-23]. http://baijiahao.baidu.com/s?id=1555574163324438&wfr=spider&for=pc.
② 电视动画一年销售额 15.69 亿,上半年这 223 部作品备案了[EB/OL].(2019-07-17) [2019-12-23].https://new.qq.com/omn/20190717/20190717A0EZ5H00.html.

面的结构性失衡。

另外,动画电影也受电视动画常年低幼化的倾向影响,中国国产动画电影中仍有近半数为低幼取向。截至 2023 年 5 月 1 日,中国国产动画电影票房前十名中(见表 2),有 5 部都是从低幼向电视动画《熊出没》衍生而来的大电影,而《哪吒之魔童降世》和《西游记之大圣归来》等全龄向电影也有较大比例少年儿童贡献的票房。前十榜单中仅有《深海》可以算作成人向作品。至于《大护法》这种在宣传、发行时把自己列为"十三禁动画"(低于 13 岁不建议观看)的"主动分级"动画电影,票房只有 8 000 多万。中国电影家协会秘书长饶曙光认为,动画电影在中国长期被视为儿童专属品,这种意识引导了中国动画的创作倾向,其负面效应突出表现为动画作品的低幼化及由此引致的观众群体低龄化。①

表 2　中国国产动画电影票房前十名(截至 2023 年 5 月 1 日)

排　名	片　　名	上映年份	票　房
1	《哪吒之魔童降世》	2019 年	50.35 亿元
2	《姜子牙》	2020 年	16.02 亿元
3	《熊出没·伴我"熊芯"》	2023 年	14.95 亿元
4	《熊出没·重返地球》	2022 年	9.77 亿元
5	《西游记之大圣归来》	2015 年	9.56 亿元
6	《深海》	2023 年	9.19 亿元
7	《熊出没·原始时代》	2019 年	7.17 亿元
8	《熊出没·变形记》	2018 年	6.05 亿元
9	《熊出没·狂野大陆》	2021 年	5.95 亿元
10	《白蛇 2·青蛇劫起》	2021 年	5.80 亿元

① 丁佳文.突破"低幼化"需尊重市场规律[N].天津日报,2017-08-24(14).

这种锁定低幼的结构性失衡，意味着放弃了低幼之外的所有细分市场。但从国际经验来看，动画片已经成为全年龄段的文化消费品，美国好莱坞的绝大多数动画片早已将"合家欢"作为受众定位，日本更是将动画作品的受众覆盖到老年。而中国电视时代动画片的低幼化锁定，意味着将更大规模的青年和成人市场拱手让出，让这些需求长时期处于未被满足的状态，国内动画市场仍有很大的开发空间。

低幼动画还日益呈现出马太效应，头部低幼动画片形成"季播剧"模式，长期占据电视动画频道的黄金时段。例如，《熊出没》系列从2012年起每年都有新系列剧上线，从2014年起每年一部新动画大电影在过年期间上线，《超级飞侠》《大头儿子和小头爸爸》等IP也是新作不断，2005年就初登电视的《喜羊羊》系列也在2017年卷土重来推出续集。这些系列剧经常在电视频道中重播和轮播，甚至每天有多部同一IP的动画片播放。由于电视频道的垄断性和稀缺性，这些系列剧的重播和轮播，依然可以获得较高的收视率。有研究者统计指出，2013年央视少儿频道和5家上星动画频道共播出120部动画片，其中，新片仅有21部，同比下降16%。① 重复播放使头部动画占据电视频道的优势资源，而大多数国产动画片甚至都没有登上电视频道的资格，导致中国动画片的多元化和创新性面临挑战。

（二）电视单向传播下的隐身化受众

在互联网成为动画片放映渠道之前，动画观众都只能坐在电视机前收看电视节目。这种由电视本身媒体特征所带来的单向传播形式，让电视台几乎无法分辨出受众究竟有多少和受众究竟是谁。虽然有索福瑞等电视收视调查机构，但时常曝出的收视率造假等问题，都凸显出电视渠道对受众精准把控的无力。观众对于电视台而言是隐身的。

在电视的消费场景中，观众都被分割在家庭小空间中。因此，观众互

---

① 宋磊.2013年中国电视动画产业发展情况[J].出版广角，2014(18)：66-69.

相之间也是隐身的。除了日常通过人际传播的小范围交流，无法围绕节目形成收视群体，更遑论粉丝群体。如此便无法形成可见的受众，也就无法对受众的需求进行实质性回应，限制了动画衍生产品开发的精准性。

受众的可见对于动画产业至关重要。回望电视时代国产动画商业性开发的成功案例，无一不是在线下打造受众聚集空间方面有所建树。例如，奥飞娱乐的前身奥迪玩具，为了促进销售，在2002年引进日本热播动漫《四驱小子》和《四驱兄弟》，引发了"四驱车热"，各地围绕四驱车的比赛层出不穷，奥迪玩具还主办过一些全国性四驱车大赛，形成在真实空间中四驱粉丝的互动。尝到甜头的奥迪玩具后来还推出《火力少年王》来助销其悠悠球玩具，同样在线下出现了很多悠悠球大赛。2006—2016年十年间累计销售悠悠球超过1亿只，累计销售额达60亿元，悠悠球位居中国潮流玩具单品之最。[1]

华强方特集团的《熊出没》则是将动画片和实体乐园绑在一起，通过电视端的高密度播放形成知名度，然后基于电视动画IP来建造实体的方特梦幻乐园，完成对粉丝群体的聚合，进而带动粉丝群体的消费。

据世界主题公园权威研究机构美国主题娱乐协会（TEA）和第三方旅游行业研究及咨询机构美国AECOM集团联合发布的《2018年全球主题公园和博物馆报告》数据，华强方特集团以全年4 207万的入园游客数位居第五，并获得9.3%的环比增长率。[2]

十几年来，华强方特的主题公园业务快速增长，从2007年10月芜湖方特欢乐世界建成营业开始，扩张至全国范围共23家主题公园，遍布郑州、厦门、沈阳、济南、青岛、天津等15座城市，还有拟建设和建设中的21家主题公园。从最早的"欢乐世界"，到如今5种类型不同的主题乐园，分别是"欢乐世界""梦幻王国""水上乐园""东方神画""东盟神

---

[1] 玩具前沿.玩具业务持续低迷,奥飞娱乐如何挽回颓势？[EB/OL].(2019-03-31)[2019-12-23].http://www.sohu.com/a/305039559_182907.
[2] 2018年全球主题公园和博物馆报告[EB/OL].(2019-06-13)[2019-12-23].https://www.163.com/dy/article/EHIKNOM305388wxv.html.

画"5个子品牌,形成了主题乐园的发展矩阵。① 遍地开花的方特乐园成为华强方特营收的主要部分,2016—2018年华强方特全国乐园入园人次分别达到3 164万、3 850万和4 207万,② 主题公园收入占主营业务收入的比例分别为93.3%、77.14%和83.28%。③

然而,奥飞娱乐和华强方特两种商业模式也存在不少问题。

随着智能手机和手游在青少年中的普及,实体玩具市场销量开始下滑,奥飞娱乐在四驱车和悠悠球之后再也没有推出过新的爆款玩具。2018年度奥飞娱乐实现营收28.48亿元,同比下降21.81%,净利润则巨亏16.13亿元。利润下降主要是因为公司玩具业务"陀螺""零速争霸"等项目销售不理想,以及商誉等资产计提14.8亿资产减值损失。④

华强方特的实体乐园则需要大量的基建投入,一般企业根本无法负担。2016—2018年,华强方特分别实现营收33.53亿元、38.48亿元和43.28亿元,年均复合增长率13.62%,同期净利润从7.1亿元增长至7.87亿元。从数据上看仍然具有成长性,但是具体到业务中,截至2018年12月31日,华强方特控股的77家子公司中,45家处于亏损状态,部分子公司经营和投资主题公园项目,如青岛、芜湖、株洲、厦门等多地的主题乐园项目都存在巨额亏损。⑤ 为何在诸多子公司项目亏损之下依然能保持收入的增长? 华强方特2019年IPO招股书透露出关键信息:华强方特陆续收到政府补助高达50.12亿元。2016—2018年,政府对华强方特的补助金额分别为3.53亿元、3.3亿元、3.27亿元,占当年利

---

① 王登海.华强方特再次冲刺 IPO[N].中国经营报,2019 - 07 - 15(26).
② 维尼熊.《熊出没》出品方华强方特拟转投 A 股　依靠政府补贴[EB/OL].(2019 - 11 - 13)[2019 - 12 - 23]. http://finance.sina.com.cn/stock/newstock/zrzdt/2019 - 11 - 14/doc-iihnzahi0666506.shtml?source=cj&dv=1.
③ 王登海.华强方特再次冲刺 IPO[N].中国经营报.2019 - 07 - 15(26).
④ 证券时报.奥飞娱乐:2018年亏损16亿元[EB/OL].(2019 - 01 - 30)[2019 - 12 - 23]. http://finance.eastmoney.com/a/201901301037907578.html.
马玥.玩企拥抱资本这十年[J].中外玩具制造,2019(04):29 - 33.
⑤ 中国经济网.近四成利润来自补贴,曾遭4项行政处罚,华强方特 IPO 靠什么闯关? [EB/OL].(2019 - 08 - 08)[2019 - 12 - 23].http://baijiahao.baidu.com/s?id=16412852350373 81772&wfr=spider&for=pc.

润总额比例都超过三分之一。① 可见,如果脱离政府的补贴,华强方特"动画＋主题公园"的模式是否还能持续,便要打一个问号了。

奥飞娱乐和华强方特这种基于实体玩具和实体乐园来连接和聚拢粉丝群体的传统方式,虽然曾经获得成功,但已不能适应当下中国动画产业的消费和投资环境,并不是可以推广的商业模式。传统电视动画如何去连接隐身化的电视观众并形成观众之间的互动,目前看来仍没有较好的解决方案。

二、圈层化理论:区位、市场与文化

"圈层化"是近年来在网络文化产业中讨论得较多的概念,其理论渊源可以追溯至19世纪初德国经济学家约翰·杜能(Johann Thünen)所开创的农业区位理论。在其经典著作《孤立国》中,约翰·杜能在亚当·斯密(Adam Smith)的经济思想的基础上提出"农业产业区位理论",即"不同的农产品生产围绕中心城市形成一些界限相当分明的同心圆,每个同心圆内有各自的主要产品"。② 这种同心圆的空间结构形态被命名为"杜能环"。后来,这一理论思想被应用于城市规划,逐渐形成圈层式空间结构理论体系,衍生出多个理论流派。③ 圈层结构理论认为,"圈"实际上意味着向心性,"层"体现了层次分异的客观特征。圈层结构反映了城市的社会经济景观由核心向外围呈规则性的向心空间层次分化。④ 另外,根据新经济地理学关于产业间关联效应的分析,集聚

---

① 王登海.主题公园依旧亏损,利润多靠政府补助,华强方特再次冲刺 IPO[EB/OL].(2019-07-15)[2019-12-23].http://baijiahao.baidu.com/s?id=1639114759974971798&wfr=spider&for=pc.
② 约翰·冯·杜能.孤立国同农业和国民经济的关系[M].吴衡康,译.北京:商务印书馆,1986:20.
③ 肖清宇.圈层式空间结构理论发展综述[J].人文地理,1991(02):66-70.
④ 李习凡,胡小武.城乡一体化的"圈层结构"与"梯度发展"模式研究——以江苏省为例[J].南京社会科学,2010(09):70-75,91.

在同一区域圈层经济内的产业,企业之间关联效应很强,而关联性不强的会迁移至其他圈层。① 因此,最终各圈层都在产业链上"自成一体"。

圈层结构理论所包含的思维,在市场营销、产品定位、社会文化的分析中同样适用,只不过有的指在经济学视野下"中心-边缘逐级扩散",有的指在人类社会中存在的"大众-小众逐级扩散"的规律。

在商品经济的发展史中,生产的产品从大宗同质化的商品逐渐转向面向细分市场的小众商品。"以顾客总体特征为细分标准去对消费者分群"的细分理论,正是商家依据圈层展开差异化营销的基础。②

社会文化也是由大众主流文化向外逐级扩散,成为由众多小众文化圈所构成的多元文化。新涌现出来的多元文化多以与"主流文化"相对的"亚文化"形态出现。社会学家戴维·波普诺(David Popenoe)将"亚文化"界定为:"当一个社会的某一群体形成一种既包括主文化的某种特征,又包括一些其他群体所不包括的文化要素的生活方式时,这种群体文化被称为亚文化。"③肯·盖尔德(Ken Gelder)认为:"亚文化群是指一群以他们特有的兴趣和习惯,以他们的身份、他们所做的事和他们做事的地点而在某些方面呈现为非常规状态和/或边缘状态的人。"④在亚文化的形成中,共同的兴趣在很大程度上是最初的动因。陈龙认为,文化发展过程中基于个体需要的趣味渐渐成为文化建构的本体,内容选择的自由也带来了圈层组合的自由。在社交网络中,人们会将自己所属的群体内/外及自我/他人区隔开,用自己所想象的趣味、喜好标准进行自我规训,进入自己所认同的所谓"志同道合"的趣味共同体中,

---

① 张亚斌,黄吉林,曾铮.城市群、"圈层"经济与产业结构升级——基于经济地理学理论视角的分析[J].中国工业经济,2006(12):45-52.
② 罗纪宁.市场细分研究综述:回顾与展望[J].山东大学学报(哲学社会科学版),2003(06):44-48.
③ 戴维·波普诺.社会学(第十版)[M].李强,等,译.北京:中国人民大学出版社,1999.
④ Ken Gelder, Sarah Thornton. The subcultures reader[M]. London and New York: Routledge, 2005.
李明,周梦青.虚拟社区中ACG爱好群体的区隔建构——基于stage1st论坛动漫区的虚拟民族志研究[J].新闻大学,2018(03):67-83,149-150.

同时，人们围绕在意见领袖周围来致力于"自我小众化"。① 彭兰认为，"圈层化"这一概念既包括"圈子化"，也包括"层级化"。圈子是个体行动者构成的社会网络，其群体中心性往往很高。圈子内关系强度很高，关系持久，社会网密度很大。层级化一方面指将现实社会阶层带进网络中，另一方面指在互联网中形成的新的话语权力阶层。②

可见，与城市规划中圈层在产业链上的"自成一体"类似，在商品经济和社会文化层面的圈层同样构成非常紧密的内部关系。而从宏观的社会网络传播格局来看，圈层化趋势其实反映的是"去中心化-再中心化"的"新传播革命"的基本特征。"去中心化"指互联网在技术上天然具备的反中心倾向，"再中心化"则是受众围绕意见领袖所进行的新一轮中心建构。③

总之，在互联网背景下，兴趣一致的群体逐渐结成内部关系紧密、拥有意见领袖、文化认同度高的多样化圈层。圈层化的网民展现出截然不同的内容需求，构成当今数字文化产业发展的重要现实基础。这在动画片的消费中体现得尤为明显。

三、圈层化的需求与社区：动画产业需求要素的重构

互联网出现后，观众以前被压抑和忽视的动画片需求瞬间被释放出来，中国动画观众的消费需求从电视渠道垄断时期的一元的低幼向需求，逐渐发展为低幼向、青年向、成人向需求并存，并且每个年龄层内部都风格多元，动画片的种类和数量也因此而急速膨胀。

互联网渠道带动了消费需求，激活了多元化的动画需求。这种圈

---

① 陈龙.网络亚文化的"趣味"及其价值意义分析[J].湖南师范大学社会科学学报,2019,48(06):1-8.
② 彭兰.连接与反连接：互联网法则的摇摆[J].国际新闻界,2019,41(02):20-37.
③ 李良荣,郑雯.论新传播革命——"新传播革命"研究之二[J].现代传播(中国传媒大学学报),2012,34(04):34-38,65.

层化趋势,是对电视时代中国动画片市场需求要素结构性失衡问题的回应,不仅破解了稀缺、分割和定位单一的渠道顽疾,让动画的需求解除了低幼化锁定,还让原本"隐身"的动画观众在圈层社区中"现身",从而扩展中国动画片市场的广度和深度。

具体而言,圈层化意味着两个维度的重构:一是去中心化,从大众到分众、从中心到边缘的兴趣群体的扩展,消费场景上从单一场景向多元场景的扩散;二是再中心化,兴趣圈层逐渐在网络标签和网络社区的基础上完成再中心化的聚合。

(一) 圈层化需求:多场景的低幼动画和多标签的非低幼动画

跳出低幼锁定的中国动画产业,开始响应各个年龄段和各群体的多元化需求。在此过程中,不仅非低幼动画的需求获得了爆发式增长,形成了以风格标签为圈层划分依据的多元态势,低幼动画本身也因渠道的变迁得到发展,电视时代原本僵化的消费时空限定在移动互联网的助力下向随时随地的多场景消费模式转变。

1. 多场景:低幼动画片的需求转向

如今,电视渠道的下沉已是不争的事实,收视率的含金量已经大不如前。2018年上半年全国平均每人每天收看电视132分钟,比2017年上半年少了12分钟,下降幅度为8.33%,是五年来下降幅度最大的一年,与2014年上半年相比,下降幅度达到19.02%。[1] 在电视缴费方面,截至2017年第三季度,中国有线数字电视缴费用户减至15 436万户,同比降幅为7.4%;有线数字电视缴费率为74.19%,同比下降4.49%,观众的不断流失成为电视平台近年来的常态。[2] 即便是儿童观众,收视

---

[1] 中广互联.降幅创近五年新高、央视涨卫视跌,上半年电视收视市场呈现新格局[EB/OL].(2018-09-19)[2019-12-23].http://www.sohu.com/a/254796021_451230.
裴波.融入互联网思维 以服务用户为中心——以西湖明珠频道《阿六头说新闻》为例[J].声屏世界,2019(01):56-57.

[2] IPTVOTT.2017年中国有线数字电视用户离网研究白皮书[EB/OL].(2018-02-24)[2019-12-23].https:/3/www.sohu.com/a/223855821_488163.

比例也在下降。中国广视索福瑞媒介研究的电视收视监测数据显示，4~14岁观众的构成从2008年的43.1%下滑至2016年的31.6%。[①] 电视渠道的含金量也在下滑。数据显示，在2016年全国主要城市电视台动画节目收视率前20名动画节目的收视情况统计中，最高收视地区中有75%为欠发达地区。[②]

电视渠道价值的下沉背后，是互联网渠道的崛起。第29次《中国互联网络发展状况统计报告》显示，截至2011年年底，中国网民总数为5.13亿，其中，10岁以下网民数量占比1.2%，约为616万。第51次《中国互联网络发展状况统计报告》显示，截至2022年12月，中国网民总数为10.67亿，其中，10岁以下网民数量占比4.4%，约为4 695万。11年时间里，中国10岁以下儿童"触网"数量暴增近8倍。

这十几年间也经历了移动互联网逐渐取代PC互联网。移动互联网与儿童之间的关系日益密切，充当中介的是逐渐普及的智能移动终端——智能手机和平板电脑。2007年1月9日，搭载iOS智能操作系统的第一代iPhone发布。2008年10月，第一部安卓（Android）智能手机发布。2011年第一季度，安卓全球市场份额首次超过塞班系统，跃居全球第一，手机正式进入智能时代。根据中国互联网络信息中心的统计数据，2012年上半年，通过手机接入互联网的网民数量达到3.88亿，相比之下，台式电脑为3.80亿，手机成为中国网民第一大上网终端。截至2019年6月，中国手机网民规模达8.47亿，使用手机上网比例为99.1%。

儿童的媒介接触也全面向移动互联网靠拢。虽然还没有全国范围内的官方普查数据，但现有的调查数据可以提供一些证明。

2016年面向全国的一项调研数据显示，家庭中幼儿独自使用智能手机的比例高达52.81%，时长在30~60分钟的比例最高。在功

---

① 孙立军,孙平,牛兴侦.中国动画产业发展报告（2017）[M].北京：社会科学文献出版社，2017：11.
② 孙立军,孙平,牛兴侦.中国动画产业发展报告（2017）[M].北京：社会科学文献出版社，2017：14.

能诉求上,幼儿使用手机多是进行休闲娱乐活动,看视频的比例最高,占93.06%,其中多数是看动画片。① 2017年在河南信阳市的一项调查中,幼儿园儿童使用智能手机的平均比率为86.83%,63.35%的学前儿童使用时间在一小时以上,经常使用视频类的学前儿童占使用智能手机的学前儿童总人数的比率为73.7%。② 2018年,福建省四所幼儿园的调研数据显示,76.7%的受访儿童日常有使用网络的习惯。其中,85.2%的儿童使用手机,55.8%的儿童使用平板电脑。近六成幼儿身上出现不同程度的"因家长忙碌无法陪伴时选择使用网络媒介"的"电子保姆"现象。③

智研咨询网发布的《2018—2024年中国儿童教育软件市场供需预测及投资战略研究报告》显示,在中国拥有平板电脑的家庭中,70%的12岁以下儿童都有使用平板电脑的经历。受访家庭中半数左右的儿童使用移动端的时间在一小时左右。6岁以上的儿童在App选择方面已经有自主选择的能力。④ 2014年在福建宁德7~12岁学生群体的调查中,智能手机已经超过电视,成为最常用的电子设备,儿童使用智能手机主要用于游戏、动画、聊天等娱乐功能。⑤ 2016年山东地区的一项调研显示,80%的10~12岁儿童选择可以熟练使用手机并经常用手机娱乐消遣,而看电视、听广播、阅读书籍等媒介接触行为所占比例普遍较低。⑥

根据中国互联网络信息中心的历年数据和部分实地调研,中国互联网发展与经济发展一样呈现东高西低的状况。在互联网较发达地

---

① 樊丽娜.0—6岁幼儿使用新媒体的现状研究[D].长春:东北师范大学,2017.
② 刘吴越.信阳市学前儿童智能手机使用情况调查与对策研究[D].信阳:信阳师范学院,2017.
③ 黄晓莉.3—6岁幼儿网络媒介使用与父母干预研究——基于良好亲子关系的建构[D].福州:福建师范大学,2018.
④ 智研咨询.2018—2024年中国儿童教育软件市场供需预测及投资战略研究报告[R/OL].(2017-10-25)[2019-12-23].http://www.chyxx.com/industry/201810/684320.html.
⑤ 丁晶.宁德市儿童智能移动设备使用状况及其影响[J].宁德师范学院学报(哲学社会科学版),2015(04):83-87.
⑥ 王红,李亚男,孔智瑶,许一凡,陈蕊.城乡儿童媒介接触行为的调查研究——以山东省为例[J].中国教育信息化,2018(02):69-71.

第三章 圈层化：技术调适失衡的动画市场需求结构

区,电视收视率较低,而在电视收视率较高的地区,互联网往往处于不太发达的状态。这也符合大众媒介创新扩散的基本规律。例如,2018年西安的一项调查中,3～6岁幼儿使用时间最多的电子媒介依旧是电视,所占比例达到55.8%。在看电视的过程中,37.7%的孩子由父母陪伴,13.9%的孩子由爷爷奶奶辈陪伴。使用时间次之的是智能手机,占比26.4%。在手机和平板的使用中,时间最多的是看视频,其中,看儿童影视和动画的比例为76.6%,远高于其他视频种类。[①] 相较而言,2018年上海地区1～3岁幼儿的调查显示,虽然年龄小,但电子设备的使用已相当普遍,智能手机和平板电脑成为幼儿最常接触和使用的电子设备：96.5%的幼儿在家庭中有使用智能手机的经验,87.7%的幼儿在家庭中有使用平板电脑的经验。在频率方面,近一半的幼儿每天至少使用一次智能手机,也有三分之一左右的幼儿每天至少使用一次平板电脑。在用途方面,观看动画片和阅读成为幼儿最常进行的两大活动。[②] 由此可见,经济发达地区的儿童使用智能手机的比例更高。

随着移动互联网的发展和用户媒介使用习惯的变化,动画消费的场景从客厅中解放,在移动设备上更为便捷地随时随地观看成为越来越多幼儿和家长的需求。有研究表明,移动电子设备具备"电子保姆"的功能,让儿童有了独自使用终端观看动画片的机会。[③]

在此背景下,国产动画片除了在电视台上可以获得播放和补贴之外,还能登陆网络视频平台,满足不同场景下动画片的消费需求,获得了不错的收视效果。截至2018年年底,优酷、腾讯、爱奇艺和芒果TV的少儿动画最高播放量分别达到惊人的17.59亿、36.02亿、41.67亿和8.48亿,[④]位列其中的低幼动画片都是在电视动画频道常年"霸屏"的动

[①] 韩佳怡.西安市3—6岁幼儿家庭中电子媒介使用现状的调查研究[D].西安：陕西师范大学,2018.
[②] 牛苗苗,张义宾,Elyna Nevski,周兢.上海地区1～3岁儿童使用电子设备情况调查[J].上海教育科研,2018(02)：56-60,95.
[③] 马庚申.多数"80后"将iPad视为孩子的"电子保姆"[N].中国妇女报,2012-08-24(A03).
[④] 动漫界.各平台少儿动画累计播放量排行榜出炉[EB/OL].(2019-02-13)[2019-12-23].https://www.sohu.com/a/294446057_115832.

画 IP，如《熊出没》《超级飞侠》《大头儿子和小头爸爸》《萌鸡小队》等。

另外，《喜羊羊与灰太狼》《熊出没》等国产低幼动画都曾被曝出有"暴力""粗口"等幼儿不宜内容，相较之下，《小猪佩奇》等国外优秀低幼动画更被年轻一代的父母们青睐。对国产动画质量不满意的家长，早有离开客厅和晚间黄金时段的选择，部分家长通过网络下载的方式搜索国外低幼动画片给孩子观看。网络视频平台的崛起给这部分受众提供了随时点播国外优质动画片的便利。截至2018年5月，《小猪佩奇》在各网络视频平台的播放量是：爱奇艺135.7亿次，优酷144.6亿次，腾讯视频193.1亿次，三大平台总计播放量超过473.4亿次。① 这些数据远超《熊出没》等国产动画网络播放冠军的播放量。

总之，中国低幼动画的需求，正从客厅和晚间黄金时段，向随时随地的多元消费场景演化。如今，电视渠道在低幼动画方面仍能满足部分消费者，尤其是欠发达地区观众的需求，但移动互联网逐渐成为消费场景多元化切换的重要技术基础。

2. 多标签：非低幼动画的需求扩展

20世纪八九十年代至21世纪初，国外动画在中国电视频道的倾销，其实并不全是低幼向动画。诸如《圣斗士星矢》《新世纪福音战士》《北斗神拳》《头文字D》这样的成人向动画片，在国内的儿童动画频道公开播放，其中的成人化故事情节、暴力色情、宗教色彩等内容并不适合中国儿童动画频道的受众观看。这形成了中国动画低幼定位和国外全龄定位的第一次认知冲突。

后来，国产动画播放配额制度逐渐实施，进口动画数量开始急速下降。直至互联网渠道的崛起，才为进口动画打开了新的通道。

在网络视频平台发展初期，由于优质国产动画的供给相对不足且更偏向于电视端，互联网平台公司就进口大量日本动画来满足网友的多样化需求。2012年，优酷土豆与东京电视台达成正式合作，爱奇艺与

---

① 袁璐.《小猪佩奇》给eOne公司带来70亿元收入 三大平台播放量超473.4亿次[EB/OL].(2018-05-17)[2019-12-23].https://www.takefoto.cn/viewnews-1472757.html.

东映动画签订合作契约,重新拉开中国进口动画片繁荣发展的序幕。中国动画片的进口金额从 2012 年的 1 500 万元,猛增至 2015 年的 4.45 亿元,增长近 30 倍。① 日本动画协会《日本动画产业发展报告 2017》的数据显示,2015 年日本动画在海外销售市场规模增长了 78.7%。这种增长势头在 2016 年继续维持,增长了 31.6%,达到 7 676 亿日元。②

在这种背景下,以日本为代表的"二次元"动漫文化开始普及。"二次元"中极其丰富的圈层化标签分类,激发出中国动画片观众日渐丰富的需求取向。据专门收集和解释动漫术语的百科网站"萌えっ娘事典"(Moegirl.org)显示,动画片按照类型可分为 11 类,按照主题可分为 142 类。③ 其中,不仅有按照读者对内容的兴趣分类,如玄幻、穿越、青春、霸道总裁等,也有按照读者观看习惯不同的分类。除了 24 分钟左右的正常时长番剧外,还有 2～6 分钟一集的"泡面番",1～2 分钟一集的"憋气番",分别对应不同消费场景下的时长需求。

在国内视频平台上,以主打"二次元"文化的哔哩哔哩为例,它把自己的主要受众群体定义为"Z 世代",即 1995—2009 年出生的年轻人。哔哩哔哩广告营销部总经理王旭表示,在流量正在从公域流量向私域流量转变的过程中,哔哩哔哩的破局之道在于从圈层文化入手,聚焦专业个人用户制作视频(PUGV)、专业版权类视频(OGV)、衍生文化三大核心板块,通过兴趣标签而非地域或者严格的年龄界限来做用户圈层的划分。④ 如今,哔哩哔哩已经形成 200 万个文化标签和超过 7 000 个核心兴趣圈层,各类用户都可以在各自的圈层中找到文化归属感。⑤ 在

---

① 孙立军,孙平,牛兴侦.中国动画产业发展报告(2017)[M].北京:社会科学文献出版社,2017:14.
② 日本动画协会.日本动画产业发展报告 2017[R/OL].Anitama,译.(2017-10-25)[2019-12-23].http://www.anitama.cn/article/cbdabde2f9987a1b.
③ 萌娘百科[EB/OL].[2019-12-23].https://zh.moegirl.org/Mainpage.
④ 喵越.B 站:圈层文化下,品牌如何与 Z 世代年轻人玩在一起[EB/OL].(2018-12-11)[2019-12-23].https://socialbeta.com/t/103713.
⑤ 哔哩哔哩.关于我们[EB/OL].[2019-12-23].https://www.bilibili.com/blackboard/aboutUs.html.

哔哩哔哩的动画片专区中,动画片的分类也非常细致,共有32种风格分类,包括热血、穿越、奇幻、战斗、搞笑、日常、科幻、萌系、治愈、校园、少儿、泡面、恋爱、少女、魔法、冒险、历史、架空、机战、神魔、声控、运动、励志、音乐、推理、社团、智斗、催泪、美食、偶像、乙女、职场。① 如此多的动画片分类,如此多的兴趣圈层社区,这在频谱稀缺的电视渠道上是难以想象的。多元场景背后,是更多需求正在被激活和满足。如陈龙所说,正是网络技术的赋能、赋权,才促成了文化的小众化。②

2018—2021年,哔哩哔哩共上线430部国创作品,国创的累计观看人数突破3.4亿,观看时长突破19.2亿小时,年平均增长率达到40%,③古风、科幻、玄幻、校园、治愈、青春、都市等题材均有涉猎,尽可能覆盖更多人群,满足不同粉丝群体的需求。正如哔哩哔哩COO李旎所说:"国产动画目前的传统定位并不能满足全民化需求,这需要产业对更多题材和类型有着长远的规划和投入。"④

(二)构造社区:圈层需求的价值变现路径

1. 知识共享:动画圈层社区的生成基础

互联网渠道的崛起带来了动画需求的圈层化趋势,越来越多的小众动画需求得到了满足。从文化多样性的维度来看,这体现了社会层面的正外部性。但毕竟动画是一个成熟的现代产业,它需要有健康的盈利模式来保证可持续的商业开发循环,仅仅靠播放只能收回部分成本。艾瑞咨询的《2018年中国动漫行业研究报告》显示,动漫产业70%以上的利润来自动漫IP的衍生开发,即玩具手办和生活周边的销售,以

---

① 哔哩哔哩.番剧首页[EB/OL].[2019-12-23].https://www.bilibili.com/anime/.
② 陈龙.网络亚文化的"趣味"及其价值意义分析[J].湖南师范大学社会科学学报,2019,48(06):1-8.
③ 任芯仪.哔哩哔哩成功举办2021—2022国创动画作品发布会[EB/OL].(2022-03-21)[2023-5-1].https://c.m.163.com/news/a/H30FCF4M0514R9KQ.html.
④ 舍儿.40部国产动画片单发布!B站将承包二次元粉丝全年的快乐[EB/OL].(2019-11-19)[2019-12-29].https://new.qq.com/omn/20191119/20191119A0ADIV00.html.

第三章 圈层化：技术调适失衡的动画市场需求结构

及主题公园的建设运营。①如果以迪士尼集团1∶2∶7的收入比例（影视作品收入∶衍生产品收入∶品牌授权收入）为榜样，中国动画产业需要在播放之外开拓更有潜力的延伸市场。进行市场挖掘的第一步，就是要让电视时代"隐身的受众"得以现身。只有对受众有清晰的识别和洞察，才有可能进一步挖掘需求。反过来说，动画观众也有"现身"的需求，仅仅观看已经不能满足移动互联网时代的网民，他们有交流情感、分享知识并形成价值和审美自洽群体的需求。于是，互联网社区成为把圈层化需求变现的最佳路径之一。

1994年，中国第一条64K国际专线正式接通，标志着中国正式进入互联网时代。而在一年之前，霍华德·莱茵戈德（Howard Rheingold）就提出了虚拟社区的概念："一群通过计算机公告栏和网络交谈和交流思想、可能相互见面也可能不见面的人，经常在电脑空间里相遇而形成的文化集合。"②及至今日，互联网中已经遍布各类虚拟网络社区，从最开始的Usenet，到BBS，再到如今的SNS，网络社区不停地迭代升级，社区需求逐渐成为中国网民网络使用中的"刚需"。2019年8月第44次《中国互联网络发展状况统计报告》显示，社交应用的使用时长比为4.5%，位列第7，高于网络直播、网络新闻的比例。在以14.5%的时长比位居第一的即时通信应用中，微信也包括"朋友圈"这样的私域社交功能和"看一看"这样的内容社交功能。2019年，各大网络头部企业纷纷加码社交应用，如百度的"听筒"、网易的"声波"、新浪的"绿洲"、腾讯的"有记"，纷纷上线的社交应用证明社交仍将是互联网产业中具有长期增长性的应用。

虚拟社区存在的核心价值，也是虚拟社区生成的决定因素之一，是"知识共享"。③格拉诺维特（Granovetter）1973年提出的"弱连接-强连

---

① 刘爽爽.国漫崛起系列之四：爱奇艺和制作方分账 能否解决动漫变现难题？[EB/OL].(2019-09-16)[2019-12-29].https://www.zjfae.com/view/news.php?func=detail&catalog=3302&detailid=188073.
② Howard Rheingold. The virtual community：Homesteading on the electronic frontier[M]. New York：Harper Perennial, 1993：65.
赖黎捷,李明海.威客网站信用构建的传播学策略[J].新闻知识,2011(03)：65-67.
③ 赵捧未,马琳,秦春秀.虚拟社区研究综述[J].情报理论与实践,2013,36(07)：119-123.

接"理论(weak ties-strong ties)认为,弱连接的价值多存在于信息搜集和获取,强连接的环境更适合知识的交流和共享。在动画网络社区中,动画知识——对某一动画片的共同消费体验,构成了社区成员走到一起的最初动力。这种动画社区的形成具有"自组织"的特点,即是一种自发走向组织的、貌似无序而实则有序、"有机团结"着的复杂系统。① 随着社区参与人数的增加,社区的价值不断膨胀,因为参与知识共享的节点变多了。如网络经济中的梅特卡夫法则(Metcalfe's Law)所展示的,网络经济的扩张与网络上的节点数的平方成正比,网络的价值等于网络节点数的平方,用数学公式表示为:$I=EM^2$(I 为网络经济的规模,E 为常数,M 为网络节点数)。换言之,随着网络产品用户的逐渐增加,网络的价值越大,即边际效用递增。② 在网络社区中,参与讨论的人数越多,知识生产就越活跃,该主题的信息传播价值就越高。

在实体经济下行、传统广告模式逐渐难以满足网络平台发展需求的情况下,社区的搭建和商业化开发尤为重要。直接从用户入手收取会员费,并围绕会员社区来挖掘商业价值,成为许多互联网公司的选择。相关研究证明,网络互动直接影响人们网络交往的效用,并最终影响网络购买意向与行为。③ 2019 年,字节跳动以 12.6 亿元入股虎扑,腾讯领投对马蜂窝的 2.5 亿美元融资,小红书在 3 亿美元的融资中得到阿里巴巴与腾讯的青睐,哔哩哔哩在阿里巴巴与腾讯入股后又宣布完成 7.55 亿美元融资,这些都是社区商业潜力的表现。④ 动画产业的圈层化受众由于知识分享需求而结成的网络社区,成为各大网络视频平台开发的重点。在社区的搭建中,我们看到在知识分享之外更多的消费者需求被激活和满足。

---

① 陈远,倪超群,邹晶.网络社区信息传播的相关理论述评[J].图书情报知识,2008(02):70-75.
② 陈远,倪超群,邹晶.网络社区信息传播的相关理论述评[J].图书情报知识,2008(02):70-75.
③ 范晓屏.基于虚拟社区的网络互动对网络购买行为的影响研究[D].杭州:浙江大学,2007.
④ 黎佳瑜,邵毛毛.阿里、腾讯后再入 7.55 亿美元的 B 站能靠"社区"赚钱吗?[EB/OL].(2019-06-17)[2019-12-29].https://www.thepaper.cn/newsDetail_forward_3698354.

2. 基于知识的社区护城河：非低幼动画片二次元社区

在中国非低幼动画片社区方面，由于受到20世纪90年代日本动漫二次元文化的影响，如今发育较为成熟的是二次元社区，以哔哩哔哩和腾讯波洞星球为代表。二次元社区通常面向"Z世代"人群。据腾讯的《2019·Z世代消费力白皮书》，这一群体总量高达2.6亿，其中，"95后"约为9 945万，"00后"约为8 312万，"05后"约为7 995万。"Z世代"每天观看视频达53.4分钟，仅次于社交聊天的56.2分钟，可见这一群体动画消费的巨大潜力。①

2009年，徐逸模仿弹幕视频网站AcFun.com（俗称A站）建立了Mikufans.com，当时由于AcFun服务器不稳定，Mikufans的定位就是"A站的后花园"，但日后逐渐超越了AcFun，并更名为哔哩哔哩，从AcFun手中抢过了国内二次元文化大本营的接力棒。哔哩哔哩区别于传统视频网站的两大特征是ACG垂直圈层和弹幕功能。前者构成了异常丰富的二次元亚文化圈，后者形成了哔哩哔哩特殊的用户互动方式。

作为二次元文化社区，哔哩哔哩从创办之初就明确其圈层属性，与彼时大众化的社区（如天涯、猫扑、西祠胡同等）相区隔。从开始的限时注册，到邀请码注册，即便商业化之后开放注册，也要设置一个知识门槛，即要求用户在2小时内答题100道并获得60分以上才能成为正式会员，题目大多植根于二次元社区文化，有以弹幕评论礼仪为代表的社区规范题，以及从动画、游戏等分区进行自选答题。较高的知识门槛搭建起社区准入的"护城河"，以此保证其社区文化的纯粹性。对于真正想进入社区的用户而言，知识的护城河并非难事，相反还成为汇聚同好的筛选机制。事实证明，筛选机制并没有遏制社区的发展。哔哩哔哩2019年三季报显示，正式会员数量同比增长46%，达到6 200万，可见二次元圈层的巨大潜力。

---

① 谁在影响2.6亿年轻人的消费？Z世代消费力白皮书2019[EB/OL].(2019-08-21)[2019-12-29].https://new.qq.com/omn/20190821/20190821A03GJK00.html.

社区的发展不仅要"拉新",更要靠社区的运营,即激活社区内节点之间的连接。2019 年三季报显示,哔哩哔哩保持了超过 80% 的第十二个月留存率,[①]月均用户互动量高达 25 亿次,相当于每个月活跃用户数每天产生约 0.7 次互动。[②] 如此高的留存率和互动频率,显示出越过知识护城河的正式用户对这一门槛的认同和珍惜。哔哩哔哩还设置了非常严厉的社区管理办法,在"小黑屋"专区通过禁封措施(见图 4),惩罚破坏社区秩序的行为,最大限度地维护圈层内部的和谐共处,使基于兴趣的社区节点之间的连接变得更纯粹。

图 4 哔哩哔哩社区管理版面

漫画和动画作品是维系二次元文化内核的关键,而作为视频网站,哔哩哔哩其实没有一个专门的用户交流互动区,社区成员的交流主要是依附于视频,通过弹幕和评论来进行。哔哩哔哩极其重视动画内容的

---

① IT 之家.B 站哔哩哔哩公布 2019 年 Q3 财报:营收 18.6 亿元同比增长 72%,月均活跃用户 1.28 亿[EB/OL].(2019-11-19)[2019-12-29].https://www.ithome.com/0/457/789.htm.

② 裴培,高博文,焦杉.B 站没有天敌[EB/OL].(2019-12-05)[2019-12-29].https://mp.weixin.qq.com/s/Uon5uU2_bpej3V5sl4ki9Q.

建设。2017年,哔哩哔哩共购买117部日漫,占其新番采购总量的94%,其中,独播剧有55部。除了大量进口日本番剧和基于动画的再次剪辑创作的MAD作品(マッド)外,哔哩哔哩还提出"国创"的概念,推进国产动画片的生产。哔哩哔哩将"国创"动画设为九大一级分区之一,并划分了比"新番"区更多的二级分类。① 通过这些内容来聚合粉丝,继而形成圈层。其中,原作动画的粉丝可以构成第一类圈层,然后在动漫UP的再创作作品下,又可以形成第二类圈层。同时,某一大类动画作品内,又可以垂直细分为更小的粉丝群体(如同一部动画中不同角色的粉丝群体),形成圈圈相套、层层叠加的圈层式社区格局。由此来提高社区用户之间的互动,提高活跃度和忠诚度,最终化为用户的付费意愿。可见,哔哩哔哩的运作逻辑就是"一切基于社区",在此基础上打通"内容—用户关系—社区—商业化"的市场链条。②

2018年8月,腾讯的QQ动漫正式升级为"波洞星球",同时宣布独立的App"波洞星球"(Boodo)上线。平台的定位相应改变为做二次元内容社区平台。据苹果App Store内的介绍,波洞星球的年龄分级为12岁以上,并"有偶尔/轻微的暴力/成人/性暗示/裸露/惊悚/恐怖相关的内容"。基于QQ动漫3.3亿动漫用户和3 500万的月活跃用户,波洞星球提供了3万部正版漫画、1 000多部经典番剧,还引入了黑天工作室、729声音工厂等1 000多位二次元圈内的关键意见领袖(KOL),进行再中心化的细分圈层构建。腾讯公司社交网络事业群增值产品部总经理刘宪凯谈到波洞星球未来的产品布局时说,波洞星球将在上游联合腾讯动漫、腾讯视频和众多优秀工作室,形成优质的PGC内容+平台;中游则通过持续投入KOL资源形成UGC内容+平台,并联合QQ看点、微视等信息流平台,建立垂直类内容优势;下游则联合鹅漫U

---

① 黎佳瑜,邵毛毛.阿里、腾讯后再入7.55亿美元的B站能靠"社区"赚钱吗?[EB/OL].(2019-06-17)[2019-12-29].https://www.thepaper.cn/newsDetail_forward_3698354.
② 黎佳瑜,邵毛毛.阿里、腾讯后再入7.55亿美元的B站能靠"社区"赚钱吗?[EB/OL].(2019-06-17)[2019-12-29].https://www.thepaper.cn/newsDetail_forward_3698354._forward_3698354.

品、腾讯游戏、QQ JOY 加强商业化和 IP 衍生品方面的布局。①

2019年,爱奇艺推出面向二次元的独立品牌"叭哒",是以头部动漫内容为驱动、专门为"Z世代"用户推出的娱乐分享互动社区平台。除了二次元内容消费外,叭哒还推出"种子互动成长玩法",以"养成＋收集"为主要模式,用户可以通过互动、分享、补给等行为,将叭哒种子培养成不同的可爱植物娘。另外,为了刺激用户升级为付费用户,叭哒设置了针对二次元 FUN 会员的"稀有种子",将社区互动直接变现。②

3. 联合家长的自分级制度：低幼动画的幼儿教育社区

与二次元动画丰富的种类相比,由于幼儿的动画需求较为单一,低幼动画的同质化程度较高。《熊出没》《喜羊羊与灰太狼》等不同低幼动画的粉丝之间其实并没有明显的区隔,因而难以像二次元动画一样形成成熟的细分圈层结构。

低幼圈层的消费者需求的取向与非低幼圈层的消费者大相径庭。例如,非低幼的二次元圈层用户,其需求除了动画内容观看外,还有参与再生产、分享体验、结成群体、塑造文化、凝结行动等。低幼圈层的幼儿观众则主要停留在通过动画观看完成娱乐的单一诉求上。如果仅仅满足这一需求,低幼动画的市场空间是非常狭小的。实质上,即便是在电视渠道垄断时期,《熊出没》等爆款动画的播出部分仍然是亏钱的,真正的盈利来自衍生产品、实体乐园和品牌授权等。因此,中国视频平台公司将动画观看外扩成动画教育,甚至亲子教育的更广泛需求,将幼儿家长也圈进目标群体,极大地扩展了低幼动画社区的功能潜力和商业前景。

---

① QQ 动漫升级波洞星球,版权优势和差异化让它成为新 B 站吗？[EB/OL].(2018 - 08 - 16)[2019 - 12 - 29].https://new.qq.com/omn/20180816/20180816A14TRS.html. PConline 太平洋科技.腾讯推二次元平台波洞星球　目标是打造一个新 B 站[EB/OL]. (2018 - 08 - 20)[2019 - 12 - 29].https://www.sohu.com/a/248894830_223764.
② 动漫产业高峰论坛开幕　爱奇艺多元助力精品国漫发展[EB/OL].(2019 - 05 - 10)[2019 - 12 - 29].http://ent.ifeng.com/c/7mZ8SzCZsyD.

第三章 圈层化：技术调适失衡的动画市场需求结构

在整体的分类上，网络视频平台公司已经明显地将低幼/少儿动画和其他动画区别开来。例如，在腾讯视频的一级分栏中，"动漫"是一个单独栏目，包括国漫、日漫等二级栏目，截至2019年12月1日拥有共计3 901部动画作品，而"少儿"是和"动漫"平行的一级栏目，旗下包括男孩、女孩、0～3岁、4～6岁、7～9岁等多个二级栏目，拥有5 000多部动画作品。爱奇艺的栏目设置也类似，一级栏目中的"动漫"和"儿童"并行放置，前者播放热度最高的是日漫《航海王》，后者热度最高的是《小猪佩奇》。

在动画方面，长期以来对动画的低幼定位导致20世纪90年代不少国外成人动画也被当作低幼动画引进并在电视台播放。影视的分级制成为近十几年来学界一直呼吁的话题。早在2006年，《关于推动我国动漫产业发展的若干意见》中就提到，支持行业协会配合政府部门制定行业标准和动漫分级制度。但出于各种原因，政府迟迟没有正式出台相关政策，导致一方面，国外影视成人动画作品进口时要大量删减，失去了对成人消费者的吸引力；另一方面，由于缺乏精细的分级制度，国产低幼动画片中把关不严，夹杂着不少暴力行为和网络化、暴力化、成人化词汇，①导致负外部性。例如，孩子模仿动画情节把其他小朋友烧伤、撑伞从窗户跳下摔伤、爆粗口等，不止一次地引起社会舆论关注。有人做过统计，在《喜羊羊与灰太狼》这部国产动画片中，灰太狼被平底锅砸9 544次，全集中被煮过839次，还被电了1 755次。② 还有家长向媒体反映，《熊出没》十几分钟的动画中就出现了21句脏话。③ 2014年，中国科学院陆宇斐推出首个民间儿童影视分级制度，按适宜观看幼儿的年龄，片中有无暴力行为、脏话、性爱等内容，将动画片分为五级。根据这一标准，《喜羊羊与灰太狼》适合7岁及以上儿童观看，《熊出没》

---

① 顾萌萌.基于语料库的儿童动画片词汇研究[D].上海：上海师范大学，2018.
② 张凌飞.央视新闻联播点名批评：动画《喜羊羊》《熊出没》暴力粗俗[N].扬子晚报，2013-10-14(A04).
③ 动画片《熊出没》引争议 被曝十多分钟21句脏话[EB/OL].(2013-08-12)[2019-12-29].http://culture.people.com.cn/n/2013/0812/c172318-22532700.html.

则适合10岁以上儿童观看,①但实际上这些动画的主要受众是0~6岁的幼儿群体。

为了实现幼儿和非幼儿社区的分离,爱奇艺和优酷都推出了针对幼儿的专属App,在硬件上实现分级制,打造社区护城河。

爱奇艺的奇巴布App于2018年5月上线,由爱奇艺动画屋升级而来,在苹果App Store上的介绍称已有5 000万用户,目标用户为0~8岁孩子和家长,覆盖儿歌、英语、故事、早教、动画、电影等多种内容类型。其中,动画片是其核心竞争力,拥有涵盖BBC和Disney的3万小时儿童内容,具备中英双语切换、护眼等功能。围绕幼儿教育,奇巴布添加了不少社交功能,逐渐打造幼儿教育社区。例如,"小奇星"栏目是类似于抖音的短视频平台,幼儿家长可以上传有关孩子的日常短视频,用户可以点赞和转发。同时,社区还会开展诸如"优姿2020大语文赏读大赛""乐高冰雪奇缘微剧场"等由平台组织的视频拍摄活动,通过上传自己拍的同款视频形成互动。奇巴布还设置了一个虚拟场景"奇巴布小镇",其中的"俱乐部"搭建了一个让用户共同参与的活动平台,包括绘画活动(如"画出你的愿望")、唱歌活动(如"萌鸡小队趣欢唱")、摄影活动(如"我的多彩夏天")等。据笔者统计,这些活动参与人数在几十万到几百万不等,展示了奇巴布的社区价值。

"小小优酷"App是优酷为0~14岁孩子打造的少儿内容平台,包括动画、教育、绘本资源等。与奇巴布类似,小小优酷也有"家长管理模式",根据孩子使用行为生成"宝贝成长每周报告",以供家长及时掌握孩子的使用行为。同时,通过分龄、英文模式、黑名单、时长管理等服务,来培养孩子的健康使用习惯。小小优酷更进一步地回应家长的教育需求,设置了"家长星球-好家长"栏目,推出一系列幼儿教育的课程视频,涵盖心理、早教、儿科和婚姻专家,包括一些有名气的达人妈妈,

---

① 蒲晓磊.儿童模仿动画片屡酿悲剧:动画片要分级[J].中国人大,2018(11):46-47.
乔志峰.给"光头强"们设个"防火墙"[J].声屏世界,2016(04):72.

如幼教大V"年糕妈妈"等。通过这些内容的补充,小小优酷在"幼儿教育社区"这一愿景下逐步搭建起初步的框架。

本章小结
圈层开发,激活大国市场规模效应

中国动画诞生伊始并不是低幼化的。例如,1941年由中国动画奠基人万氏兄弟所拍摄的《铁扇公主》,就体现了当时抗战背景下的反抗精神,影片最后原本还有一句字幕"人民大众起来争取最后胜利",可见当时动画片在中国人心中并不是儿童的专利。新中国成立后,动画片逐渐承担起儿童美育的任务,由此形成了低幼化这一挥之不去的标签。不少学者也将其作为中国动画的问题进行研究。[1]

实际上,低幼动画本身并不构成问题,无论是国内还是国外,从动画片诞生到现在出现了大量优秀的低幼动画片精品,在儿童教育和娱乐中扮演非常重要的角色。然而,低幼动画有价值,并不意味着我们只能生产低幼动画,形成"动画=低幼动画"的思维。这一思维模式让动画片承受了不可承受之重,绑上了年龄、题材、表现手法、说教功能的多重枷锁。这才是禁锢中国动画产业发展的问题所在。

互联网的出现打破了电视频道垄断动画播放的局面,面向所有年龄段观众提供全龄向产品,尤其重点开发长期被忽视的成人动画,针对电视展开错位竞争,打开增量市场,这是互联网动画获得繁荣发展的关键。同时,互联网也重塑了作为存量市场的低幼动画的消费时间和空间,改变了低幼动画的消费。习惯互联网所具有的社区属性让传受双方形成了更为紧密的互动关系,让需求更易被识别,也更易得到满足。

互联网对于市场需求要素的重构,展示出技术力量对需求的精准

---

[1] 胡春雷,刘新.低幼悖论与中国动画电影市场受众[J].同济大学学报(社会科学版),2015,26(03):79-85.

识别和深度开发。这是产业竞争力提高的前提条件,毕竟在买方市场时代,需求端的拉动是促进供给侧结构性改革的最有力引擎。正如被互联网激活的成人动画市场,有望成为未来中国动画的蓝海。

回归全龄向的中国动画产业,终于摆脱了儿童教育片的定位,获得了和电影、电视剧同等的产业地位。2019年《哪吒之魔童降世》的横空出世就是明证,超50亿的票房雄踞国产电影票房榜前五位。这是中国动画片在备受争议的"喜羊羊"时代所想象不到的伟业。《哪吒之魔童降世》的观众涵盖各个年龄段,实现了好莱坞动画所开创的"合家欢"市场定位。在《哪吒之魔童降世》之后,《姜子牙》《新神榜:哪吒重生》《新神榜:杨戬》等系列动画电影陆续上线,甚至业界开始畅想能与漫威"英雄宇宙"相媲美的中国"封神宇宙"的出现。动画片就此从小众市场中走出,开始成为全年龄段的大众日常文化消费产品。

从电视台"以为"我们需要什么,到通过互联网"探问"我们需要什么,中国动画的这一过程走了几十年。正是互联网技术提供了打开真正的大国市场的钥匙。

第四章
泛娱乐：基于价值网结构创新的动画产业①大融合

如果从产业的独立性角度判断，动画产业的独立性相对不足，单纯靠动画片播放较难实现稳定的收益。虽然有了《哪吒之魔童降世》等爆款动画电影给动画行业带来希望的案例，但总体上看，中国动画产业仍然要依靠周边产业的反哺。绘本图书、文具玩具、零食服装、实体乐园、品牌授权……在盈亏线上殚精竭虑的动画企业总能找到生存之法，并在这一过程中逐渐与周边产业展开系统性互动，从"动画产业"发展为"动漫产业"，并逐渐形成"大动漫"②的产业理念。

根据 2018 年鲸准研究院发布的《中国动漫 IP 价值研究报告》，到 2017 年，中国动漫行业总产值达到 1 560 亿元。但其中，动画版权收益市场规模只占据百亿左右。③ 艾瑞咨询的《2018 年中国动漫行业研究报告》也显示，动漫产业的主要利润来自动漫 IP 的衍生开发。国内动漫用户内容付费意愿依然较低，在动画娱乐消费的四种类型中，76.4％的用户愿意为动画生活周边付费，只有 46.5％的用户愿意为内容付费，

---

① 在本章中，"动画产业"及其"相关产业"共同归于"动漫产业"的概念之下，即对"动画产业"及其"相关产业"的分析，便是对"动漫产业"内产业关联性的分析。因此，本章用"动漫产业"来替代"动画及其相关产业"这一表述。
② 周星.数字时代的中国大动漫观念与发展问题分析——关于 2011 年暑期档动画电影市场呈现的认识[J].现代传播(中国传媒大学学报)，2011(12)：73－76.
③ 鲸准研究院.2018 动画行业研究报告[R/OL].(2018－07－09)[2019－12－29].https://www.sohu.com/a/240914425_152615.

低于生活周边、线下活动门票、专业手办,位列最末。① 可见,在具有公共商品属性的动画片面临市场失灵的时候,正是周边产业的利润支援,才使其具有可持续发展的潜力。

动画产业独立性缺失的情况,并不意味着产业基础的羸弱,反观发达国家的动画产业,很多也需要周边相关产业的反哺。在好莱坞头部企业迪士尼集团2018财年的收入比例中,"主题公园和度假村"占比34%,位列第二,比例最高的"媒体网络服务"占41%,但其利润同比下滑了4%,"主题公园和度假村"的利润则同比大涨18.4%。动画产业的"微利"现状,促使其与相关产业结成越来越紧密的关系,从而在整体的产业层面更有利于培育其国际竞争力。有研究机构对全球最赚钱的文创IP进行了统计,发现在位于前十的IP中,前七个IP的收入绝大部分都来自衍生品的零售业务,例如,Hello Kitty的800多亿美元收入中只有0.26亿美元来自内容销售。②

产业国际竞争力的培育往往不是单打独斗的过程。正如迈克尔·波特所说,"如果想成功培养一项产业的国家竞争优势,最好能先在国内培养相关产业的竞争力"。③ 相关产业之间的效率竞争机制的传导、共同知识的外溢、互动中实现的协同效应等,会产生经济上的正外部性。尤其是当产业发展出互补产品的"亲密关系"时,可以同时提升双方的业绩。④

动画产业以往多与出版、文具、玩具、服装、文旅等实体经济产生关联,而在互联网出现之后,动画产业和周边产业的关系在互联网这一虚拟平台上实现了基础结构的统一化。一方面,在数字化的统一技术标

---

① 刘爽爽.国漫崛起系列之四:爱奇艺和制作方分账 能否解决动漫变现难题?[EB/OL].(2019-09-16)[2019-12-29].https://www.zjfae.com/view/news.php?func=detail&catalog=3302&detailid=188073.
② 三文娱.全球最赚钱的50个IP:第一名赚了950亿美元,准入门槛超百亿[EB/OL].(2019-09-03)[2019-12-29].https://36kr.com/p/5242287.
③ 迈克尔·波特.国家竞争优势[M].李明轩,邱如美,译.北京:华夏出版社,2002:101.
④ 迈克尔·波特.国家竞争优势[M].李明轩,邱如美,译.北京:华夏出版社,2002:101.

准下,ACGMN(动画、漫画、游戏、音乐、小说)构成一组密切的相关产业,产业之间的转换成本要远远低于以往动画产业与线下实体产业之间的转换成本;另一方面,互联网的网络化特征让企业之间的互动关系变得更为复杂,打破了以往产业链上下游的严格分野。正是互联网的出现,让动画产业和周边产业的关系呈现出前所未有的网络化、扁平化和统一化。这些特征凝结成业界态势,就是近几年日益成为趋势的"泛娱乐"。

2011年7月,时任腾讯公司副总裁程武在中国动画电影发展高峰论坛上首提"泛娱乐"构思,即打造基于互联网多领域共同参与的围绕IP的粉丝经济。2012年3月,腾讯的泛娱乐战略正式启动。经过几年的实践与培育,腾讯基本构建了一个打通游戏、文学、动漫、影视、电竞等多种文创业务领域的互动娱乐新生态。在腾讯的示范之下,阿里巴巴、百度、三七互娱、360等互联网公司,以及华强方特、奥飞娱乐等传统动漫企业,均推出相似的泛娱乐战略。2014年,"泛娱乐"一词被文化部、国家新闻出版广电总局等中央部委的行业报告收录并重点提及,中国国际数码互动娱乐展览会(China Joy)2016年和2017年连续两年将主题锁定"泛娱乐"。工业和信息化部发布的《2018年中国泛娱乐产业白皮书》显示,2017年中国泛娱乐核心产业产值约为5 484亿元,同比增长32%,预计占数字经济的比重将会超过20%。[①] 可见,泛娱乐已成为动画产业,乃至整个数字文化产业的发展趋势之一。

在泛娱乐式的商业模式下,文化IP是商业模式创新的基础,并依托互联网,实现影视、文学、动漫、游戏、音乐、戏剧、实景娱乐等多领域的结合,最终实现文化企业的价值创造和价值实现。[②]

在这种商业模式下,原本线性的动画产业价值链结构演化成网状的动画产业价值网结构。在各商业模块的时序关系方面,以往有前有

---

① 中国日报网.2018中国泛娱乐白皮书发布 产业生态日趋成熟[EB/OL].(2018-03-07)[2019-12-29].https://baijiahao.baidu.com/s?id=15942720917957117117&wfr=spider&for=pc,2018-03-07.
② 潘爱玲,刘文楷,邱金龙.困境与突破:新旧动能转换背景下文化企业商业模式创新研究[J].山东大学学报(哲学社会科学版),2018(02):30-37.

后的上下游、线上线下的开发次序被打乱和重构,实现了IP和粉丝价值在各商业模块同步开发的扁平化趋势。正如第二章所分析的,平台化是网络时代动画及其相关产业的运作基础设施。从创造性破坏的角度看,平台经济不是在垂直产业链基础上的创新,而是对现有产业链和价值链的破坏与重塑,以平台为核心,搭建了服务于平台的"圈环形产业链",产业链的形态开始发生变化。①

如前文所述,国内动画产业的需求要素呈现出日益明确的圈层化特征,热门动画IP往往同时拥有"低幼""二次元""玄幻""燃向""国风"等相互交叉又各具特色的动画IP特色标签。多元裂变的互联网亚文化圈子,以各种IP为中心形成了不同圈层粉丝的聚合。在这一产业背景下,IP的粉丝经济所拥有的圈层化结构,不但成为动画企业战略的重点,也通过企业之间的合作实践而成为动画产业的新型产业价值结构。

本书对于动画相关产业的分析,是建立在生产要素平台化和需求要素圈层化的基础上,从平台化导致的价值链网状化和需求圈层化导致的产品圈层化两个特性出发,来对互联网背景下动画及其相关产业的关联性结构进行模型建构和现实分析,从而洞察互联网对钻石模型要素的重组。

一、产业价值网理论下动画相关产业的网状聚合

(一) 从产业链到价值网的理论演进

在产业经济的理论框架下,产业链描述的是厂商内部与厂商之间为了生产最终产品或服务所经历的增加价值的活动过程,涵盖从原材料

---

① 陈威如,余卓轩.平台战略——正在席卷全球的商业模式革命[M].北京:中信出版社,2013:13-71.

到最终消费品的所有阶段。① 产业链实际上指向的是产业分工问题。亚当·斯密早在 1776 年便在《国富论》的"论分工"中指出了"分工"的优势,即分工增进了效率和专业技能的提升。这种提升进而形成了阿林·杨格(Allyn Young)所谓的"报酬递增",② 成为现代经济发展的重要途径。相对于亚当·斯密在企业内的讨论,阿尔弗雷德·马歇尔将分工扩展到企业之间,强调产业内的分工协作。③ 时至今日,任何产品都无法由一家企业独立提供,其背后必然是整个行业的通力合作。因此,产业链分析成为产业经济的重要组成部分。

在传统产业分工中,以产品为核心的产业链主要由上下游企业共同构成,由此形成了从原材料到最终产品的线性的企业链状结构。链状结构在显性层面是有形的产品链,同时,斯蒂文斯认为也贯穿着信息流,因此,产业链也是信息链。④ 芮明杰等认为,产品和物质流动只是产业链的外在表现形式,产业链本质上是以知识分工协作为基础的功能链。⑤ 另外一个相关的重要概念是"价值链"。迈克尔·波特指出,每个企业都是用来进行设计、生产、营销、交货和对产品起辅助作用的各种活动的集合,所有这些活动都可以用价值链表示,并构建了由供应商价值链、企业价值链、渠道价值链、买方价值链等共同组成的"价值系统"。⑥ 通过概念的对比可见,产业分工的链式结构已经成为共识,而"链"中所流动的内容,在不同的研究维度上呈现出不同的样貌。正如高薇华所论述的,产业链外在的关联方式通常是产品链、企业链,内在的、本质的关联方式是知识链、功能链和价值链。⑦ 其中,价值链是较为常用的分析框架,从微观层面和价值创造的视角揭示了产业链中价值增值的原

---

① 芮明杰,刘明宇,任江波.论产业链整合[M].上海:复旦大学出版社,2006:1.
② 阿林·杨格.报酬递增与经济进步[J].经济社会体制比较,1996(2):52-57.
③ 芮明杰,刘明宇,任江波.论产业链整合[M].上海:复旦大学出版社,2006:1.
④ 芮明杰,刘明宇,任江波.论产业链整合[M].上海:复旦大学出版社,2006:6.
⑤ 芮明杰,刘明宇,任江波.论产业链整合[M].上海:复旦大学出版社,2006:7.
⑥ 迈克尔·波特.竞争优势[M].陈小悦,译.北京:华夏出版社,2005:34-36.
⑦ 高薇华.由价值链到价值网:动漫产业的内生增长模型[J].现代传播(中国传媒大学学报),2013,35(8):100-105.

因和机理。①

随着网络信息技术和知识经济的发展,围绕产品的传统产业链路径开始发生变化。1996年,亚德里安·斯莱沃斯基(Andrian Slywotzky)首次提出"价值网络"的概念,认为价值创造过程不能看成从原材料到最终产品的一个单向链式过程,而应建立一个以顾客为核心的价值创造体系,按照整体价值最优的原则,与不同层次的利益相关者相互耦合交织而成的价值生成、分配、转移和使用的关系及其结构,即价值网络②。芮明杰认为,在工业经济时代,企业运转的核心是制作和销售产品;在信息经济时代,企业运转的核心是创造和传递价值;在知识经济时代,企业是一个利用知识为顾客创造价值的创新体系。③ 因此,传统产业链的线性增值模式逐渐演化为非线性的网络增值模式。④

正如阿尔弗雷德·马歇尔对企业间分工的研究,以及迈克尔·波特对产业链和价值链的分析,单一企业内部有价值链,又与相关企业同处于一个更大的价值链中,构成产业的价值体系。如今的价值网也有类似的结构,"企业之网"嵌入"产业之网"中,形成了同构关系。在企业内部观察到的不同业务/产品之间的协同关系,实际上就是我们常说的指向多元经营的"范围经济"。通过分摊日常开支和增加其他效能,使共同生产和销售两个或者更多相关产品比分别生产这些产品更划算时,范围经济就出现了。现有研究也表明了范围经济的普遍性:与生产单一产品的公司相比,实行多种经营的公司总成本比较低。⑤ 吉莉安·道尔(Gillan Doyle)认为,由于传媒产品具有公共产品性质,通过多种产品生产而实现的范围经济是传媒企业的普遍特征。⑥ 在互联网经济中,由

---

① 魏然.产业链的理论渊源与研究现状综述[J].技术经济与管理研究,2010(A6):140-143.
② 谭雪芳.不是产业链,而是价值网络——理解新媒体语境下动漫产业的新价值观[J].福建论坛(人文社会科学版),2014(6):126-131.
③ 芮明杰,刘明宇,任江波.论产业链整合[M].上海:复旦大学出版社,2006:35.
④ 芮明杰,刘明宇,任江波.论产业链整合[M].上海:复旦大学出版社,2006:36.
⑤ Moschandreas, M. Business Economics[M]. London: Routledge, 1994: 155.
⑥ 吉莉安·道尔.理解传媒经济学[M].李颖,译.北京:清华大学出版社,2014:11.

于互联网中的产品或服务会共用数据和流量(用户)等关键生产要素,因此,跨界的范围经济较为普遍。① 当然,范围经济需要一定的企业实力作为支撑。利普西(Lipsey)和克里斯特尔(Chrystal)指出,范围经济一般是大公司才有的经济形态,即公司需要"大得足以有效地从事与大规模分销、广告和购买相关的多种产品的生产"。② 在大型传媒企业的战略中,范围经济是通常被采用的发展模式。在产业链逐渐网状化的趋势下,企业内部也会结成网状的价值系统。

(二)动漫产业的产业链与价值网

产业之间的相关效应,通常与"互通技术比例的高低"有关。③ 技术的共性越强,就越可能产生互补的相互促进效应。因此,在知识经济和信息技术的大趋势下,在以数字化为基本技术标准、以知识为核心资源的文化创意产业中,产业链的网状化趋势更为明显。互联网平台正在成为整合资源的核心领域,围绕互联网平台正在形成一种价值网络。④

动漫产业作为文化产业重要组成部分,对其产业链的研究由来已久。不少学者归纳了动漫发达国家日本和美国的产业链模式。日本动漫的产业链一般以动画为核心分为动画策划、动画化、动画播出、衍生产品开发。⑤ 美国的数字动漫产业主要由产业链完整的集团主导,以迪士尼和孩之宝为代表。例如,迪士尼的产业链涵盖媒体网络、主题公园、影视制作、消费品、互动媒体几大领域,全面覆盖动画制作、传播、衍生品授权和生产销售各个环节。⑥ 相较之下,中国动漫产业的产业链结

---

① 吴绪亮.现代经济学的数字化革命[J].财经问题研究,2018(5):16-20.
② Lipsey, R and Chrystal, A. Positive Economics, 8th edn[M]. Oxford: Oxford University Press,1995:880.
③ 迈克尔·波特.国家竞争优势[M].李明轩,邱如美,译.北京:华夏出版社,2002:101.
④ 陈少峰."互联网+文化产业"的价值链思考[J].北京联合大学学报(人文社会科学版),2015,13(4):7-11.
⑤ 刘斌,邹欣.日本动画产业价值链形态的创新与转型[J].现代传播(中国传媒大学学报),2019,41(06):131-135,154.
⑥ 熊澄宇,刘晓燕.国际数字动漫产业现状、趋势及对我国的启示[J].东岳论丛,2014,35(01):41-48.

构并不完善,导致很多产业低效问题。①

以往的研究多把动漫产业链作为一个线性的结构来研究,例如一定把非作品类商品作为产业链下游来对待。这种研究思维已被如今的很多动漫产业实践颠覆。例如,韩国的 Line Friends 起初并不是典型意义上的动画作品,而是即时通信工具 Line 中的表情包,如今已发展为一个包含零售业务、授权业务和内容业务三大产品线的千种品类的知名动漫品牌。《魔兽》《愤怒的小鸟》等电影,从原来的下游网络游戏反向延伸至影视产品。更有三只松鼠这样的卖坚果的厂商向产业链上游的内容环节迈进,推出了《三只松鼠》系列动画片。可见,产业链上游的概念如今已经逐渐成为伪命题。

实际上,产品形式无论是漫画书、动画片还是实体玩具、实景乐园,其核心产品均为一组动漫符号体系,即 IP(intellectual property)。从 IP 出发,可以衍生出多种产品形态,具有跨行业的特征。同时,动漫产业与互联网等产业融合,动漫产业原有的链条也越来越依赖互动共生的网络生态系统。② 在传统媒体时代,图书漫画、电视动画、动画电影、网络游戏、衍生产品分别落在不同的产业内,如出版业、影视业、互联网业、零售业等。在网络时代,数字出版、网络大电影、网络剧、网络游戏、网上虚拟衍生品等,使消费市场和场景融合,产业边界被打破,由此构成了从"链"到"网"的基础。在以互联网为代表的信息技术背景下,在以 IP 开发为代表的知识经济运行模式下,如今动漫产业价值系统的形态是复杂的、交织的、动态的,不是简单的自上而下的传统线性结构,而向更高级的网络形态演化。③

---

① 陈晓菡,解学芳.论我国动漫产业发展的六大瓶颈与发展趋向[J].中共宁波市委党校学报,2012(04):76-82.
② 解学芳.大数据、网络技术与现代动漫产业发展体系建构[J].学术论坛,2014,37(03):45-50.
③ 高薇华.由价值链到价值网:动漫产业的内生增长模型[J].现代传播(中国传媒大学学报),2013,35(8):100-105.

（三）现有动漫产业价值网模型述评

大卫·波维特（David Bovet）对价值网理念进行了系统的研究，构建了一个以客户为中心、以公司为内环、以供应商为外环的价值网模型（见图5）。这一模型被广为采用和改造。例如，吴应良等将这一模型细化为电子商务产业的价值网模型。[1] 程巧莲等构建了基于价值网的企业IT能力框架模型。[2]

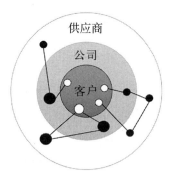

图5 大卫·波维特的价值网模型[3]

针对动漫产业的产业价值网，不少学者也构建了相关理论模型来展示价值网的结构机理。与大卫·波维特的模型相似，在高薇华建构的动漫产业价值网模型中，围绕顾客价值这一中心的是动漫内容创作、媒体发行、媒体播映、版权授权、衍生产品开发五个价值链，构成相互联系的价值网络。[4] 这一模型在形态上构成了网状，但组成部分依然沿用

---

[1] Wu Y, Lin C E, Wu H. A Research of Value-Net Based Business Model and Operating of M-Commerce[C]. Integration and Innovation Orient to E-Society, Volume 1, Seventh IFIP International Conference on e-Business, e-Services, and e-Society (I3E2007), October 10 - 12, Wuhan, China. 2007.

[2] Cheng, Q. L., Zhang, R. Z., & Tian, Y. Z. Study on Information Technology Capabilities based on Value Net Theory[J]. International Symposium on Electronic Commerce & Security. IEEE. 2008.

[3] 大卫·波维特,约瑟夫·玛撒,R.柯克·克雷默.价值网：打破供应链 挖掘隐利润[M].仲伟俊,钟德强,胡汉辉,译.北京：人民邮电出版社,2001：8.

[4] 高薇华.由价值链到价值网：动漫产业的内生增长模型[J].现代传播（中国传媒大学学报）,2013,35(8)：100-105.

传统的"制作—播映—衍生"的产业链特征,未能体现出价值网形态中的互动关系。

在谭雪芳所构建的动漫产业价值网动力结构模型中(见图6),市场成为中心,围绕中心的是动画公司、广告主、电视/影院/网络、衍生品企业和动漫受众。① 这一模型的市场概念过于模糊,因为所有的企业行为其实都指向市场,并且市场和动漫受众在模型中的关系难以得到解释,因为正是动漫受众的聚合才构成了市场。

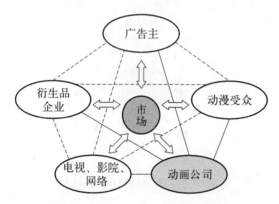

图6 动漫产业价值网动力结构模型

刘斌和邹欣在对日本动漫行业的研究中归纳了一套融合型价值网模型(见图7)。该模型以IP为中心形成涟漪型结构,内环为动画、漫画、音乐、游戏和小说,外环为餐饮、旅游、电信、服装、交通等原本相互隔离的行业,形成了日本动漫现在通行的"大IP"产业运营理念,体现了动漫强国日本在动漫产业价值网进化中的榜样地位。② 这一模型与邢华所构建的以创意为中心的文化创意产业价值网模型相似。③ 以创意或IP为核心的理念与如今中国动漫产业围绕IP的泛娱乐战略一致。

---

① 谭雪芳.不是产业链,而是价值网络——理解新媒体语境下动漫产业的新价值观[J].福建论坛(人文社会科学版),2014(6):126-131.
② 刘斌,邹欣.日本动画产业价值链形态的创新与转型[J].现代传播(中国传媒大学学报),2019,41(06):131-135,154.
③ 邢华.文化创意产业价值链整合及其发展路径探析[J].经济管理,2009,31(02):37-41.

但遗憾的是，这一模型呈现的只是产业层面的价值网，并且没有对 IP 进行细分。实际上，泛娱乐是一些企业提出的发展战略，在企业内部形成了围绕 IP 的多元发展价值网结构，但同时，由于企业间的竞争和合作，在同类 IP 上又构成了产业层面的价值网结构。另外，作为一组符号体系的动漫 IP 差异性极大，在如今圈层化趋势下，在动漫产业层面存在不同类型的 IP，在企业层面也存在类型相同却特点不同的独立 IP。

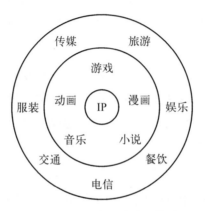

图 7　动漫融合型价值网模型

当实施泛娱乐战略的企业和产业实践面临 IP 和粉丝的圈层化趋势时，动漫产业价值网结构模型已无法分析泛娱乐实践，也无法在企业和产业两个层面形成实质的解释力和指导力。

在泛娱乐的背景下，由互联网这一技术变量所驱动的动漫产业价值网结构呈现出怎样的状态？有哪些新特征呢？本书认为，这需要在泛娱乐的框架下重新确定产业价值网的核心，针对圈层化等产业趋势，对价值网的基本形态进行模型的重新构建，并呈现出"企业之网"与"产业之网"之间的相通又相异的关系。

以下将根据泛娱乐背景下中国动画产业与相关产业之间的最新实践，构建出一套更具解释力和指导力的价值网模型，并以年龄维度为例，运用此模型对中国动画及其相关产业的关联性及其问题进行分析。

二、以"IP-粉丝"为核心的圈层式动漫产业价值网模型

(一)"IP-粉丝":泛娱乐动漫价值网的核心

"价值网以谁为中心"是以往研究中价值网模型构建的关键问题。在最初的价值网体系中,大卫·波维特认为价值网是围绕处于中心位置的"顾客"而构成的。① 在高薇华、谭学芳的模型中,价值网中心是"顾客价值/市场"。在刘斌和邢华等的模型中,价值网中心是"IP/创意"。如果放在传统产业中,这似乎构成了"以供给端为中心还是以需求端为中心"的矛盾。但本书认为,在作为文化创意产业的动漫业中,顾客价值和IP是牢牢绑定在一起的。

动漫产业中的IP,其实就是在某一受众群体中产生审美效果的"动画知识",是色彩、线条、音画等符号的组成秩序,是人物、情节和背景的有机搭配,是具有创新性的知识组合体。因此,IP商业效果的显现必须建立在受众群体基础之上。

从产业角度来看,某类IP,如低幼类IP,其顾客价值就是拥有婴幼儿的家庭价值的集合。从企业角度来看,某单一IP,如《全职高手》IP,其顾客价值指向的是以《全职高手》粉丝为代表的电竞和动漫爱好者。IP与消费者(粉丝)之间构成了相互依存的关系,IP的创造聚集了对某一内容感兴趣的粉丝群体,而粉丝群体的聚集促成了明星IP的诞生。因此,在动漫产业价值网中,"IP-粉丝"作为一个整体,共同处于中心位置。随着粉丝日趋专业化和团队化,IP和粉丝的互动不仅是单向的"IP吸引粉丝",还存在"粉丝滋养IP"的现象。

---

① 大卫·波维特,约瑟夫·玛撒,R.柯克·克雷默.价值网:打破供应链 挖掘隐利润[M].仲伟俊,钟德强,胡汉辉,译.北京:人民邮电出版社,2001:7.

粉丝会推动 IP 的开发进程。例如，在动画电影《哪吒之魔童降世》中，哪吒和敖丙的关系被偏好"磕 CP"的粉丝群体建构，甚至有粉丝自发创作了大量"CP 向"①的同人漫画（粉丝根据角色而进行的再创作漫画），将《哪吒之魔童降世》的 IP 内涵进一步扩容。对于开发缓慢的 IP，粉丝还自发组织起来通过自媒体手段对动画作品进行"催更"，敦促公司加快开发节奏。

粉丝的行动会扩大 IP 的影响力。例如，动画《全职高手》的主角叶修拥有大量的粉丝，在官方设定的叶修生日 5 月 29 日当天，有粉丝会买下公交站牌、北京世贸天阶广告轮播位，乃至以叶修的名义做公益，扩大叶修的社会知名度和影响力。② 腾讯和阅文看到了"IP－粉丝"密不可分的关系，在将《全职高手》从漫画改编成小说之时，专门举办了"《全职高手》人气之王动画第一季人气角色预选"活动，承诺的人气角色"加戏"将会适度增加人气角色在动画中的出镜时长。经过一个月的投票，累计获得 765.5 万次投票。③ 通过粉丝的努力，配角 IP 有可能被加重戏份，成为主角之一。粉丝，而不是作者，逐渐成为决定 IP 角色在作品中分量的判官。

（二）圈层化：泛娱乐动漫价值网的微观样态

在传统实体产业的价值网中，某类产业所围绕的客户价值是相对同构的，虽然有功能上的划分，但对应的客户需求类型是一致的，如计算机产业或饮料产业。而在动漫产品和服务领域，文化需求和审美诉求的多元性在互联网土壤中被极大地释放，形成了异常丰富的动漫亚

---

① CP 全称为 Coupling，意为"配对"，流行于动漫圈，后扩散至整个文娱界，指作品中有亲密关系的两个角色，性别不限。"CP 向"指以人物配对为特色，而"嗑 CP"则指粉丝对作品中的角色 CP 支持甚至着迷的状态。
② 三文娱.毁掉 IP 还是刺激粉丝消费？当饭圈文化遇上二次元，投票打榜怼人掐架开始成为日常［EB/OL］.（2017－07－19）［2019－12－29］.https://baijiahao.baidu.com/s?id=1573275504302385&wfr=spider&for=pc.
③ 腾讯游戏.《全职高手》人气之王投票结果公布［EB/OL］.（2016－04－08）［2019－12－29］.https://games.qq.com/a/20160408/045862.htm.

文化圈子。动漫网络社区的存在为亚文化圈的形成提供了建构自身的场所。

正如第三章所分析的,圈层化是动漫市场需求的重要特征,以需求为驱动,如今已成为以动漫为代表的文创产业发展的整体趋势。圈层可以将某类具有同样特质的用户聚集起来,形成强大的向心力和圈层内的认同感,这是企业进行市场开发的绝佳土壤。与"圈层化"概念相对,业界也有"破圈""出圈"的呼声,意味着在经营好圈层内市场之后,谋求跨越圈层、从小众市场到大众市场的扩展。这些概念也反映出圈层化已成为动漫产业的基础性结构。例如,哔哩哔哩上已形成200万个文化标签和7 000余个核心文化圈层。

在动漫的企业和产业价值网中,应将不同的IP区别开来,以对应如今的圈层化现实。IP之间的分离也便于企业精细化管理其发展方向,因为不同圈层的IP开发所需要的资源很可能是不同的。这为企业的核心能力带来了挑战。

(三) 等距单环: 周边商业模块的灵敏型转向

在刘斌和邹欣所构建的动漫产业价值网模型中,"内环-外环"式结构反映了在IP价值扩展的各个业务的相对位置差异,ACGMN(动画、漫画、游戏、音乐、小说)被置于内环,常被称为衍生产业的玩具、服饰、旅游等则被置于外环。这种产业链位置的差异在一定程度上是因为产品形态和消费场景之别,内环多为线上的虚拟产品,外环多为线下的实体产品,因而分别归于数字产业和传统产业。如今,随着信息技术和文化创意产业的发展,动漫产品的虚拟和实体形态的边界逐渐被打破。

实体产业不再像以往线性产业链的下游一样只能被动地等待IP向下延伸。例如,潮流玩具企业泡泡玛特(POP MART),从原来动漫产业链的下游玩具着手,发展出以潮流玩具IP为核心的玩具社交平台"芭趣",并计划向游戏领域进军。

实体产品和虚拟产品可以同时启动,形成线上线下互动的商业模式(online-offline)。在二次元营销中就出现了"打破次元壁"的互动模式,形成了很好的效果。例如国产原创动漫《狐妖小红娘》,腾讯在开发动画片的时候,除了在线上创制番外、定制弹幕,还在线下2 300家便利店和20家定制主题店打造 IP 场景体验,让粉丝可以到店内打卡分享,形成线上线下共振的浸入式粉丝体验。

与以往产业链追求规模生产和有效满足的效率型供给相比,如今的价值网已进化成灵敏型供给。① 在以"IP-粉丝"为中心的动漫产业价值网模型中,所有相关产业不再有上下游之分,而是均以平等的姿态参与 IP 开发和粉丝群价值挖掘工作,形成围绕中心的单环式结构,传统产业与数字产业之间的产业壁垒逐渐消融。"IP-粉丝"周围的所有商业模块,无论是虚拟还是实体,形成同步开发的姿态。这样迅速灵敏的供给反应,可以最大化地利用 IP 爆发期的风口。根据海外相关产业机构的数据,40%的迪士尼衍生品会在电影上映前销售,例如《玩具总动员4》《冰雪奇缘2》等,都是在上映之前,迪士尼就推出了同款官方玩具。② 而反观《哪吒之魔童降世》,直到上映一周、票房已创下12亿元的国产动画电影新高纪录后,光线传媒官方才发版权声明函称"未经授权从事《哪吒之魔童降世》衍生品开发/招商的行为属于侵权","呼吁观众抵制盗版、保护原创"。③ 仅有声明,而官方周边却迟迟未上市,导致盗版衍生品四处泛滥,本应由版权方做到的产业网灵敏型供给,被淘宝上的山寨卖家灵敏的商业嗅觉取代了。

(四) 价值网系统:从企业到产业的网状同构

正如迈克尔·波特价值链理论中所构建的价值系统一样,价值网

---

① 芮明杰,刘明宇,任江波.论产业链整合[M].上海:复旦大学出版社,2006:67-68.
② 三文娱.《哪吒》火了,但我们离"迪士尼"还有多远?[EB/OL].(2019-08-16)[2019-12-29].https://www.huxiu.com/article/313609.html.
③ 中国经济网.《哪吒》衍生品盗版猖獗电影全产业链如何完善?[EB/OL].(2019-08-16)[2019-12-29].http://baijiahao.baidu.com/s?id=1642004207085771534&wfr=spider&for=pc.

也是一个从企业到产业的价值网系统。这一系统不再像价值链的价值系统一样由"供应商—企业—渠道商—买方"等一系列线性的价值链构成,①而是由各种参与产业价值共创的价值网络交织而成。因此,价值网在企业和产业两个维度同时存在,前者的集合构成了后者。与此相应,一个具有解释力的价值网理论模型应该在企业和产业两个维度形成有机关联,形态一致而又各具特色。

综上,在对现有动漫产业价值网模型的述评之后,本书从动漫产业发展最新趋势出发,构建了动漫产业圈层式价值网基本模型(见图8)。

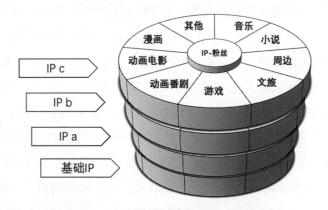

图8 动漫产业圈层式价值网基本模型

动漫产业圈层式价值网基本模型具有以下特征。

第一,以"IP-粉丝"为中心。

第二,周围是等距单环式产业网价值模块,包括动画番剧、动画电影、游戏、漫画、小说、音乐、周边衍生品、文化旅游服务、其他扩展模块,模块之间呈扁平化、无层级的状态。

第三,价值网并非一个单层结构,而是每个IP独立成网,并叠加成圆柱形结构。圆柱形结构底层的是具有市场创新意义和标杆作用的基础IP层,在此基础之上的不同IP层(IP a、IP b……)则是围绕同一类

---

① 迈克尔·波特.国家竞争优势[M].李明轩,邱如美,译.北京:华夏出版社,2002:34.

"IP-粉丝"的持续开发,可共享环形结构的各个模块资源。

第四,价值网在动漫企业和动漫产业两个维度同时存在,前者的集合构成后者,二者的网络状形态相似,又有不同的特点,还需结合产业边界和企业的能力边界进行分析。

在此模型的基础上,下面将分别在产业和企业两个层面,对当前动漫产业和动漫企业内部进行关联性分析,以呈现如今动漫产业圈层式价值网的形态与特征。

三、基于圈层式价值网模型的动漫产业与企业价值网分析

(一) 动漫产业圈层价值网特征分析:跨国际产业边界的不均衡发展

在动漫产业的层面,价值网的圈层化体现在不同种类的IP所构成的不同的子价值网。每个子价值网都是围绕"IP-粉丝"这一核心所搭建的价值网络,在产业内部存在商业化状态从萌芽到成熟的多个子价值网,由此构成了多元化的产业价值网结构。同时,每个子价值网呈层叠式圆柱形结构,由不同的IP层组成。该类IP的商业化越发达,IP品牌越多,则IP层就越多,圆柱形结构的高度和直径也就越大。因此,子价值网之间也存在圆柱形态的相对差异。在产业国际竞争力的视野下,产业层面的动漫价值网还与国内动漫的产业边界构成一组关系,可用来分析在"走出去"层面的产业表现。

基于以上特质,本书构建出动漫产业圈层价值网模型(见图9)。需要说明的是,由于IP按照风格、年龄等维度可分成不同的种类,分类维度多元且复杂,因此,可构建出内容相异但形态相同的价值网模型。同时,即便是边界较为清晰的年龄维度的分类,也有重合的地方。例如,所

谓"合家欢"类型的动画片,横跨几乎所有年龄阶段。但理论模型的搭建更多的是实践的抽象和简化,以便于分析便捷和有效。本书仅以年龄这一边界较为清晰且被广泛使用的 IP 分类维度为例进行分析示范。

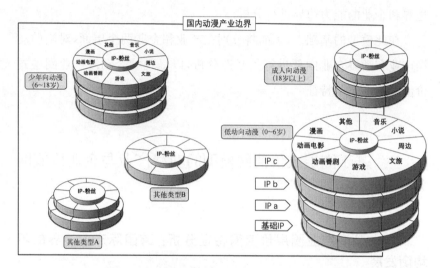

图 9 基于年龄维度的动漫产业圈层价值网模型

与以往的动漫产业价值网结构模型相比,本书所构建的动漫产业圈层价值网结构模型具有以下基本特征,下面将结合具体案例进行逐一阐释。

1. 微观层面:不同 IP 的子价值网

在图 9 中,不同的圆柱体表示不同 IP 品类的子价值网。在每个子价值网中,每个不同的单个 IP 又构成不同的圈层,如 IP a、IP b……其中,最下面是基础 IP 圈层,往往是奠定此类 IP 产业地位的 IP。例如,《西游记大圣归来》之于传统神话/国风品类,《喜羊羊》和《熊出没》之于低幼向动漫品类。圈层累加越多,则代表该品类的产业生产能力越强。某类动漫的用户总价值是"IP -粉丝"这一中心圆柱体的体积,因此,圈层累加越多,体积越大,这类市场就越成熟。例如,在中国动漫产业中,低幼向动漫产业的发育较为成熟,因而产业网的圈层最多,相应的圆柱体体积也最大。

第四章 泛娱乐：基于价值网结构创新的动画产业大融合

在政策方面，政府对待动漫产业的态度一直偏向低幼，强调动画片的教育功能。例如，2004年拉开中国动画产业飞速发展序幕的《关于发展我国影视动画产业的若干意见》中就特别强调："影视动画……对教育培育少年儿童树立正确的世界观、人生观、价值观有重要意义……要为人民群众尤其是少年儿童提供更多更好的动画产品。"同年，《中共中央、国务院关于进一步加强和改进未成年人思想道德建设的若干意见》也明确提出，"要逐步形成具有民族特色、适合未成年人特点、展示中华民族优良传统的动画片系列"。在渠道方面，中国专业动画频道和综合频道的动画栏目，基本是以儿童为受众。频道或栏目常有"儿童""少儿"等年龄段标识，在栏目设置上多围绕小朋友展开设计。

低幼化成为中国动画片的总体属性。如前所述，电视动画片中，童话题材和教育题材占绝对比例。在网络动画方面，也是低幼动画占据绝对的优势。艺恩智库网络动画数据库显示[①]，截至2019年12月1日，全网动画累计播放量排名前100名中，非儿童作品仅占22部，包括《蜡笔小新》《名侦探柯南》《奥特曼》等在国内通常被当作儿童动画的国外IP作品，如果除去这些，前100名中只有《斗罗大陆》《狐妖小红娘》《武庚纪》《秦时明月之君临天下》《魔道祖师》《龙珠超》《一人之下第2季》《妖精的尾巴》《画江湖之不良人第1季》《画江湖之不良人第2季》《天行九歌》11部真正意义上的成人动画作品。在播放量前10位中，儿童题材的占7部（来自英国的《小猪佩奇》系列4部，来自韩国的《爆笑虫子》(Larva)一部，国产的则有《贝瓦儿歌》和《可可小爱》），而非儿童的有3部，都是日本进口动画，即《蜡笔小新》《名侦探柯南》《航海王》。

这种内容供给，无疑与市场土壤是相对应的。中国儿童产业规模已达4.5万亿元。[②] 易观智库在2019年8月发布的数据也指出，2018年

[①] 数据来源：艺恩智库[EB/OL].[2019-12-29]. http://endata.com.cn/Video/TVplay/Day/Cartoon.

[②] 王聪聪.漏斗式消费！中国儿童产业规模达4.5万亿元[EB/OL].(2018-05-20)[2019-12-29]. http://baijiahao.baidu.com/s?id=1600991185976780147&wfr=spider&for=pc.

中国儿童数字内容核心产业规模达 2 378 亿元人民币,环比增长 21%。①围绕低幼的动漫产业,如今从简单的动漫内容,扩展到玩具、服装、旅游,以及市场潜力巨大的幼教等产业模块,构成了相当庞大的低幼向动漫子价值网。

2. 中观层面:产业价值网内子价值网的不均衡发展

产业价值网由诸多子价值网构成,在年龄维度上,可大致分为低幼向、少年向、成人向等已经发育起来的子产业网,还有若干尚在萌芽期的面向特殊年龄层的子价值网(用其他类型 A、其他类型 B 等表示)。子价值网越多,证明整个产业价值网细分度越高,挖掘新细分品类的能力越强,是产业在此维度上发展水平和创新力的体现。

从横向来看,子价值网的发展极不均衡。由于多年来政策和发行渠道的导向,中国低幼向动漫较发达,而少年向和成人向动漫处于发展时期。虽然创下中国动画电影各种纪录的《哪吒之魔童降世》已经冲破子价值网的界限,实现全年龄覆盖,但在国内动画电影票房前 100 名中(2015—2019 年 8 月),低幼向动画片有高达 80%的占比。② 反观成人向动画片,豆瓣平均分达到 8 分的《魁拔》系列电影,虽然票房从第一部的 500 万涨到第三部的 2 500 万,但始终未收回成本,甚至一度宣布停止继续开发;在宣传中进行"PG‑13 的自主分级"的暗黑风格动画电影《大护法》的票房最终也未能破亿。中国动画在低幼之外的年龄市场仍有很长的路要走。

值得期待的是,中国动漫公司在为日本和美国等国家进行动画代工的过程中培育了很多技术先进的动画生产商,这些企业拥有较为成熟的动画设计技术,但 IP 创新开发方面则是短板。随着国内动漫 IP 市场的培育,这些生产性企业通过引入外部 IP 的方式,逐渐扭转了以

---

① 三文娱.中国儿童数字内容行业白皮书[R/OL].(2019‑06‑04)[2019‑12‑29].https://t.cj.sina.com.cn/articles/view/5893582170/15f48ed5a01900fsgu? from=tech.
② 骨朵国漫.2015—2019 国产动画电影票房前 100|《大圣》归来之后,"哪吒们"仍难闹海[EB/OL].(2019‑08‑30)[2019‑12‑29].https://mp.weixin.qq.com/s/XtKpyaqdbN4fk0PYxTmWaw.

往 IP 创意开发环节较弱的局面,推出了不少精品国漫作品。例如,知名动画制作商绘梦动画与大量动漫 IP 的持有者腾讯动漫、哔哩哔哩、有妖气漫画、晋江文学城等进行深度合作、优势互补,推出了《狐妖小红娘》《从前有座灵剑山》《雏蜂》等一系列颇受欢迎的国产动画作品。

3. 宏观层面:子价值网与产业国际边界的位置关系

国际动漫产业边界在产业价值网中的存在意义,在于判断产业的国际竞争力。如果"IP-粉丝"这一价值网的中心跨越了边界,就意味着这一 IP 在国外也吸引了一定数量的粉丝,实现了 IP"走出去"的效果,是国际竞争力的重要体现。例如,在中国较为发达的低幼动漫子价值网中,《熊出没》系列动画已发行至美国、意大利、墨西哥等全球 82 个国家和地区,在迪士尼、索尼、奈飞等全球性平台上播出。同时,随着少年向、成人向动漫的发展,"出海"的案例不断出现。例如,《狐妖小红娘》实现了对动漫强国日本的出口,《秦时明月》系列动画被翻译成 7 种语言,发行至美国、加拿大、法国、意大利等 37 国。

需要注意的是,如果只有电视动画等部分模块走出国门,而"IP-粉丝"这一价值网核心并未扩张至国外,即未在国外形成粉丝群体,同时整个子价值网的重心,尤其是盈利部分的模块未覆盖国外市场,那么这种跨边界发展的效果就要大打折扣,难以实现真正的国际竞争力。例如,华强方特旗下的《熊出没》系列 IP 的电视动画片在国内频道播放并不赚钱,其盈利的主要部分在方特欢乐世界等乐园项目和累计票房已超 27 亿元的《熊出没》系列电影。但在出口方面,不赚钱的电视动画片出口范围较广,而盈利的乐园项目由于投资巨大、落地复杂,只在伊朗、乌克兰等国家进行了小范围尝试,系列电影的国外票房也表现一般。据笔者统计,在前四部系列电影均有上映的土耳其市场,总票房折合当时汇率仅有 800 万元人民币左右,[①]与国内逾 20 亿元的总票房相比几乎可以忽略不计,可见其并未像国内一样培养出忠实的粉丝群体。如

---

① 数据来源:boxofficemojo 世界电影票房数据库[EB/OL].[2019-12-29].www.boxofficemojo.com.

此一来，即便部分模块跨越国界，但子价值网的核心和重心仍在国内，便难称国际竞争力的提升。

（二）动漫企业圈层式价值网特征分析：基于核心能力的多元开拓

按照迈克尔·波特的价值链理论，企业价值链最终在产业层面构成了价值系统。本书所构建的动漫产业价值网体系由众多企业层面的价值网构成。以往研究所构建的动漫价值网模型往往忽视了产业和企业层面的不同，并没有对两个层面的价值网体系进行区分。实际上，泛娱乐不仅仅是产业层面的重要趋势，也是许多动漫公司的企业战略，这种圈层式价值网在产业和企业两个层面具有不同的表现和特点。

在动漫企业层面，价值网的圈层化与产业层面类似，体现在不同种类的 IP 所构成的不同的子价值网。子价值网同样呈层叠式圆柱形结构，由不同的 IP 层组成。与产业层面的边界属性不同，企业价值网的边界不是地域性质的边界，而是企业核心能力的边界，决定了企业拥有的子价值网是否偏离企业的核心竞争力。

基于以上特质，本书构建出动漫企业圈层价值网模型（见图10）。为与产业圈层价值网的分析一致，企业圈层价值网模型同样以年龄维度为例进行构建与分析。

与产业层面的价值网相比，泛娱乐战略下企业层面的动漫圈层价值网具有如下特征。

1. 子价值网的微观形态差异

在动漫企业圈层价值网中，层层叠加起的圆柱体形态的高度和直径反映出该类型 IP 的产业网开发程度。在具有开拓性的基础 IP 层之上，企业会围绕同类"IP-粉丝"进行连续开发，扩大产品矩阵，来实现价值网中各产业模块的规模效应。同时，与产业价值网中的 IP 层不同，动漫企业为了集中资源、打造品牌、实现规模效应，往往采用同一IP 连续开发的形式来叠加其圈层，均以季为单位进行连续开发。瑟摩

第四章　泛娱乐：基于价值网结构创新的动画产业大融合

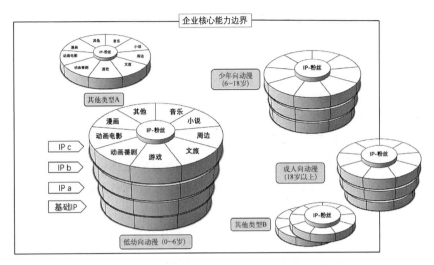

图 10　基于年龄维度的动漫企业圈层价值网模型

尔(Zaithaml)从顾客心理角度提出顾客感知价值理论，是感知利益和感知成本的差额。芮明杰据此构建了顾客和厂商博弈时的顾客价值公式 $V=R-C$。[①] 在 IP 初次发售时，感知成本较高，感知收益较低。而随着粉丝群体的形成，IP 后续开发时，感知收益递增，感知成本递减。因此，基于知识经济的动漫 IP 开发呈现出收益递增的特点。这也是泛娱乐的法宝之一。

每层之间也具有相对位置的差异，因为 IP a、IP b、IP c 的开发不可能完全与最初的基础 IP 同质，所以动漫企业在叠加新的 IP 层时往往进行微调，通过增加新的场景、新的支线剧情、新的人物来扩大其价值网的辐射范围。例如好莱坞"漫威宇宙"系列电影，在一部电影中引入新人物之后，往往会出现该人物的单体电影，进一步开发该人物的人设、背景故事等，形成裂变式的 IP 开发路径。国内动漫如"熊出没"系列，每年更新的大电影都会引入新的故事和人物，会吸引更多粉丝，扩充其 IP，使"IP-粉丝"这一价值网的中心区域逐渐扩大，并进一步带来

[①] 芮明杰,刘明宇,任江波.论产业链整合[M].上海：复旦大学出版社,2006：60-61.

周边衍生产品、方特乐园项目的更新与升级(如图10中低幼向子价值网所显示的圈层逐渐扩大)。还有被业界誉为"封神宇宙"开端的《哪吒之魔童降世》,在片尾彩蛋和后续宣传海报中,特意强调《姜子牙》这一IP的后续跟进,无疑就是在强调光线传媒将在已有的基础IP层《哪吒之魔童降世》上继续叠加下一IP层。

在微观形态上,随着IP层的不断叠加,"IP-粉丝"这一核心区域作为整个价值网的重心,决定子价值网圆柱体的稳定性。价值网圆柱体越稳定,则该子价值网的各个外围商业模块就越容易形成合力。一旦"IP-粉丝"的重心出现问题(如图10中的其他类型B),则上下圈层之间难以形成资源互补。例如,原创动力曾在其低幼向IP《喜羊羊与灰太狼》基础上开发了以"都市、白领、情感"为特征的青年向作品《嫁人就嫁灰太狼》,但至今未能产生很大的市场反响。究其原因,就是喜羊羊、灰太狼这一IP是低幼向基础IP圈层的核心,对应的粉丝是幼儿群体。如果偏离基础IP圈层的"IP-粉丝"中心进行开发,则容易陷入如图中"其他类型B"的困境,形成重心不稳、易坍塌的子价值网形态,周边商业模块也会因为无法资源共享而难以形成合力。

2. 企业内子价值网的多元化发展

在企业内部,可能存在围绕不同"IP-粉丝"的多个子价值网。从年龄维度来讲,一些从事动漫产业的大型公司的长远目标往往是像迪士尼一样,实现对幼儿到成人的全年龄覆盖。迪士尼公司的收入包括电视和网络业务、迪士尼乐园度假村、电影娱乐、衍生品及游戏四个主要板块,而IP是运营的核心,包括以米老鼠和唐老鸭为代表的原创IP,以白雪公主和花木兰为代表的源自传统故事的传统IP,还有并购了皮克斯、漫威、卢卡斯所得到的外来IP,IP的粉丝群体实现了全年龄覆盖。在中国,以玩具起家的奥飞娱乐、以影视设备和游乐园为经营主体的华强方特、以互联网渠道商起步的爱奇艺等,都曾提出要以"中国迪士尼"为企业愿景。

《熊出没》系列电视动画片推出之后,在电视渠道轮播,收视率长期位居前列,取代了《喜羊羊与灰太狼》的国产动画IP的"头把交椅"。但由于《熊出没》的年龄定位不清,剧情过于简单和程式化,无法吸引非低幼群体,又包含暴力和粗口元素,对幼儿产生不良影响,因此,华强方特以这一 IP 为基础,向年龄的两端延伸,推出专门针对年龄更小幼儿的《熊熊乐园》,用萌版的主角形象替换原有形象。同时,在系列动画电影上向好莱坞学习,努力向"合家欢"的全龄向靠拢。这一努力获得了回报,2019 年的《熊出没·原始时代》收获了超 7 亿元电影票房。另一家中国头部动漫企业奥飞在拥有《喜羊羊与灰太狼》《倒霉熊》《超级飞侠》等低幼向动漫 IP 的基础上,通过并购的方式,获得了《十万个冷笑话》《镇魂街》《雏蜂》等成人向二次元动漫 IP,试图开辟新的商业空间。

随着 IP 品类覆盖面的日益丰富,企业内的子价值网数量会越来越多,形成发育程度各异的多元形态。这种形态显示出企业对更广泛消费者市场的占有,也意味着企业规模和能力的成长。

3. 企业核心能力的边界

1990 年,C. K.普拉哈拉德(C. K. Prahalad)和加里·哈默尔(Gary Hamel)指出,核心能力是企业持续竞争优势之源,并认为多元化公司不只是业务的组合,更是能力的组合,公司应制定与实施基于核心能力的战略管理。[1] 从此,"企业核心能力观"成为企业战略管理的重要参考维度。按照陈劲等的归纳,企业核心能力指"蕴藏于企业所涉及的各个层次(包括经营环境、企业、学科、技术、产品、核心子系统等)、由能力元和能力构架组成的、能使企业获得持续竞争优势的、动态发展的知识系统"。[2] 企业核心能力主要体现在三个方面,即以知识为基础的技术能力、组织管理能力、从事市场的能力。[3] 芮明杰认为,企业能力的积累和存储显著影响企业的边界和范围,特别是横向多角化经营的广度和深度。[4] 可

---

[1] C. K. Prahalad & Gary Hamel. The core competency of the corporation[J]. Harvard Business Review, 1990, 63: 79 - 91.
[2] 王毅,陈劲,许庆瑞.企业核心能力:理论溯源与逻辑结构剖析[J].管理科学学报,2000(03):24 - 32.
[3] 常荔,邹珊刚.知识管理与企业核心竞争力的形成[J].科研管理,2000(02):13 - 19.
[4] 芮明杰,刘明宇,任江波.论产业链整合[M].上海:复旦大学出版社,2006:25.
芮明杰,刘明宇.产业链整合理论述评[J].产业经济研究,2006(03):60 - 66.

见,在如今知识经济的背景下,动漫企业的核心竞争力正是其积累和储存的知识系统。这一核心能力决定了企业在泛娱乐战略中有效边界的大小。

在泛娱乐战略中,无论是腾讯动漫还是爱奇艺、优酷、哔哩哔哩,都背靠互联网头部企业,获得了巨大的资金支持和集团组织内部各商业模块的助力。例如,腾讯动漫原与腾讯游戏共处一个事业部,腾讯游戏强大的盈利能力在一定程度上成为腾讯动漫放心开发产品的坚实后盾。瞭望智库发布的《面向高质量的发展:2017—2018年度IP评价报告》中,在电影、连续剧、网络游戏、网络文学、动画、漫画六个领域统计所得的274个IP中,腾讯持有版权或参与产品开发的有110个,处于绝对领先地位。但同时,即便是头部公司,子价值网各模块的开发,也应根据企业能力有所取舍。该报告还显示,绝大多数跨领域改编都导致IP口碑的下降。[①] 可见,IP多元开发也会带来企业资源的摊薄和对企业核心能力边界的溢出。

另一个典型的例子是曾被誉为"动漫第一股"的奥飞娱乐。从历史上看,奥飞的崛起仰赖四驱车、悠悠球等儿童玩具,2006年推出的《火力少年王》就是为了推动悠悠球的售卖;从财务数据来看,奥飞50%以上的收入来自玩具生产和销售。"低幼取向+玩具售卖"是奥飞的企业核心能力所在,进而圈定了企业开展多元经营的边界。奥飞原有的内容原创能力难以匹配其打造"东方迪士尼"的雄心,为此,作为上市公司的奥飞娱乐开始大举并购。据统计,2011—2017年,奥飞娱乐共计投资和收购了66家公司,总投资额约60亿元,其中,最大手笔就是9亿元收购动漫网站"有妖气",获得了《十万个冷笑话》《端脑》《雏蜂》和《镇魂街》等头部成人向IP,以及超4万漫画版权。然而,过分的扩张导致其忽视了对企业核心能力的观照,成人向、二次元动漫、电影、网络游戏等新领域完全溢出了奥飞本身的低幼向、实体儿童玩具、电视动画片的核

---

① 瞭望智库.面向高质量的发展:2017—2018年度IP评价报告[R/OL].(2018-10-25)[2019-12-29].http://news.china.com.cn/txt/2018-10/25/content_68089109.htm.

心能力边界。最终的结果是,2018年奥飞娱乐巨亏16.3亿元,同比下滑1 908%;倾力开发的游戏板块,收入仅占2.48%,并购的大量游戏公司停工、倒闭;所掌握的最知名的成人向IP《十万个冷笑话2》,新开发的网络游戏在2018年仅带来41.6万元收入;[1]至于在奥飞全龄化战略中具有重要地位的"有妖气",也在周靖淇等三名创始人同时离职之后,逐渐跌出行业前五,并于2022年年底彻底关停。

2019年,奥飞娱乐在吸取教训之后,宣布"公司的战略更聚焦于K12领域(中小学)",重点在影视孵化、儿童教育和主题乐园方面,同时,调整资金用途,砍掉很多成人向项目,将该部分节余募集资金和调减募集资金共9 329.24万元增加投入至《大卫贝肯3》《喜羊羊大电影8》《超级飞侠7》《超级飞侠8》共4个IP资源建设子项目中。[2]

需要警惕的是,奥飞全龄向泛娱乐战略的失败,并不意味着还应回到以往"低幼取向+玩具售卖"的老路上。因为企业核心能力并不是一成不变的,而是一种"积累性学识",是一个动态的知识系统,[3]其边界随着外围市场的变化而不断调整。蒂斯(Teece)认为,企业通过学习和知识积累等不断培养新的核心能力的动态能力,是企业获得持续竞争优势的关键。[4]阿兰·奥佛尔(Allan Afuah)指出,当技术发生变迁时,企业有效率的边界也是动态变化的。[5] 奥飞娱乐如果还依靠"传统电视动画片+儿童玩具线下销售"的经营模式,在如今互联网化和数字化的动漫产业中更没有未

---

[1] 三文娱.有妖气年收入7 525万,十冷2手游41.64万,刺客信条海外票房分成0[EB/OL].(2019-02-22)[2019-12-29].https://weibo.com/ttarticle/p/show?id=2309404342561828430589&comment=1.

[2] 奥飞娱乐官方:广发证券股份有限公司关于公司调整募集资金投资计划和募投项目实施方式的核查意见[EB/OL].(2019-07-08)[2019-12-29].http://t.10jqka.com.cn/pid_109008839.shtml.

[3] 芮明杰,刘明宇,任江波.论产业链整合[M].上海:复旦大学出版社,2006:36.

[4] David J. Teece, Gary Pisano & Amy Shuen. Dynamic capabilities and strategic management[J]. Strategic Management Journal, 1997, 18(7): 509-533.

[5] Allan Afuah. Dynamic boundaries of the firm: Are firms better off being vertically integrated in the face of a technological change? [J]. Academy of Management Journal. 2001, 44(6): 1211-1228.

芮明杰,刘明宇.产业链整合理论述评[J].产业经济研究,2006(03):60-66.

来可言。在这方面,将原属于儿童玩具的积木扩展成老少皆宜的潮流玩具、拍主题电影、建主题乐园的丹麦企业乐高,是奥飞可借鉴的对象。

本章小结
产业融合,解构大国市场内部产业藩篱

如前所述,泛娱乐战略其实是传统价值链的网络状整合,是围绕"IP-粉丝"这一核心来布置周边的商业开发模块,并形成 IP 之间的圈层关系。在如今知识经济的背景下,知识的分工和合作是产业演化的中心问题,与传统规模经济报酬递减的特征相比,知识经济的特点是报酬递增。[①] 因此,随着圈层数量的不断叠加、圈层面积的不断扩大,以及子价值网的层出不穷,以知识体系——IP 为核心的动漫圈层价值网将会日益成熟。

从更宏观的角度看,动漫产业价值网运行模式的升级,也是如今产业融合大势的表征之一。内森·罗森伯格(Nathan Rosenberg)在 1963 年就提出"产业融合"的概念。经济合作与发展组织(OECD)在 1992 年将"产业融合"定义为"伴随着产品服务功能的改变,提供该产品的公司组织之间边界的模糊"。[②] 在泛娱乐趋势下,很难将某家公司定义为网络小说公司、动画公司或游戏公司,基于其背后错综复杂的股权结构,甚至很难将其判定为"一家"公司。动漫产业的许多公司背后都能看到百度、阿里巴巴、腾讯资本的身影,甚至已经跻身头部动漫企业的哔哩哔哩,背后同时有腾讯和阿里巴巴两家投资。如今的 ACGMN 各模块和各企业之间越来越难以分离,形成了一个围绕 IP 为粉丝提供文化产品和服务的巨大的产业组织网络。

---

① 芮明杰,刘明宇,任江波.论产业链整合[M].上海:复旦大学出版社,2006:28.
② 林海帆.产业融合与汤森路透的产业转型——产业链理论的视角[D].上海:上海师范大学,2018:10.

第四章 泛娱乐：基于价值网结构创新的动画产业大融合

在产业融合的大势之下，动漫产业圈层式价值网将持续进化，之间会出现更加复杂的交融。其中，有产业层面各企业、各子价值网的交叉融合，也有企业层面像腾讯事业部调整这样的内部优化整合。本书所构建的动漫产业网分析框架，虽然只以动漫行业为例来进行产业分析和模型建构，但正如其建构背景一样，其实适用于整个泛娱乐数字文化产业。

植草益认为，产业融合是通过技术革新和放宽限制来降低行业间壁垒，加强各行业企业间的竞争合作关系。[①] 在动漫领域，以互联网为代表的新兴技术，让行业技术之间的天然壁垒逐渐消散。例如，在CG技术下，新版《狮子王》用电脑技术实现了实拍般的效果，漫威系列电影中的真人与虚拟人物无缝衔接，真人电影和动漫电影的界限逐渐消融。随着ChatGPT等AIGC引擎的日臻完善，植入AI的绘图软件、影视设计软件的生产力大幅提升，Midjourney、Stable Diffusion等也被运用至动画制作之中。2023年3月，曾推出《哪吒之魔童降世》的光线传媒宣布，在动画电影《去你的岛》开发制作中，AI将深度参与。在此基础上，随着VR和AI技术的发展，虚拟偶像还可以出演电视剧和电影，动漫IP获得了打破"次元壁"的历史机遇。同时，互动影视剧的发展也撬开了影视和游戏间的互通之门。中国整个数字文化产业之间的壁垒会进一步消退，动漫产业的泛娱乐只是一个起点。

未来的动漫产业圈层式价值网，虽然必定会出现许多新的特征与表现，但可以确定的是，在这一价值网中，日益清晰的是作为核心的IP及其背后的为所有产业成员所觊觎的粉丝价值；日益模糊的则是在产业融合的大势下，企业内部部门的边界、企业之间的边界，乃至国家产业之间的边界。

对于中国动画产业而言，这种泛娱乐的相关产业结构，是互联网技术影响下的必然结果。"漫改动""游改动"和"影改动"等向动画产业输

---

① 植草益.信息通讯业的产业融合[J].中国工业经济,2001(2)：24-27.

出IP的方式,提高了动画产业的IP生产活力。同时,在爱奇艺、优酷、腾讯、哔哩哔哩等互联网头部企业高举原创大旗的生产策略下,动画产业日益变成了整个动漫产业中IP生成和输出的最重要节点。例如,2019年11月四大平台国产动画周点击榜前十名榜单上的作品数据显示,原创动画作品占比45%,漫画改动画作品占比32%,小说改动画作品占比18%,游戏改动画作品仅占比5%。① 同时,与高投入、高风险的院线动画电影相比,网络动画片的成本和风险明显小很多,因此,IP开发商更愿意从这一产业细分市场开始,逐渐培育粉丝。

在此情况下,动画产业与"IP-粉丝"这一产业价值网核心的关系越密切,其在整个动漫产业,乃至数字文化产业中的地位就越重要。这都显示了在互联网的重组之下,动画及其相关产业之间日益清晰的网状关系。这种基于互联网架构的网状相关产业布局,实现了互联网的连接性技术特征,打破了以往分割、缺乏互动的产业链结构,构成了与大国市场规模相对应的产业内结构。这为最终形成跨地区、跨行业的动画产业集群奠定了基础。

---

① 三文娱.受欢迎的国产动画都有哪些特征?我们来看看11月的四大平台点击排行榜[EB/OL].(2019-12-05)[2019-12-29].https://36kr.com/p/5272531.

第五章
去边界：网络动画平台企业的融合与创新

在迈克尔·波特的国家竞争优势钻石体系中，第四个关键要素就是企业，包括如何创立、组织、管理企业，以及竞争对手的条件如何等。本国竞争者的形态，在企业创新过程和国际竞争优势上扮演重要的角色。① 与前文所研究的"生产要素""需求要素""相关产业"相比，本章的研究对象是作为动画产业市场主体的企业，即迈克尔·波特所列出的"最后的三角习题"：企业结构、企业战略、同业竞争。

对于关系和内涵相对复杂的这一部分，有学者试图将其量化。例如，在杨健所构建的中国动漫产业竞争力评价体系中，这一关系就被分成四个二级要素，分别是"企业目标和定位"（量化数据为企业前期动漫内容板块营收占比）、"企业管理策略"（量化数据为动漫企业管理费用占比）、"企业市场策略"（量化数据为动漫企业销售费用占比、海外销售收入占比）、"同业竞争"（量化数据为动漫相关上市企业数量）。② 但细究起来，这种量化数据的说服力是比较有限的。例如，企业管理费用占比这一财务数据，对于解释企业的管理策略基本是无效的，而销售费用占比与企业的市场策略之间也隔着多种不可测的变量。即便是有一定说服力的营收比例、海外销售收入占比，也必须建立在所分析企业数据

---

① 迈克尔·波特.国家竞争优势[M].李明轩,邱如美,译.北京：华夏出版社,2002：101.
② 杨健.基于钻石理论的中国动漫产业竞争力评价研究[D].大连：大连海事大学,2014：67-72.

公开、全面的基础上。因此,完全量化的分析只能局限于可以公开查询经营和管理等数据的上市公司,杨健将"同业竞争"的分析对象限制为上市公司,忽视了数量和比例更大的未上市公司,显然不能反映整个产业的整体状况。

在产业经济学中,对于产业组织和企业行为的研究最经典的范式是哈佛学派产业组织理论的 SCP 分析范式(市场结构-市场行为-市场绩效),认为市场绩效取决于市场行为,市场行为又取决于市场结构。市场结构(market structure)指在特定产业内,市场主体的构成及其相互关系,很大程度上决定市场竞争或垄断的程度。市场行为(market conduct)指企业在充分考虑市场的供求条件和其他企业的关系的基础上采取的各种决策行为。市场绩效(market performance)指在一定的市场结构中,由一定的市场行为所形成的价格、产量、成本、利润、产品质量和品种、技术进步等方面的最终经济成果。SCP 范式在很早之前就被许多学者应用于传媒产业的分析之中,如王艳萍[1]、岳芃[2]、柳旭波[3]、肖光华和陈晓红[4]、艾岚和阎秀萍[5]、罗建华、李铁宁和朱婀丹[6]等。鲍枫等[7]等还对新媒体中的视频网站进行了专门的研究。

本章的分析将从产业经济学经典分析范式 SCP 模型出发,使用行

---

[1] 王艳萍.传媒产业组织分析[M].郑州:河南人民出版社,2014.
王艳萍.我国报业市场结构与产业绩效分析[J].商业时代,2006(17):79-81.
[2] 岳芃.分离与重构:中国大众传媒产业经济绩效分析[M].北京:中国社会科学出版社,2010.
[3] 柳旭波.传媒业产业组织研究:一个拓展的 RC-SCP 产业组织分析框架[M].北京:经济科学出版社,2007.
[4] 肖光华,陈晓红.基于产业组织理论的我国报业产业实证分析[J].科技进步与对策,2005,22(4):16-18.
[5] 艾岚,阎秀萍.基于 SCP 范式的中国传媒产业组织分析[J].河北经贸大学学报,2014,35(5):111-117.
[6] 罗建华,李铁宁,朱婀丹.文化产业组织现状及其发展和完善的目标分析——以湖南文化产业为例[J].生产力研究,2008(1):110-112.
[7] 鲍枫,沈颂东,王以宁.我国新媒体产业分析及发展策略研究——基于产业组织理论 SCP 范式分析[J].当代传播,2012(2):64-66.

业数据和典型案例相结合的方式，对企业的竞争关系和结构与战略进行研究。因为从实质上讲，企业的竞争关系是 SCP 模型中市场结构的重要衡量标准，企业的结构和战略分别是企业市场行为的基础和表现，市场结构和市场行为最终的结果则是市场绩效。

具体而言，本章将围绕"企业"这一关键词回答如下四个逻辑相连的问题。

第一，与电视渠道垄断时期相比，互联网时代动画产业的主体角色发生了怎样的变化？

第二，互联网时代动画企业的竞争关系有哪些新特点？

第三，新企业竞争关系产生了怎样的市场结构形态？

第四，互联网时代的动画企业在生产和发行两大战略上与以往有何不同？

这四个问题的逻辑结构正是用 SCP 分析范式来回应迈克尔·波特的"三角习题"。第一个问题指向的是迈克尔·波特的企业结构，解答在互联网的背景下，中国动画产业的企业主体发生的变化。研究指出，中国动画产业的核心力量，从代工时期和政策驱动时期以动画制作企业为主，逐渐转向以国际化互联网平台企业为主，两种主体的企业结构特征迥异，由此带来企业战略和竞争关系的巨变。第二个问题和第三个问题则是在企业主体变化的基础上，指向迈克尔·波特的同业竞争，分析得出，在企业主体变化之后，企业边界和产业边界逐渐模糊，呈现出企业竞合和产业融合的趋势。第四个问题落脚到迈克尔·波特的企业战略，回答在这样的市场结构下，生产和发行这两个重大战略方面的转型，生产战略中的地理边界和发行战略中的媒介边界在互联网的技术背景下都逐渐消融。从互联网时代动画产业的主体变迁和四个方面的去边界趋势中，我们最终可以得到中国动画产业绩效变化和国际竞争力提升的根本原因。

一、动画市场主体变迁：从制作企业到平台企业

（一）动画制作企业：产能泡沫下由盛转衰

改革开放之后，中国动画产业中的市场主体基本都是动画制作公司。

一方面，内容或者说 IP 是动画产业的核心竞争力，只有好的内容，才会有播出收入和之后的全产业链开发。迪士尼正是通过米老鼠等 IP 不断扩展延续，才形成如今的传媒帝国。在国内动画产业中，上海美术电影制片厂、水木动画、华强方特、奥飞等优秀动画生产制作公司长期都是行业的代表。另一方面，由于动画片具有高初始成本、低复制成本的公共产品属性，动画生产在整个动画产业链中是投资最大、风险最高的环节。长期以来，电视台并没有多少动力介入上游的生产环节的动力，仅有资金充裕的中央电视台、上海炫动卡通、北京卡酷等个别电视机构单独成立公司从事动画片的制作。2007 年，中央电视台将其青少节目中心动画部独立出来，成立国有独资企业央视动画有限公司，注册资金 1 亿元人民币，先后出品了《哪吒传奇》《小虎还乡》《小鲤鱼历险记》《三国演义》《新大头儿子和小头爸爸》等多部国产动画精品。独立成立的民营动画制作企业和由电视机构建立的动画制作企业，成为中国动画产业的主要生产力量。其中，前者在数量上占据绝对优势。

1. 扶持政策驱动下产能飞速发展

如前所述，在中国动画代加工时期，动画制作公司积累了原始资本与技术，并逐渐从代工向原创转型，成为最初的市场力量。这些动画制作公司在政策驱动时期获得了政府的大力扶持，在配额制度所刺激的庞大电视频道需求面前，实现了产量方面的大增长，出现了动画制作公司的辉煌时期。

根据 2006 年《关于推动我国动漫产业发展的若干意见》的精神，文

化部会同有关部门于2008年12月下发《动漫企业认定管理办法(试行)》,对动漫企业进行扶持,通过认定的企业根据其生产和销售情况,获得增值税、企业所得税、营业税、进口关税增值税的减免。同时,一旦进入认定目录,意味着拥有地方配套扶持的机会,包括产业园区房租减免、直接资金补贴等。

《动漫企业认定管理办法(试行)》细则显示,可以认定的企业包括漫画、动画、网络动漫、动漫舞台剧、动漫软件和动漫衍生品的创作和制作企业,并要求:动漫企业经营动漫产品的主营收入占企业当年总收入的60%以上;自主开发生产的动漫产品收入占主营收入的50%以上;动漫产品开发或技术服务的专业人员占企业当年职工总数的30%以上,其中,研发人员占10%以上;动漫产品的研究开发经费占企业当年营业收入8%以上等。同时,还对经营情况做了要求:动画产品销售年收入在1 000万元人民币以上,网络动漫产品销售年收入在100万元人民币以上,而申请"重点企业"认定的在注册资本和年收入上有更高的要求。这一认定成为动画企业争取政策扶持的重要目标。几乎中国动画产业中实力较强的公司都陆续完成了认定。这一认定名录在很大程度上反映了中国动画产业市场主体的情况。

作为制作企业的央视动画和奥飞、华强方特一道成为2009年首批100家通过文化部、财政部、国家税务总局认定的动漫企业。上海美术电影制片厂于2010年通过动漫企业认定,并于2012年成为通过认定的重点动漫企业。水木动画除了母公司在2009年首批就完成认定之后,宁波水木、蚌埠水木易等子公司也陆续通过认定。

2004年《关于发展我国影视动画产业的若干意见》发布之后,在补贴政策和播放配额制度的直接驱动下,动画制作企业迎来了产量的爆发。电视动画产量从2006年的8.2万分钟,一路狂增至2011年的26.1万分钟,使中国成为全球动画片产量最大的国家。在这一数据下,是动画制作公司产能的剧烈膨胀。例如,2011年在国家广播电影电视总局备案的动画片中,前十位企业的生产分钟数高达13万分钟。2015年,

《宝宝乐学堂》系列片总计1 580集,时长3.95万分钟;《新编蓝猫淘气3 000问》有3 000集,总时长3万分钟,几乎与十年前的全国产量齐平。①2007年全国影视动画工作会议上,国家广播电影电视总局甚至宣布将对国家动画产业基地实行优胜劣汰机制,每3年进行一次评估和调整,对于连续3年国产动画片年产量达不到3 000分钟或出现严重问题的,将予以通报、警告,直至取消产业基地资格。②

2. 量大质次效率低导致产业地位式微

然而,产量的提升并不意味着动画片质量和产业国际竞争力的同步提升。在从中央到地方的各级政策的补贴之下,从2005年开始年复一年地创下历史纪录的产量背后,却隐藏着巨大的泡沫。

虽然国产播放配额制度为国产动画生产商提供了广阔的需求,但是由于电视台垄断播放渠道,而政策补贴又是以"在电视频道上播放"为准,越高级别的电视台补贴越高,由此形成了依照行政级别自上而下的播放渠道权力排序,中央电视台处于顶端。在"制-播"的权力关系中,播出方电视台拥有选择权,制作方只能获得电视台认可才能播放,也只有播放了,才能获得补贴,才能通过电视台的曝光而使IP被大众认知,继而才有后面的IP衍生品的开发和经营。

在这种情况下,与电视台的关系成为动画制片方的核心能力之一,甚至有时会超过对于动画片制作水平的追求。一位在吉林动画学院工作过的动画制片人接受访谈时谈道:

> 当时在沈阳,一家有七八十人的动画公司一年能做一万分钟动画。正常来说,这种体量的公司一年最多做两三百分钟。怎么

---

① 卢斌,牛兴侦,郑玉明.中国动漫产业发展报告(2016)[M].北京:社会科学文献出版社,2016:56.
卢斌,郑玉明,牛兴侦.中国动漫产业发展报告(2012)[M].北京:社会科学文献出版社,2012:39.
② 国产动画片观众超过6亿[EB/OL].(2007-11-15)[2019-12-29].http://media.people.com.cn/GB/40606/6532390.html.

第五章 去边界：网络动画平台企业的融合与创新

做到的呢？削减环节,偷工减料。毕竟做一分钟就能补贴两千块钱。补贴政策刚出台时,只在产量和播出平台上有规定。于是,与其费尽心思提高质量,不如想办法扩大产量、搞定渠道。大量粗制滥造的动画由此而来,动画公司和电视台之间的腐败交易也数见不鲜。①

2010年的一部登陆中央电视台的动画片《雷锋的故事》引起了舆论的哗然,成为当时产量泡沫之下国产动画片量大质次的代表。该片是由沈阳春秋动漫文化有限公司制作的国产3D动画作品,共计30集,耗资2 100万元,于2010年6月7日晚12点在中央电视台少儿频道首次播出。这部动画作品粗糙的质量和巨额投资极不相称,被列为"骗补"的负面典型。另外,如前所述,中央电视台曾在晚间23时至次日凌晨1时推出《动漫星空》栏目,播出国产动画片。据该栏目制片人透露,《动漫星空》动画片的播出是一种赠予的形式,即动画制作方与中央电视台签订合同,同意该片在中央电视台免费播出。② 在这个几乎没有观众的夜间时段免费播出,企业的目的自然就是赚取补贴。

因为是按照时长进行补贴,所以在以补贴为第一诉求的动画片生产模式中,自然对量的追求要大过质。在这种情况下,作为IP开发原点的动画片的质量,决定了能否获得足够的观众认同,也决定了IP衍生品的开发潜力。因此,虽然当时大多数动画企业都以全产业链作为发展愿景,但真正能够实现全产业链开发并获得盈利的仍是凤毛麟角。

奥飞动漫和华强方特是其中经营效果不错的头部企业,奥飞动漫通过"电视动画+实体玩具"的方式协同开发,而华强方特通过"电视动画+动画电影+实体乐园"的模式,一边以低价在电视台大量播放《熊出没》动画片,一边在全国广泛开发熊出没主题儿童乐园,并拍摄熊出没大电影,都获得了不俗的收益。但细究二者的财报,奥飞动漫在

---

① 王雅莉.《哪吒》之前,被遗忘的中国动画三十年[EB/OL].(2019-09-16)[2019-12-29]. https://36kr.com/p/5246475.
② 杨泳.中国动画"怪现象"[J].艺术科技,2014,27(04):66,100.

2007—2012年间获得的政府税收优惠和政府补贴占其净利润的比例分别达到12.49％、8.73％、22.18％、26.97％、24.96％、16.22％。① 2018年,奥飞又获得3 400万元政府补助,占2017年净利润的38.36％。② 华强方特2018年营业收入为43.45亿元,净利润7.87亿元,扣非净利润4.57亿元,其中包含3.27亿元政府补助,等同于包括电视动画、电影和网络端的数字动漫板块的收入总和。③ 过于依仗补贴而没有持续的盈利增长,使得二者在股市中的发展算不上理想。奥飞娱乐作为"中国动漫第一股",股价从2015年最高峰的57元左右,一路跌至2022年的3.5元以内,颓势尽显。华强方特虽然在实体乐园方面已经遍布全国,《熊出没》在电视动画和动画电影方面的表现都堪称惊艳,但如今仍在主要针对中小微企业的"新三板"上市。华强方特于2012年第一次启动A股上市计划,但因遭遇漫长的IPO停摆期而选择主动终止。直到2018年重新启动主板上市计划,但随后由于新冠疫情导致的营收波动,又主动撤回材料,中止IPO计划。

还有一些辉煌一时的动画公司后来都归于沉寂。例如,2004年被国家广播电影电视总局挂牌为首批国家动画产业基地的三辰卡通,曾经推出长达2 400多集的知名动画作品《蓝猫淘气3 000问》,全国的衍生品专卖店迅速扩张至2 000多家,但"每天制作30多分钟"这种远高于行业平均水平的"效率"带来的却是动画片质量的每况愈下,以及专卖店过分扩张对衍生品质量的疏于管控。最终,"蓝猫"这一当年中国动画第一IP的口碑在几年间迅速垮掉。2004年,"蓝猫之父"王虹拿走了他39％的股权折合成的5 000万元现金离开三辰卡通,建立宏梦卡通,并推出另一个国产动画IP"虹猫蓝兔"。动画片《虹猫蓝兔七侠传》

---

① 杨健.基于钻石理论的中国动漫产业竞争力评价研究[D].大连:大连海事大学,2014:82-95.
② 陈碧玉.奥飞娱乐今年获逾3 400万政府补助 占去年净利38.36％[EB/OL].(2018-12-07)[2019-12-29].http://stock.10jqka.com.cn/20181207/c608603796.shtml.
③ 东文漫.华强方特2018年利润7.87亿元,政府补助3.27亿[EB/OL].(2019-03-21)[2019-12-29].http://dy.163.com/v2/article/detail/EAQ1B2F6051795TH.html.

以"首部武侠动画片"创下中央电视台动画片收视新高,虹猫系列图书半年销量突破2 000万。但与蓝猫一样,虹猫蓝兔也逐渐由盛转衰,宏梦卡通连年亏损、人才流失,《虹猫蓝兔七侠传》续作的质量下滑严重,2010年推出"炒冷饭"动画电影《虹猫蓝兔火凤凰》也以亏损收场,票房不足400万元。宏梦卡通于2015年被主业为煤炭的长城动漫收购,其最重要的IP虹猫蓝兔随即被长城动漫作价5 500万元出售。宏梦卡通就此"隐身",再无有市场影响力的新动画产出。宏梦卡通前员工曾发文分析虹猫蓝兔衰败的历史:

> 有钱了,没关系,收购!没关系,开发周边!没关系,拼命印图书!但是,没有人去研究市场,没有人去研究未来的变化,没有人去研究随着新一批小朋友的成长,他们关注的内容的变化。说白了,就是在吃老本,甚至开始忽略质量。大约从2009年开始,公司的人才开始出现流失,并且这种趋势不断加剧——编剧走了,导演走了,动画设计师走了,宏梦传媒的编辑和美术走了……市场什么火,我们就做什么!识字?做!幼儿教育类的?做!但没有人考虑制作的滞后期,没有人考虑如何把控质量,一群外行人做着本该是内行人来做的事。宏梦卡通,如果能坚持走武侠并根据时代的进步,微调人物形象,提高剧本质量,或许不会走到今天这一步。①

3. 个案分析:水木动画——经历像过山车的产量头部企业

说到国产动画制作企业,水木动画是绕不开的案例。水木动画当年在全国各地拥有多达9个子公司,产量规模一时无两,在专业化运作方面表现突出,母公司还是A股上市公司。但在电视动画整体市场下行的大背景下,水木动画仍然经历了过山车般的发展轨迹。

水木动画有限公司(简称水木动画)成立于2006年,公司拥有超过

---

① 从宏梦卡通前员工的阐述中了解虹梦的辉煌与没落[EB/OL].(2018-02-07)[2019-12-29].https://movie.douban.com/review/9133871/.

千名专业动画制作人员,总部位于上海,下设北京、南京、无锡、宁波、福州、东莞、蚌埠 7 家子公司。据启信宝的企业数据库的资料,①水木动画的经营范围包括"动画设计、漫画设计、美术设计,动漫软件的开发,计算机软件、硬件的开发,创意产业咨询,企业形象策划,展览展示服务,摄影服务,各类广告的设计、制作,工艺礼品、玩具的设计、销售",基本上涉及动漫产业的所有产业链条。

水木动画自成立以来,共制作超过 8 万分钟的原创动画内容资源,储备了近 20 万分钟动画制作素材库,原创动画年产量约占全国的九分之一。② 在国家广电总局历年电视动画片生产备案数据中,水木动画表现突出。2012 年在备案数量前十的公司中,东莞水木、宁波水木、无锡亿唐分列第一位、第四位、第五位。③ 2015 年生产备案数量前十位企业中,"水木系"公司占四席:东莞水木 12 500 分钟,无锡亿唐 7 500 分钟,上海水木 7 500 分钟,宁波水木 7 500 分钟。四家公司共占全国备案产量的 11.2%。2016 年备案数量前十位的企业中,前两位均被水木动画包揽:排名第一的蚌埠水木易备案分钟数 13 750 分钟,排名第二的无锡亿唐备案分钟数 12 700 分钟,两者在全国备案产量中占 11.5%的比例。④

然而,在产量上在国内拥有如此地位的动画企业,在盈利方面却没有体现出相应的优势。水木动画及其母公司桂林东方时代都没有公开披露营业数据,但是桂林东方时代投资有限公司的全资母公司东方时代网络股份有限公司是 A 股上市企业,可以查到其所有的经营数据。据金融网站同花顺提供的企业数据,水木动画为东方时代网络股份有限

---

① 启信宝.水木动画有限公司[EB/OL].[2019-12-29].https://www.qixin.com/company/4a83210b-3f57-4fc1-9a33-1d5a0182526e.
② 东方时代网络传媒股份有限公司 2019 年半年度报告[R/OL].(2019-08-26)[2019-12-29].http://notice.10jqka.com.cn/api/pdf/5d12354b8530badb_1575559401/*ST 东网:2019 年半年度报告(更新后).pdf.
③ 郝振省.2012—2013 中国动漫游戏产业年度报告[M].北京:中国书籍出版社,2014:63-64.
④ 孙立军,孙平,牛兴侦.中国动画产业发展报告(2017)[M].北京:社会科学文献出版社,2017:91.

公司(原代码：东方网络)合并报表的"孙公司"，而东方网络曾被＊ST处理，即"连续三年亏损，有退市风险"，后改名为"东方智造"。在股价方面，东方网络呈现出过山车的情况，从2015年最高的35.7元左右，一路暴跌至1元以内。是哪些业务拖累了东方网络的业绩呢？

东方网络原为专于测量仪器行业的"广陆数测"，2013年之后开始向文化传媒领域进军，介入数字电视运营业务，2015年更名为"东方网络"。几乎同时，东方网络采用现金收购的方式，获得水木动画66.7%的股权。2017年3月，公司现金收购水木动画剩余33.3%的股权，实现对其全资控股。

在企业股价最高峰的时期，东方网络在2015年实现营业收入4.04亿元，同比增长66.49%，实现营业利润6253万元，实现净利润5336万元。带动收入暴增的，正是其收购的以水木动画为代表的文化传媒业务。2016年，东方网络的表现更上一层楼，实现营业收入5.74亿元，实现营业利润7830万元，实现净利润6117万元。但是，好景不长，一年之后，东方网络2017年度最终营业数据让人大跌眼镜：公司实现营业收入4.12亿元，同比下降28.37%；实现归属于上市公司股东的净利润－2.72亿元，同比下降544.66%。这一巨亏几乎抹去了上市以来的所有利润，股价也应声下跌。巨亏之下的年报数据显示，水木动画导致亏损8369万元，动画片转让收入下降导致亏损1000万元，水木动画的商誉减值等导致亏损7537万元……①及至2019年上半年，东方网络营业收入为1.07亿元，净利润亏损3459.3万元。其中，收入中计量器具制造业务占94.1%，而曾让东方网络市值走向巅峰的文化传媒业务仅占5.9%。在毛利率方面，计量器具制造业务为30.29%，文化传媒业务为－79.39%。可见，动画等文化传媒业务已经成为严重拖累东方网络的业务板块，在总体业务中也逐渐走向边缘。东方网络在经营十年之后，又转回仪器制造的老本行，宣告向文化传媒行业转型的失败。2022年

---

① 清晖.巨亏、道歉、卖壳一气呵成：东方网络一怒退场[EB/OL].(2018-06-22)[2019-12-29].https://finance.ifeng.com/c/7dwkxGM4qa4.

6月,水木动画从东方网络(现名东方智造)正式剥离。

东方网络过山车式的战略转型失败背后,是水木动画业绩的剧烈下滑。在收购水木动画时,原控股股东施向东对公司2015—2017年的业绩做出承诺,水木动画2015年度、2016年度、2017年度的净利润分别不低于4 000万元、4 400万元、5 280万元。① 但实际上,水木动画2015—2017年实现净利润4 957.09万元、4 054.90万元、-2 501.30万元,并最终计提5 600多万元的商誉减值。② 水木动画2017年业绩大幅下滑,是由于全国动画制作市场竞争日趋激烈和传统电视台广告价值的下滑,导致其原有的动画和广告承接等业务基本处于收缩状态。2016年开始向文化旅游项目的转型效果并不理想,巨大的投资和过长的投资周期使其陷入经营泥潭,盈利能力大幅下降。其中,位于贵阳的东方科幻谷项目只在2018年年中试营业了一段时间,后期一直没有开放,现在仍处于停业状态,③在大众点评中只有27条评价和3.5分的评分(满分5分)。位于温州平阳县的星际科幻谷项目,尚未建设完成。据平阳县政府问政平台的消息,2018年3月"该项目中标单位单方面退场,导致无法继续施工,现已走法律程序",④2019年更新为"正在积极对接项目前期工作,预计10月底开工,计划工期2年"⑤,但截至2023年年初仍未开工。2020年平阳县政府网站所公示的《平阳县新兴产业园控制性详细规划调整(2020)(草案)》中提及:"预留的平阳县星际科

---

① 新浪财经.东方网络或被ST:业绩持续下滑 并购屡遭挫折[EB/OL].(2019-01-07)[2019-12-29].http://finance.sina.com.cn/stock/observe/2019-01-07/doc-ihqfskcn4907609.shtml.
② 云梦泽.又一家影视公司陷入危机? 东方网络2017年巨亏2.7亿,绑定许晴、陈建斌等明星失败[EB/OL].(2018-06-08)[2019-12-29].https://www.sohu.com/a/234716557_100156659.
③ 陈锋.东方网络再亏3 000万处退市边缘 文化传媒转型太冒进拟"易主"[EB/OL].(2019-08-28)[2019-12-29].http://baijiahao.baidu.com/s?id=1643080938080113349&wfr=spider&for=pc.
④ 温州平阳县政府.问政栏目[EB/OL].(2018-03-26)[2019-12-29].http://wlwz.wenzhou.gov.cn/wzshow_50542.html.
⑤ 温州平阳县政府.问政栏目[EB/OL].(2019-06-13)[2019-12-29].http://wlwz.wenzhou.gov.cn/wzshow_86108.html.

幻谷文化产业园(约 1 156 亩)因政策变更无法落地……"可见该项目已经面临取消的可能。①

总的来说,动画片制作成本水涨船高、全产业链开发的资金和周期要求等,都是导致水木动画衰落的原因。但从根本上讲,电视动画市场价值下降是最主要的市场背景,当市场资源都开始向互联网流动的时候,刻舟求剑式的发展越努力,很可能也是在错误的方向上走得更远罢了。

在互联网大潮下,大多数依托于电视渠道发展起来的中国动画制作企业无法摆脱路径依赖,最终走向没落。生存下来的动画制作公司则逐渐意识到,互联网视频平台是取代电视频道的"价值入口",于是纷纷投入互联网的怀抱。网络视频平台逐渐成为中国动画产业市场的运行主体和核心力量。

(二) 网络平台企业: BAT 支持下的新市场主体

1. 从小散乱到三足鼎立:动画网络平台企业矩阵的形成

互联网视频网站原本只是作为电视之外的延伸渠道出现。2004 年 11 月,中国第一家专业视频网站乐视网正式上线。2005 年,专注于 UGC 的土豆网、56 网、激动网,以及主打 P2P 传输技术的 PPTV、PPS 等相继上线,构成中国视频网站发展的初始版图。随后,四大门户网站开始涉足视频领域,最高峰时国内有上百家视频网站。《互联网视听节目服务管理规定》的出台和 2008 年的金融危机,让一大批中小视频网站消亡。视频网站行业开始从小而散的自由竞争阶段进入抱团取暖的大整合阶段。

2014 年年初,易观智库发布的报告《2013 年中国网络视频市场实力矩阵》显示,在网络视频市场中,领先者包括优酷土豆、爱奇艺 PPS、搜狐视频三家,创新者包括乐视、腾讯视频、风行网、PPTV 等,补缺者

---

① 平阳县新兴产业园控制性详细规划调整(2020)(草案)公示[EB/OL].(2020-09-11)[2023-08-11].http://www.zjpy.gov.cn/art/2020/9/11/art_1229956932_3934910.html.

包括凤凰视频、56、CNTV 等。① 到 2017 年,易观智库的报告显示,腾讯、爱奇艺、优酷成为优势明显的领先者,由此形成三足鼎立局面,哔哩哔哩则扮演二次元垂直领域的创新者角色。②

在中国互联网发展史上,三大头部企业百度、阿里巴巴、腾讯(BAT)常被戏称为"中国互联网的三座大山",分别从搜索、电商和社交领域切入,如今已经成为业务遍布几乎所有领域的互联网头部企业。截至 2019 年 10 月,国内互联网公司市值前两名为阿里巴巴和腾讯,百度虽然跌至第七位,被拼多多、美团等新贵超越,但其在 2011 年是中国市值最高的企业。③ 彼时,正是互联网视频行业启动的黄金时期。如今,BAT 都拥有自己的互联网视频平台,百度旗下的爱奇艺、腾讯的腾讯视频和阿里巴巴的优酷构成三家鼎立的局面。还有一些视频网站背后也有 BAT 的影子,例如哔哩哔哩背后就有阿里巴巴和腾讯两家共同持股。

爱奇艺、优酷、腾讯分别于 2010 年、2006 年、2011 年上线动漫频道,如今已经成为网络动漫内容播放的主要平台。2017 年网络动画内容播放量统计显示,爱奇艺、优酷、腾讯任何一家的播放量都高于剩余所有视频网站的总和,三足鼎立并不虚言。

极光大数据统计显示:2018 年 12 月,在线视频 APP 中,腾讯视频、爱奇艺和优酷的渗透率分别为 47.6%、43.6%、29.7%,位居前三;哔哩哔哩虽然渗透率不高,但是环比增长率较高。从日活跃用户数均值可以看出,腾讯视频、爱奇艺和优酷位居在线视频 APP 前三,分别为 1.2 亿、0.82 亿、0.37 亿,并且与其他在线视频 APP 拉开差距。④ 根据艾瑞数据统计,2018 年 7 月爱奇艺动漫频道月独立设备数有 1.91 亿台,分别是

---

① 卫视资源速递.视频网站崛起 14 年,已成影视发展新势力[EB/OL].(2018 - 12 - 22)[2019 - 12 - 29].http://www.sohu.com/a/283869803_750267.
② 马世聪.2018 年中国网络视频市场实力矩阵分析 产业数字化发展迅猛 短视频平台创新能力快速提升[EB/OL].(2018 - 11 - 30)[2019 - 12 - 29].https://www.analysys.cn/article/detail/20019047.
③ 钟国斌.BAT 三巨头市值差距越拉越大[N].深圳商报,2019 - 09 - 26(A09).
④ 人人都是产品经理.爱奇艺/腾讯视频/优酷,动漫频道的差异性在哪里?[EB/OL].(2019 - 04 - 20)[2019 - 12 - 29].http://www.sohu.com/a/309244543_114819.

腾讯视频和优酷动漫频道的1.8倍和2倍;爱奇艺、腾讯视频、优酷的动漫频道月独立设备数分别占APP月独立设备数的32％、17％、16％。

下面将对爱奇艺、优酷、腾讯视频三家视频平台对动漫业务的涉足、BAT在身后的大力支持、内部动漫业务的架构等进行简单的介绍。

（1）百度：爱奇艺（2010年上线动漫频道）

作为百度控股的公司，爱奇艺在上市之前一直获得百度的技术和资本支持。从2012年披露爱奇艺为主的内容成本开始，百度在内容成本上的投入几乎是连年翻倍，从2012年的2.151亿元，一路猛增至2016年的78.64亿元。[①] 在资本上，2013年百度全资收购PPS，将其并入爱奇艺，助爱奇艺坐稳行业前列。在2018年独立上市之后，爱奇艺虽然逐渐体现出经济和业务方面的独立性，但其招股说明书中仍显示出百度的巨大支援：百度将向爱奇艺提供6.5亿元人民币（9 990万美元）的免息贷款，期限5年。

在上市前，爱奇艺就已布局动漫业务。自2010年上线动漫频道之后，仅二次元自制动画项目就上线5部剧集共12季，总制作量超过1 800分钟，播放量均超过1亿，用户总观看时长约为13万小时。[②]

2018年5月在爱奇艺世界大会动漫产业高峰论坛上，爱奇艺高级副总裁耿聃皓表示，爱奇艺已全面构建起包括轻小说、漫画、动画、二次元直播、二次元社区在内的泛二次元娱乐矩阵，计划通过"轻春联盟""晨星计划""苍穹计划"，加强与产业链各环节的合作联动。同时，爱奇艺面向泛二次元用户推出"FUN会员"，提升泛二次元产业的商业价值。[③] 动漫相关计划，也是嵌入在爱奇艺更大的泛娱乐生态中。爱奇

[①] 爱奇艺上市在即百度诠释坚守是最好的投资[EB/OL].(2018-03-01)[2019-12-29]. http://economy.gmw.cn/2018-03/01/content_27866053.htm.

[②] 三文娱.上市融资22.5亿美元后的爱奇艺,要怎么投动漫? 三文娱专访爱奇艺副总裁杨晓轩[EB/OL].(2018-05-20)[2019-12-29].http://www.3wyu.com/16918.html.

[③] 极客业界.动漫产业高峰论坛开幕 爱奇艺多元助力精品国漫发展[EB/OL].(2019-05-13)[2019-12-29].http://www.geekpark.net/news/241832.

刘利,谭莹.2018动画行业研究报告[R/OL].(2018-07-12)[2019-12-29].https://www.sohu.com/a/240914425_152615.

CEO龚宇在大会上发布了与百度、京东和大地院线合作的三大计划,涉及网剧、新团队、新导演、演员、网络文学、漫画、爱奇艺号等爱奇艺平台的各个板块的八小计划(见表3)。①

表3 爱奇艺三大计划+八小计划

计 划		内 容
三大计划	百爱计划	与百度打通 AI 娱乐营销
	京爱计划	与京东打通"娱乐+电商"会员服务
	大爱计划	与大地院线打通青年导演作品院线网络同步发行
八小计划	海豚计划	制作超级网剧
	幼虎计划	投资孵化新制作公司
	天鹅计划	培养新演员
	文学云腾计划	网络文学驱动影视分账市场新商业模式
	漫画苍穹计划	开发漫画 IP 影视游戏
	动漫晨星计划	扶持优秀动漫制作人和制作团队
	北极星计划	扶持优秀爱奇艺号
	影业飞鹰计划	扶持青年导演拍院线大片

(2)阿里巴巴:优酷(2006年上线动漫频道)

2012年,优酷和土豆合并,一跃成为国内排名第一的视频网站,当时月活跃用户数量高达4亿,市场收入份额达到35.5%,大幅领先排名第二的搜狐视频(13.3%)。② 2015年,阿里巴巴集团用46.7亿美元现

---

① 网视互联.爱奇艺:三大计划+八小计划,跨平台捆绑共赢,全板块扶持创作![EB/OL].(2018-05-18)[2019-12-29].http://dy.163.com/v2/article/detail/DI2R752J051780O9.html.

② 崔滨.视频烧钱战步入整合期[N].齐鲁晚报.2012-03-13(A20).

金全资收购优酷土豆,较优酷土豆在 2015 年 10 月 15 日前三个月的加权平均收盘价溢价 49.9%。

早在 2014 年,阿里巴巴就斥资 12 亿美元入股优酷土豆。两家公司在基础技术、大数据和视频营销领域展开一系列合作,通过阿里巴巴和优酷土豆的后台对接来打通大数据,同时,与阿里云在内容分发领域展开合作,并接入支付宝开发了"边看边买"等一系列产品。①

随着电子商务的飞速发展,阿里巴巴的资金优势逐渐显露,对于优酷而言意味着更强大的资金支持。2018 年,阿里巴巴集团旗下阿里大文娱宣布与迪士尼旗下博伟国际达成多年期内容授权合作,迪士尼出品的近千集动画将会在优酷及一些 OTT 平台播出。优酷已经成为阿里大文娱链条中的重要一环。

2016 年,优酷土豆公布了在动漫方面的战略布局,推出动漫"创计划",即通过"创作、创收、创导"实现产业规划,全面布局动漫产业链的上中下游,并宣布未来每年将投入 5 亿元孵化国产动漫。创作是指在生产环节,引入日本动画技术团队来助力精品动画的创作,例如投资数千万的动漫《侍灵演武》就是由中日技术团队共同打造的。创收是指在经营环节,从 IP 孵化伊始就鼓励游戏和衍生商业伙伴加入,共同开发经营。例如,心动游戏、恺英网络等游戏公司参与优酷的动画片和游戏的同步开发。创导则指向用户环节,优化儿童观看环境,与央视动画、韩国 CJ 集团、英国 Fremantle 等动画提供方签订儿童动画购买协议,还推出"小小优酷",构建绿色健康的消费业态。②

(3)腾讯:腾讯视频(2011 年上线动漫频道)

与优酷和爱奇艺都有较为独立的企业建制相比,腾讯的动画业务一直作为腾讯整个泛娱乐链条中的一部分来发挥作用。对于广义的动

---

① 中关村在线.惊!阿里宣布将以 45 亿美元收购优酷土豆[EB/OL].(2015-10-17)[2019-12-29].https://www.sohu.com/a/36130848_114822.
② 李文瑶.每年 5 亿 优酷土豆发布动漫"创计划"孵化国产 IP[EB/OL].(2016-01-13)[2019-12-29].https://tech.huanqiu.com/article/9CaKrnJT8sv.

漫业务，腾讯多个部门都有涉足：腾讯动漫、腾讯影业、腾讯游戏、腾讯视频、企鹅影视、QQ动漫，以及腾讯控股的阅文集团。

具体到动画方面，腾讯的动画作品往往由两个公司生产，一是腾讯动漫，二是腾讯视频旗下的企业影视。前者原属于互动娱乐事业群，后者则属于网络媒体事业群。这导致前者并没有独占渠道。腾讯事业群之间的资源隔阂，在内部形成了较大的交易成本，IP资源也外流至竞争对手。例如《狐妖小红娘》这一腾讯动漫投资巨大的头部动画片，却不是腾讯视频独播，而是在哔哩哔哩上成为"国漫首部播放量破亿"的动画片。

在2018年腾讯新一轮的架构调整中，分属不同事业群的腾讯动漫和腾讯视频被整合到新成立的平台与内容事业群。腾讯动漫和腾讯视频旗下的企业影视的制作力量得到整合，腾讯视频作为渠道也与腾讯动漫的关系更为紧密了。2019年播出的《狐妖小红娘·竹业篇》就变成了企鹅影视、腾讯动漫出品，并在腾讯视频独播，而在前作中收获了巨大流量的哔哩哔哩没有获得播放版权。这样的调整，使腾讯内部的资源配置得到优化，同时将优质"IP-粉丝"资源留在企业内部，形成了商业开发的护城河。这种IP护城河意识在近年来的动画作品中尤为明显。据ACGx的不完全统计，2018年上线的国产网络动画约为68部，其中32部都是单一平台参与的独播剧。①

腾讯在动漫方面的投资一向"大手笔"。统计显示，截至2018年9月，腾讯在动漫方面完成了27笔投资，其中不乏出品《喜羊羊》系列作品的优扬传媒、二次元制作大厂绘梦动画和玄机科技、徒子文化和幕星社等著名原创动漫公司，以及巨资入股的二次元垂直网络平台哔哩哔哩。而在被业界称为"资本寒冬"的2018年，腾讯也四处出手，在包括动漫的泛娱乐领域直接投资的公司共有25家，独立投资金额超过

---

① ACGx.国产网络动画的2018：视频平台成行业发展重要推手[EB/OL].(2019-01-03)[2019-12-29].https://baijiahao.baidu.com/s?id=1621634429651127803&wfr=spider&for=pc.

140亿元。①

2. 标准化管理与融资便利：上市平台企业的原生优势

迈克尔·波特认为，产业成功的前提是，企业必须善用本身的条件、管理模式和组织形态。② 与以往的国营和民营动画制作公司相比，作为海外上市企业，BAT及独立上市的爱奇艺、优酷、哔哩哔哩等在企业结构、管理和资源方面都拥有显著优势。

首先，作为上市企业，这些互联网平台公司都拥有非常健全规范的企业结构和管理体系，严格的上市公司审计制度、透明的财务审批制度，以及成熟的职业经理人和董事会制度，都保证了企业能以科学合理的方式组织和支配资源，保持了企业发展的稳定性，较少出现以往小动画制作公司中创始人"一言堂"的局面。

其次，动画是一个需要大量资本进行版权投入的产业，上市企业在资金方面的优势非常明显。一方面，可以通过公开募股方式筹措资金；另一方面，可以像优酷土豆和哔哩哔哩一样，通过被入股或收购的方式寻找更有资本的大公司的支持，上市企业入股和并购的频率也比未上市企业要高。在这种情况下，头部互联网平台在内容方面都投入巨资。据国海证券计算，2015—2017年爱奇艺外购版权资产摊销和减值合计分别为22.9亿元、42.5亿元和78.8亿元，而自制内容资产摊销和减值合计分别为2.3亿元、5.7亿元和8.1亿元。③ 2019年5月，爱奇艺首席内容官王晓晖在爱奇艺世界大会上宣布，2019年爱奇艺的内容投入仍然超过200亿元，保持两位数增长，自制内容保持三位数增长。④ 虽然

---

① K线战车.资本寒冬是别人的，这些公司正在泛娱乐领域逆风收割[EB/OL].(2018-12-25)[2019-12-29].http://www.sohu.com/a/284496325_649449.
② 迈克尔·波特.国家竞争优势[M].李明轩，邱如美，译.北京：华夏出版社，2002：102.
③ 程华秋子.内容投入相当于7成营收，爱奇艺如何走出盈利困境？[EB/OL].(2018-03-29)[2019-12-29].http://baijiahao.baidu.com/s?id=15964249202172087398&wfr=spider&for=pc.
④ 徐露.2019年爱奇艺内容投入仍超200亿 NPC《限定的记忆》安排上了[EB/OL].(2019-05-09)[2019-12-29].https://baijiahao.baidu.com/s?id=16330428047924144738&wfr=spider&for=pc.

腾讯没有直接公布腾讯视频的利润情况,但其 2017 年财报显示,内容成本 281.77 亿元,除去阅文的 12.8 亿元和腾讯音乐的约 30 亿元,粗略估算腾讯视频内容成本应该在 230 亿元至 250 亿元之间。① 根据爱奇艺 IPO 招股说明书,爱奇艺在 2015 年、2016 年、2017 年的净亏损分别为 25.75 亿元、30.74 亿元和 37.369 亿元。② 如此巨额的亏损,如果换作未上市的动画制作公司,恐怕早已破产清算。但在资本市场上,只要业务长期被看好,哪怕现在亏损,股票价格也能不断上扬,融资募股也会比较顺利。正如腾讯公司副总裁孙忠怀所说:

> 内容付费趋势仍在,预计未来在线视频付费会员人数将进一步扩大,而获得更多付费会员的核心还在于优质内容。因此,我们仍将重金投入内容,不会在乎眼下一时的亏损,主要还是看长期的运营情况。在目前竞争态势下,内容竞争可能会更加激烈,全行业亏损的状况可能还要持续。③

在国际化方面,爱奇艺、优酷、腾讯等上市平台企业更有得天独厚的优势。迈克尔·波特认为,推进企业走向国际化竞争的动力很重要,其中一个重要条件就是管理者的态度。④ 本身就在境外上市的爱奇艺、优酷、腾讯等平台企业,天然地具备国际化的视野,也肩负国际化运作的任务。在国际竞争力上,这些企业自诞生伊始就与仍思忖赚补贴的动画制作公司拉开了档次。

---

① 第一财经.腾讯视频、爱奇艺业绩亮眼,内容成本逐年走高[EB/OL].(2018-03-22)[2019-12-29].https://baijiahao.baidu.com/s?id=1595628225385710301&wfr=spider&for=pc.
② 腾讯科技.爱奇艺赴美上市,拟募资 15 亿美元[EB/OL].(2018-02-28)[2019-12-29].https://tech.qq.com/a/20180228/001369.htm.
张金梁.爱奇艺成功赴美上市,百度长舒一口气[EB/OL].(2018-03-31)[2019-12-29].http://it.people.com.cn/n1/2018/0331/c1009-29900281.html.
③ 何天骄.腾讯视频、爱奇艺业绩亮眼,内容成本逐年走高[EB/OL].(2018-03-22)[2019-12-29].https://www.yicai.com/news/5408842.html.
④ 迈克尔·波特.国家竞争优势[M].李明轩,邱如美,译.北京:华夏出版社,2002:103.

总之，爱奇艺、优酷、腾讯打破了电视渠道垄断的局面，对动画市场进行培育：一方面，利用资源优势滋养了生产制作企业；另一方面，逐渐培养了用户的付费习惯，形成了克服市场失灵的经营生态。

在 BAT 的保驾护航下，爱奇艺、优酷、腾讯在十年间突飞猛进，从动画产业中的渠道，变成向上连接制作环节、向下开拓衍生链条的重要市场主体。

二、去企业边界：动画企业的融合与竞合

（一）制播融合：互联网时代产业集中度指标失效

1. 电视垄断时期的产业集中度：播出市场寡占化和制作市场原子化

在产业组织理论 SCP 模型中，市场结构是决定性因素，决定了市场行为和最终的市场绩效。市场结构指"规定构成市场的卖者（企业）相互之间、买者相互之间以及买者和卖者集团之间等诸关系的因素及其特征"。[①] 它具体表现为一个产业内部各个竞争主体之间的地位、作用和比例结构关系，本质上反映的是该产业内竞争与垄断的程度。在产业组织理论中，市场结构一般包括四种基本形态，即完全竞争、垄断竞争、寡头垄断和完全垄断（见表4）。影响市场结构的因素包括：卖者和买者的数量（如市场集中度），产品差异化程度（如品牌效应），新企业进入市场的壁垒（如营业许可、特许经营、专利，规模经济的成本）和退出壁垒，产业内企业的垂直整合程度等。

这种基于"竞争-垄断"二元关系所判定的市场结构类型，在迈克尔·波特的钻石体系里指向的正是"最后的三角习题"中的"同业竞争"。同业竞争的关系结构，决定了产业归属于哪种市场结构。迈克尔·波特指出，创造与持续产业竞争优势的最大关联因素是国内市场强

[①] 杨建文，周冯琦.产业组织：21世纪理论研究潮流[M].上海：学林出版社，2003：43.

表4 市场结构类型及其特征①

市场结构 特征	市场结构类型			
	完全竞争市场	垄断竞争市场	寡头垄断市场	完全垄断市场
企业数目	众多	众多	少	一个
集中度	很低	较低	高	100%
产品	同质	差异化	同质或差异化	没有替代品
进入壁垒	无	较小	较大	非常大

有力的竞争对手。强有力的国内竞争对手普遍存在于具有国际竞争力的产业中。② 如果某超级企业在国内没有竞争对手,那么它通常并不具有国际竞争能力,因为它往往是政府补贴和保护下的产物。③ 这种状态下的市场结构就是垄断市场。垄断市场大多只能在一国之内获得很好的收益,并倾向于提供低质价高的产品,显然不具备进入国际市场的可能。因此,竞争是激活市场活力的重要机制,国内竞争者会创造企业进步和创新的压力。这种竞争更会使企业彼此竞相降低成本,提高质量和服务,研发新产品和新流程。④

许多指标都可以用于考察一个产业的产业结构,其中,行业集中度(又称市场集中度)是最常用的测量指标。

市场集中度指某一特定的产业或市场中,部分厂商的市场份额占全部市场份额的比例。市场集中度是影响市场结构最重要的因素,反映了产业中企业之间的规模结构,体现了该产业中若干家大规模企业所拥有的经济支配能力。最基本的市场集中度测度指标是绝对集中度,通常用在规模上处于前几家企业的生产、销售、资产或职工的累计数

---

① 卜彦芳.传媒经济理论[M].北京:中国广播电视出版社,2012:128.
② 迈克尔·波特.国家竞争优势[M].李明轩,邱如美,译.北京:华夏出版社,2002:109.
③ 迈克尔·波特.国家竞争优势[M].李明轩,邱如美,译.北京:华夏出版社,2002:110-111.
④ 迈克尔·波特.国家竞争优势[M].李明轩,邱如美,译.北京:华夏出版社,2002:111.

量(或份额)占整个市场的生产、销售、资产或职工总量的比重来表示。[①]绝对集中度易于理解和运算,因而在研究中最为常用。

在绝对集中度中,CRn 代表 X 产业中市场份额最大的前 n 家企业的市场集中度(n 一般取 4—8)。[②] 绝对集中度的数值在 0 到 100% 之间,两个极端分别是完全竞争市场和完全垄断市场。若一个产业的市场集中度偏低,说明该产业中企业过于分散,相对缺乏有国际竞争力的大型企业。[③]

产业组织理论的重要人物贝恩和植草益分别依据产业集中度的高低,将市场划分为若干类型,例如贝恩划分的极高寡占型、高集中寡占型、中(上)集中寡占型、中(下)集中寡占型、低集中寡占型、原子型,[④]植草益划分的寡占型和竞争型等(见表5)。

表5 市场结构类型和市场集中度[⑤]

市 场 结 构		CR 值%
寡占型	极高型	$70 \leqslant CR_8$
寡占型	高集中型	$40 \leqslant CR_8 < 70$
竞争性	低集中完全竞争	$20 \leqslant CR_8 < 40$
竞争性	分散竞争	$CR_8 < 20$

在电视产业研究中,不少学者都曾运用 SCP 模型来测定市场集中度,进而判定市场结构。易旭明根据全国电视市场收视份额,测算了中国全国收视市场集中度,发现在全国层面,中国电视台市场结构属于寡占型市场结构,垄断程度较高。[⑥] 谢晨静对中国电视剧产业进行集中度

---

① 王俊豪.产业经济学[M].北京:高等教育出版社,2008:47.
② 王俊豪.产业经济学[M].北京:高等教育出版社,2008:47.
③ 谢晨静.中国电视剧产业组织优化研究[D].上海:复旦大学,2018.
④ 王俊豪.产业经济学[M].北京:高等教育出版社,2008:47-48.
⑤ 徐传谌,谢地.产业经济学[M].北京:科学出版社,2007:180.
⑥ 易旭明.有效竞争视域下中国电视市场结构再考察[J].现代传播(中国传媒大学学报),2017,39(7):119.

测算,结果得出中国电视剧制作市场集中度 CR_8 远远低于 40%,根据贝恩提出的市场结构分类标准属于原子型市场结构,几乎不存在集中,按照植草益的市场结构分类标准属于分散竞争型市场结构。① 耿蕊的研究认为,中国动画产业的市场结构既不是垄断竞争也不是寡头垄断,而是一种行政性垄断与过度竞争并存的市场结构:市场集中度低,市场呈现出高度分散、高度弱小的产业格局,产业内绝大多数企业没有实现规模经济。②

2. 互联网消解产业集中度的测算基础:渠道稀缺消失与制播边界消融

以上关于电视产业的结论都是建立在传统电视市场独特属性的条件之上。

在播出市场上,电视渠道的频谱稀缺性,导致电视市场的节目播放时长和时段是既定的。在面对守在电视机前的观众时,遥控器争夺构成了一种零和博弈。因此,在播放方面,尤其是黄金时段极其有限的情况下,某热门电视剧或电视动画的"霸屏",意味着其他节目没有播出的机会;某电视台高质量节目吸引了大批观众,意味着这批观众无法观看正在直播的其他电视台的节目。这导致具有竞争力的电视台和节目形成寡占的高集中度局面。

在制作市场上,长期以来电视节目(包括电视动画)供过于求,拥有垄断渠道的电视台在与制作方的交易中具有非常显著的议价优势。而制作方由于多数处于发展初期,节目质量趋于同质化,因此,在资金压力大的情况下亟须完成交易、回笼资金,倾向于用价格战的方式拱手让出议价权。③ 即便是《熊出没》《喜羊羊与灰太狼》这样的头部 IP,动画片的出售价格也非常低廉,《蓝猫淘气 3 000 问》甚至赠送给北京电视台播放。在这种情况下,中国影视制作公司大多处于市场的弱势地位,很难完成资

---

① 谢晨静.中国电视剧产业组织优化研究[D].上海:复旦大学,2018.
② 耿蕊.中国动画产业组织分析——基于 SCP 的理论范式[J].出版发行研究,2012(09):29-32.
③ 耿蕊.中国动画产业组织分析——基于 SCP 的理论范式[J].出版发行研究,2012(09):29-32.

本积累、实现"做大做强",导致制作方的市场结构高度分散、高度弱小。

互联网的出现,消解了以上结论的基础。

首先,网络渠道不是垄断的和稀缺的,也没有黄金时段的分类,所有影视节目都在统一的平台上公平竞技。网友不用考虑某一时段在两个电视台或两部动画片中艰难地选择,点播制度实现了随时随地观看,网友的消费能力得到巨大的提升。网络视频使用率和使用时间大幅增长的市场环境,给网络影视节目提供了极大的市场空间。在无限容量的互联网空间中,计算播放市场的集中度失去了意义。

其次,平台企业既是渠道方也是重要的生产者,通过搭建内容平台、设置分红体系来吸引优秀的内容制作企业入驻,同时,通过投资、并购的方式给制作企业进行输血。优秀的制作企业的议价权大大提升,面对竞争激烈的几家平台企业,它们可以选择性入驻,也可以在多个投资意向中做出选择。在网络视频产业飞速发展的当下,制作公司和平台共同的目标是生产和传播优秀影视作品、搭建良性的收益分账体系,因此诞生了若森数字、绘梦动画等规模和效益都不错的动画制作企业。另外,爱奇艺、优酷、腾讯都把自制剧提到非常高的战略地位,平台企业也作为制作公司向其他平台输出作品。例如,腾讯出品的《狐妖小红娘》曾同时在腾讯和哔哩哔哩播出。这种平台与制作方之间股权交叉、播放分账体系实现了平台和制作方共赢。在平台变身制作方的情况下,制作方和渠道方的企业边界越来越模糊,导致必须建立在清晰市场与企业边界基础上的市场集中度的测算已不太现实。

目前,对于视频网站的市场格局的集中度分析,大多依据的是广告收入。例如,王晓晨的研究结论显示,中国视频网站广告市场集中度较高,属于寡占型市场结构。[①] 谢晨静的测算显示,视频网站的市场集中度 CR_4 为 77.27%,按照贝恩提供的产业垄断与竞争类型的界定标准属于高集中寡占型市场结构(65%~75%),市场集中度较高。[②] 何白的研

---

① 王晓晨.视频网站广告市场集中度分析[J].青年记者,2013(24):42-43.
② 谢晨静.中国电视剧产业组织优化研究[D].上海:复旦大学,2018.

究也得出寡占Ⅱ型的结论,并指出爱奇艺、优酷、腾讯是当前中国网络视频市场三家主要的寡头企业。[①]

但实际上,依据广告收入来进行集中度的测算,并不能反映视频网站市场的真实状况。虽然在广告收入方面爱奇艺、优酷、腾讯三足鼎立,但是并不能因此就得出"市场集中度高-市场垄断"的逻辑推论。因为这背后忽略的是爱奇艺、优酷、腾讯三家高达几百亿的内容投入、每年几十亿元的亏损,以及所搭建的播放分账体系给广大制作企业带来的收益。本书认为,真正决定市场结构在"垄断-竞争"二元关系框架中位置的,并不是从某个片面要素所计算出来的"集中度",而是在市场结构中主要竞争者之间的关系,即迈克尔·波特所指的"同业竞争",是一个动态的过程,而非僵化的数据比例。

在互联网时代渠道稀缺性消失的媒体技术背景下,制播边界的消融使市场集中度的测算失去了实践意义,也促使市场结构的判定回归到企业具体的竞争关系的分析上来。

(二)平台竞合:网络经济外部性基础上的共赢博弈

在同一市场中,企业间的关系往往在"竞争-合作"的坐标轴上滑动,从而决定了市场结构。在寡头垄断的结构中,企业间的关系更倾向于合作,并一起形成寡头垄断,从而实现对消费者的强势管控;而在垄断竞争的结构中,企业间更偏向竞争,企业提供异质的相似品,拥有一定的定价权,但同时要去努力创新来取悦消费者。

亚当·布兰登伯格(Adam Brandenburger)和贝利·耐勒波夫(Barry Nalebuff)认为,"创造价值"的本质是合作,而"争取价值"的本质是竞争,[②]市场行为往往是两种关系同时存在的。两人据此在博弈论的基础上建构了"竞合"(co-opetition)的概念,认为最佳的市场结构是一种"双

[①] 何白.中国网络视频产业发展研究——基于产业融合的分析[D].厦门:厦门大学,2017.
[②] 亚当·布兰登伯格,贝利·耐勒波夫.竞合策略:商业运作的真实力量[M].黄婉华,冯勃翰,译.台北:云梦千里文化,2015:15.

赢"(win-win)的局面,而非"双输"(lose-lose)或"我赢人输"(win-lose)的局面。① 例如,20世纪80年代,美国电影公司把录影带视为前来瓜分市场的"洪水猛兽",但后来的数据证明,录影带的销售反而给电影带来了很重要的互补效果,扩展了电影的观赏人口,吸引了许多从来不去电影院的人在家看电影。②

在互联网中,这种竞合表现得日益明显。网络效应理论认为,当一个用户使用一种产品所获得的效用随着使用该产品的用户人数增加而增加时,网络效应就产生了。③ 此时,网络的价值呈几何级数增长。本书也曾论述互联网环境下的梅特卡夫法则:网络经济的扩张与网络上的节点数的平方成正比。在网络动画领域,竞合的关系不仅仅是平台企业们的基本行为模式,也是网络经济理论所形成的客观效果。具体而言,平台公司的竞合主要表现在三个层面。

1. 面向上游制作商的竞合

在动画产业链的上游制作环节,平台企业之间形成了既有竞争又有合作的局面。

第一,平台企业纷纷推出自己的动画生产计划,比如腾讯的"百番计划"和"中国好故事动漫征集令"、爱奇艺的"晨星计划""苍穹计划""云腾计划"、优酷的"创计划"、哔哩哔哩的国创动漫战略等。

第二,腾讯和爱奇艺等平台企业斥巨资大量并购和入股上游制作企业。例如,著名的若森数字、玄机科技、绘梦动画等制作公司都有头部平台的投资。

第三,头部平台对创作新人进行孵化,如爱奇艺的"晨星计划"、腾讯的"微光计划"、哔哩哔哩的"小宇宙新星计划"等。

---

① 亚当·布兰登伯格,贝利·耐勒波夫.竞合策略:商业运作的真实力量[M].黄婉华,冯勃翰,译.台北:云梦千里文化,2015:23-24.
② 沃格尔.娱乐产业经济学:财务分析指南[M].支庭荣,陈致中,译.北京:中国人民大学出版社,2013:74.
③ Michael L. Katz & Carl Shapiro. Network externalities, competition and compatibility[J]. American Economic Review, 1985, 75(3): 424-440.

这些面向制作环节的资源投入有竞争的成分,例如对优秀制作公司的持股比例、对潜力 IP 的独占等,但竞争都存在于微观方面。而在宏观层面,正是平台企业系统化、持续性地输血,才共同营造了一个尊重原创、珍视 IP 的投资氛围,从而将投资制作行业的资金门槛提高,推动了动画产业的创新。反过来,持续输血所孵化出的优质 IP,又为平台企业的全产业链开发提供了源头活水。最终,在平台企业对制作环节的竞相注资之后,得到的是动画产业整体繁荣的共赢局面。

2. 作为播放平台的竞合

(1) 网络渠道快速发展下共同"做大蛋糕"

网络视频平台公司的角色之一是播放渠道。如前所述,在电视渠道垄断时期,受众需要在同一时段的电视剧中进行抉择,于是产生了"黄金时段剧大战"的竞争形态,能够吸引观众的优秀剧目一时间成为稀缺资源。例如 2009 年的"百团大战",当时电视剧《我的团长我的团》在四家卫视同时播出,四家为了抢收视率,"你零时'抢跑',我 3 集'跨越',他 16 集'一哄而上',费尽心机无非想把观众留在自家门前"。① 这种情形的出现,是因为观众的注意力是有限的,高收入、高消费、高教育程度的"三高人群"往往在晚上下班之后才有时间看电视,因此,晚间的时段比白天的时段价值大得多,成为各大卫视的必争之时。

移动互联网和移动智能设备的出现打破了电视市场的有限边界,时段不再是左右渠道价值的关键要素。所有影视作品都在互联网平台上公平竞赛,网友可以随时随地点播观看,不再像看电视一样只能端坐在客厅、卧室、卫生间、户外、交通工具上,甚至办公场所,都可以成为消费的场景。互联网视频所能获得的注意力资源体量激增。

视频网站之间虽然存在"分蛋糕"的竞争状态,但在网络视频消费人群仍在继续增长的情况下,随着"90 后"和"00 后"的成长、付费习惯的进一步培育,仍有较大的市场空间。"做大蛋糕"是所有网络视频平

---

① 余姝.羊城晚报:"百团大战"源于千台一面[EB/OL].(2009-03-16)[2019-12-29]. http://ent.sina.com.cn/r/m/2009-03-16/17022422766.shtml.

台公司的目标。

(2) 内容成本高企下的"共享蛋糕"

早在2012年,面对影视剧版权价格波动剧烈的状况,腾讯视频、搜狐视频、爱奇艺组建"视频内容合作组织"(VCC),实现资源互通、平台合作,在版权和播出领域展开深度合作,促进互联网视频行业良性竞争,力图"使版权价格回归理性价值区间"。VCC购买的版权内容三方按照三分之一的比例出资,而除了联合采购外,联盟还会联合播出。腾讯在线视频部前总经理指出:"达成视频内容合作组织的意义在于使内容版权价格更趋于合理,更有序发展,视频行业盈利将不再是梦想。"①可见,网络视频平台在发展伊始就意识到在竞争中开展合作的重要性,一味地恶性竞争只能让所有平台都在亏损的路上越走越远,不利于产业生态的健康发展。

近年来,各大视频平台通过独播剧来吸引新会员,以期扩大收费会员规模。但是,在巨大的成本压力和连年亏损面前,视频平台们也开始出现从独播回归合作的趋势。

以网剧为例,据骨朵数据统计,2017年全网共有网络剧295部,其中,爱奇艺独播网络剧多达160部,占全网总数量的54.2%,腾讯视频独播网络剧有64部,优酷独播网络剧有26部。②但独播的代价是巨大的,阅文集团曾公告,腾讯视频购买《如懿传》独播权的价格为12.7亿元,相当于单集1460万元。③看似风光的热剧在握背后,却是平台"打碎牙齿往肚里咽"的巨额亏损。2018年,优酷和腾讯视频分别做出亏损80亿元的预算。④爱奇艺的财报显示,2016年、2017年、2018年的内容

---

① 雷建平.腾讯搜狐爱奇艺视频联盟已达成12部剧合作[EB/OL].(2012-04-25)[2019-12-29].https://tech.qq.com/a/20120425/000026.htm.
② 骨朵数据.2017年网络剧报告:年度总播放量猛增,口碑剧频出,好故事成制胜关键[EB/OL].(2018-01-15)[2019-12-29].https://www.sohu.com/a/216877771_436725.
③ 麻辣娱投.从《如懿传》到《庆余年》:新丽"下嫁"阅文时的"中国漫威梦"如何实现?[EB/OL].(2019-12-06)[2019-12-29].http://china.36kr.com/p/5272931?column=BUSINESS.
④ 刘路阳.血战2018:优酷、爱奇艺、腾讯视频共预算亏损190亿[EB/OL].(2018-01-18)[2019-12-29].http://www.sohu.com/a/217553322_351788.

成本分别为75.41亿元、126.16亿元、211亿元。① 在这种情况下,三大平台不得不重新审视独播战略:是否会让还在发展期的视频平台在相互"攀比"的"烧钱"中自毁长城? 于是,2019年,《亲爱的,热爱的》《从前有座剑灵山》《庆余年》等热播大剧都采用腾讯和爱奇艺联合播出的方式,共享市场。

与2012年的VCC类似,2018年4月,爱奇艺、优酷、腾讯联名发布《关于规范影视秩序及净化行业风气的倡议》。8月,爱奇艺、优酷、腾讯联合正午阳光、华策影视、柠萌影业、慈文传媒、耀客传媒、新丽传媒六大影视制作公司发布《关于抑制不合理片酬,抵制行业不正之风的联合声明》,表态将共同抵制艺人"天价"片酬现象和偷逃税、"阴阳合同"等违法行为。② 这些行为都意味着三家平台在影视内容成本控制方面有着共同的诉求。这一联盟起到了立竿见影的效果。爱奇艺CEO龚宇在发布2018年第四季度财报时透露:"2018年8月份以后,内容制作成本和采购成本都明显下降。采购的版权成本从最高的超过1500万一集电视剧,现在回落到800万以下。"③

在动画方面,虽然整体体量尚不及网剧,但也出现了独播比例下滑的苗头。2018年10月,四大视频平台引进播出的新番共40部,哔哩哔哩、爱奇艺、腾讯视频、优酷分别有12部、8部、3部、1部作品独播,独播率60%。④ 2019年同期,在共计54部新番中,哔哩哔哩、爱奇艺、腾讯视频、优酷分别有13部、1部、0部、1部作品独播,独播率急剧下滑至27.8%。⑤

---

① 吕玥,亚澜.《庆余年》《灵剑山》背后的小秘密:腾讯视频和爱奇艺的"共克时艰"[EB/OL].(2019-12-16)[2019-12-29].https://mp.weixin.qq.com/s/grZz6-o6n71TUxv1l9we1Q.
② 刘爽爽,石睿."优爱腾"联合六公司声明:片酬封顶5000万[EB/OL].(2018-08-11)[2019-12-29].http://companies.caixin.com/2018-08-11/101314060.html.
③ 澎湃新闻.爱奇艺龚宇:顶级演员片酬曾超1.5亿 现在限价5000万[EB/OL].(2019-02-22)[2019-12-29].https://tech.sina.com.cn/i/2019-02-22/doc-ihqfskcp7542340.shtml.
④ 三文娱.十月40部新番:奇幻、热血占比49%,精品国漫与人气新作扎堆[EB/OL].(2018-10-10)[2019-12-29].http://www.3wyu.com/18856.html.
⑤ 三文娱.54部10月新番来了,哪些是你的菜? B站独播13部,A赞独播4部[EB/OL].(2019-10-11)[2019-12-29].https://new.qq.com/omn/20191011/20191011A05BH300.html.

平台通常采用的内容合作方式包括版权分摊、版权分销和版权置换三种：版权分摊指几家平台共同出资购买播放权；版权分销指某一平台在以出品方或联合出品方的身份掌握作品版权的情况下，再向外分销给其他平台；版权置换俗称"换剧"，即两家掌握版权的平台互相授予播放权，实现共同播出。① 通过共同播放带来的高点击率、覆盖率，在网络效应的机制下可以扩大粉丝群体，引发社会舆论讨论，让 IP 迅速增值，最终的结果是所有播放平台都获得利益。

3. 面向消费者的竞合

2017 年，爱奇艺、优酷、腾讯等视频网站的付费会员数量超过 2 000 万；不到两年后，这一数字已经破亿。正是近十年间网民在线视频消费习惯、内容付费习惯、版权意识的逐步培养，形成了如今爱奇艺、优酷、腾讯视频亿级收费会员的体量，健康的网络视频消费生态正逐渐建立起来。

消费者的注意力资源正被逐渐挖掘。如今，网络视频平台仍在为合力扩大视频市场容量而努力，收费用户体量仍不足以使网络视频平台跨过盈亏的生死线。以 2020 年年底的会员费为例，奈飞（Netflix）每会员每月为平台贡献的收入（会员 ARPU 值）为爱奇艺的 7.49 倍。② 这反映出国内视频平台享有较大的溢价空间。来自 QuestMobile 的数据也显示，在线视频网站的付费用户比例在稳步上升，截至 2019 年 6 月，这一比例达到 18.8%，仍有近八成的成长空间。③

与手机、电脑等商品不同，动画片这种文化产品并不具有消费上的排他性，对某平台某部动画片的消费，并不影响对另一平台类似动画片的消费，反而会形成竞合策略中的市场补偿者效应：多平台多产品的消

---

① 明月帆.平台「拼播」潜规则[EB/OL].(2019-09-04)[2019-12-29].http://www.sohu.com/a/338531707_570245.
② 证券之星.中国互联网视频会员价格现状及未来[EB/OL].(2021-12-27)[2022-10-31].https://baijiahao.baidu.com/s?id=1720274119099774299&wfr=spider&for=pc.
③ QuestMobile2019 付费市场半年报告[R/OL].(2019-08-20)[2019-12-29].https://new.qq.com/omn/20190820/20190820A05HVE00.html.

费,共同培养起观众对多种类型的动画片的消费兴趣,从而做大市场的"蛋糕"。在会员的销售方面,数据显示爱奇艺、优酷、腾讯三家平台的会员有相当大比例的重合。易观千帆的数据显示,截至2018年9月,爱奇艺、优酷、腾讯三家平台的用户重合率达到17.11%,任意两家之间的重合率均达到3~4成(见图11)。①

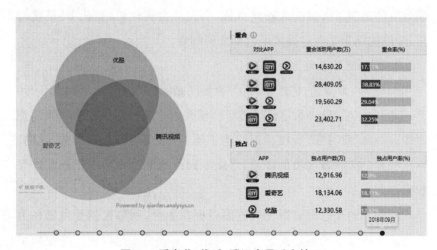

图11 爱奇艺、优酷、腾讯会员重合情况

每家平台的"爆款产品"都会带来大量新用户。相关数据显示,爱奇艺独播剧《延禧攻略》为其带来了1 200万会员拉新,产生了0.72亿元的营收。腾讯独播剧《如懿传》为其带来了700万会员拉新,单月会费收入达到1.4亿元。优酷独播自制剧《镇魂》为其带来了500万新会员,为其带来了将近0.5亿元的单月营收。② 表面上看,各大平台都在努力推出精品网剧网综和动画片来竞争收费用户,实际上则是合作培养用户的付费意识。此起彼伏地分散于各大平台的"爆款"实现了不断的拉新,而拉新的重要受众群体并不是从来没有为网络视频付费的用

---

① 酱酱.爱优腾竞品分析:三大视频平台如何布局?[EB/OL].(2019-05-09)[2019-12-29].http://www.woshipm.com/evaluating/2319913.html.
② 今日流媒体.爱优腾用户付费虽已初具规模,但仍需上下求索![EB/OL].(2019-02-21)[2019-12-29].https://baijiahao.baidu.com/s?id=1626043783636902043&wfr=spider&for=pc.

户,而是已经购买其他平台的会员并养成付费习惯的用户。

从互联网产业的全局来看,BAT的地位已持续多年并可能在未来很长一段时期仍然保持下去。在5G逐渐普及的当下,网络视频作为非常重要的"流量入口",成为BAT异常看中的战略组件。BAT等互联网头部企业不可能坐视爱奇艺、优酷、腾讯等网络平台衰败,它们掌握的其他资源会源源不断地为平台输血,合力促使平台开拓和留存用户。阿里巴巴推出的"88VIP"会员,涵盖阿里巴巴集团旗下天猫、饿了么、虾米、优酷、淘票票、飞猪等各种服务,几乎涵盖生活的方方面面。阿里巴巴生态系统中各业务间的相互导流,成效显著。

总之,在网络经济外部性的作用下,网络平台企业作为中国动画产业的主体,在制作、播放和消费三个方面实现了竞合关系的构造,平台企业之间的竞争性边界逐渐模糊,实现了共赢的市场博弈,并作为一个产业整体推动中国动画产业健康生态的塑造。

竞合和融合成为互联网时代平台企业的同业竞争状态,也构成中国动画市场的基本结构特征。

三、去地理边界:动画企业的生产发行创新

在迈克尔·波特的企业结构、同业竞争和企业战略的"三角习题"中,企业战略对应SCP模型中的企业行为。具体到中国动画产业中,动画市场主体互联网平台企业的企业战略,尤其是生产和发行战略,也逐渐呈现出去地理边界的特征。

(一)去边界的生产战略

1. 逐渐打破国内生产边界:以平台为轴组织国内生产力量

中国在"十五"计划中第一次将"文化产业"概念列入中央正式文件,并在十七届六中全会上提出要"加快发展文化产业,推动文化产业

成为国民经济支柱产业"。各大省市纷纷响应,明确提出"文化立省"或"文化立市"的省市自治区已经超过 30 个。① 在顶层政策和地方配套政策的驱动下,中国文化产业的发展开始进入快车道。自 2004 年有统计数据以来,中国文化产业年均增长率在 15% 以上,呈现出急速发展的势头。2019 年第四次全国经济普查显示,截至 2018 年年末,中国文化产业法人单位拥有资产 22.6 万亿元,全年实现营业收入 13.0 万亿元,比 2013 年年末分别增长 118.3% 和 55.5%。文化服务业的产业规模扩大比较明显,资产规模和营业收入分别达到 16.4 万亿元和 5.6 万亿元,比 2013 年年末分别增长了 179.4% 和 157.8%。②

正因为各省市都将文化产业视作未来重点发展的产业,在以区域为界的产业政策下,文化产业在发展中形成了非常明显的产业区域分隔,最终导致资源无法在全国范围内自由流动和聚合,从而形成了"诸侯经济"的特征,影响了中国"大国规模经济优势"的实现。③ 实际上,文化产业的"诸侯经济"特征也是中国整体区域经济的一个缩影。陆玉麒和董平的研究指出,源于中国区域化的现实体制,地方保护和市场分割在中国普遍存在。地方保护加剧了区域之间产业结构的趋同性,人为分割国内统一市场,而趋同的产业结构又必须依靠地方保护政策才能延续,由此"两相互动、恶性循环",构成了"诸侯经济"的两个层面。④ 桑玉成认为,"诸侯经济"极大地阻碍了地区一体化分工体系及其基础之上的国内统一市场的形成。⑤

"诸侯经济"本身并不是地方行政长官"不识全国大局"的不理性作

---

① 朱春阳,刘海贵.文化"走出去"路在何方[EB/OL].(2013-10-21)[2019-12-29].http://news.ifeng.com/shendu/lwdfzk/detail_2013_10/21/30509686_0.shtml.
② 国家统计局.文化产业实现规模效益双提升——第四次全国经济普查系列报告之五[EB/OL].(2019-12-06)[2019-12-29].http://www.xinhuanet.com/fortune/2019-12/06/c_1125316281.htm.
国家统计局社会科技和文化产业统计司.文化产业实现规模效益双提升[N].中国信息报.2019-12-11.
③ 朱春阳.中国文化"走出去"为何困难重重?——以文化产业国际贸易政策为视角的考察[J].中国文化产业评论,2012,16(02):84-104.
④ 陆玉麒,董平.区域竞合论——区域关系分析的新视角[J].经济地理,2013,33(09):1-5.
⑤ 吴红雨.地方利益、地方政府与地区一体化[J].中共浙江省委党校学报,2003(03):61-65.

为所致,而恰恰是基于"区域利益实体性"的"区域理性"的结果。① 因为在传统产业中,无论是某产业所需要的基础设施、交通条件,还是其带来的税收、就业、周边产业等,都是"取之于地方,还之于地方"。在这种情况下,以区域为边界的产业政策和产业发展格局便是意料中事。

在动漫产业方面,截至 2019 年 3 月,国家广播电视总局批准设立了 20 个国家动画产业基地、8 个国家动画教学研究基地;文化部设立了 8 个国家动漫游戏产业振兴基地;新闻出版总署规划了 11 个国家级动漫创意产业基地,包括 4 个国家网络游戏动漫产业发展基地和 7 个国家动漫产业发展基地。在区域格局上,前瞻研究院将中国动漫产业区域格局分为东北、华北、长三角、南方、西南、中部六个动漫产业发展带,基本覆盖中国版图上中东部大部分区域。②

这种典型的"诸侯经济"特征背后,是各地"文化立省/立市"的总体战略,动漫产业成为其中一环。例如,2008 年,共 1 300 分钟 130 集的《逗你玩——马氏相声专辑》动画片由天津福丰达制作,并在 BTV1、北京卡酷播出。这部传统文化动画片定位为 14~40 岁人群观看的成人动画产品,以天津相声名家马三立的作品为蓝本,将动画和传统相声结合起来,获得国家广播电影电视总局评选的 2008 年年度第三批优秀国产动画片奖。随后,该公司还制作了《逗你玩》的第二部和第三部,陆续在 BTV1、北京卡酷、天津电视台等各省、市动画频道播出。③ 2012 年,福建动漫企业时代华奥制作的全球首部茶文化主题原创动画片《乌龙小子》,在中央电视台少儿频道动画剧场首播,并在本地衍生出乌龙小镇、儿童动漫乐园、乌龙小子主题生活馆等。④ 此外,还有郑州动漫产业

---

① 桑玉成.地方利益形成与地方权力扩张的挑战——"现代化进程中的利益重构"系列之三[J].探索与争鸣,1994(7):3-5.
② 前瞻产业研究院.我国动漫产业园建设现状及发展前景分析[EB/OL].(2019-03-01)[2019-12-29].http://m.sohu.com/a/298450982_473133.
③ 马氏相声被改编成动漫系列作品《逗你玩》[EB/OL].(2009-06-08)[2019-12-29]. http://comic.people.com.cn/GB/122400/130238/9431421.html.
④ 田谧,周文芳.地域特色文化与动漫产业融合——以《乌龙小子》为例探析河北省动漫产业转型中政府行为模式[J].人民论坛,2016(02):235-237.

基地推出的河南戏曲文化相关动画片《穆桂英挂帅》《一代宗师常香玉》等。由此,"地方文化＋动画"的结合找到了区域动漫发展回应地方政策扶持的着力点。

虽然"地方文化＋动画"对于传承和弘扬区域文化特色是有益的,但是在产业的维度衡量,这样的定位只能做出特色,却无法形成很大的产业规模。于是,区域政策中包括了大量的生产补贴类政策,如场地租金的减免、税费的优惠等,以尽可能吸引动漫企业入驻本地。这种情况下又产生了奔补贴而来的"行业候鸟"现象:在区域政策的红利期入驻赚取补贴,但真实的生产部门并未入驻,只是以子公司的形式挂牌驻点。新疆霍尔果斯就是典型的例子。2011年,国家下发文件对位于中哈边境的新疆霍尔果斯经济开发区的企业实行免税政策,顿时吸引了全国文娱公司的入驻。全国企业信息查询网站显示,在霍尔果斯注册的文化、体育和娱乐业的公司有961家之多,[①]包括出品过《哪吒之魔童降世》《大圣归来》《大鱼海棠》等爆款动画片的可可豆、彩条屋、十月文化等影视动画公司。

虽然从统计数据上看,企业入驻数量和区域产量因为扶持政策的刺激而获得了提升,但并未形成真正的区域竞争力。一旦区域扶持政策的红利消失,这些企业便会自然迁徙到其他区域。虽然形成了数量庞大的产业基地,但基地内部的企业之间是相互封闭的,没有形成技术合作和交流的常态机制,更没有形成生产制作的行业共同体。

互联网平台出现之后,在统一的播放平台的牵引下,这种"同场竞技"的特征开始向上游生产领域扩展,生产的地理边界逐渐被打破。

首先,如前所述,网络播放平台的技术要求,如4K、8K、VR、互动等,都会给生产方带来需求压力,从而推动生产技术的提高。

其次,网络平台公司通过投资、联合出品、建立全国性的生产资源整合机制,来进行生产力量的跨区域聚合。例如,近年来哔哩哔哩陆续

---

① 早鸟报报.去霍尔果斯开动漫影视公司,竟然可以这么赚钱![EB/OL].(2017-03-01)[2019-12-29].https://www.sohu.com/a/127582588_502878.

投资了绘梦动画、中影年年等近 20 个动画团队,并以资方身份进入动画片的制作委员会,参与 50 多个动画作品的投资、出品和合作。2019 年年底哔哩哔哩"国创动画发布会"40 部动画新作中,哔哩哔哩联合其他动画制作公司推出的原创动画就达到 13 部。爱奇艺联合国内一线动画公司及优秀创作人共同发起"晨星计划",希望通过投资与深度合作的方式,在动漫制作团队扶植、IP 引进、IP 开发上与行业进行全方位合作。在第十四届中国国际动漫节上,爱奇艺所举办的"IP 孵化大会"吸引了国内近 100 家一线动画制作公司的参与。①

最后,爱奇艺和腾讯等网络平台公司还推出了爱奇艺大脑、ZoomAI、动效生成器等在线动画制作技术套件,以互联网为平台,打破了动画生产技术的地理限制。

长期以来,中国动画生产方面都是以动画生产企业为主体来组织,由于实力有限,因而形成了一家公司着力开发一两个 IP 的生产模式。这种模式的好处在于由一家企业来进行动画生产和产业链开发,制作风格和开发思路较为统一,而坏处是一旦企业经营出现问题,可能就伴随着该 IP 的消亡,"蓝猫"和"虹猫蓝兔"就是例子。因此,虽然平台公司花了大量资金对动画制作公司进行并购、入股和合作,并作为出品制作方生产了不少动画作品,但要形成全国范围内的生产企业联盟、充分发挥互联网去区域边界的技术潜力还有待进一步加强在线技术平台的建设,以及多企业联合制作的比例。

2. 尝试打破国际生产边界:从制作委员会到逆向外包

如前所述,在动画生产的国际分工体系中,中国动画产业长期处于代工位置,由此陷入了微笑曲线的底部,产业国际竞争力较差。以往动画制作企业本身就是代工出身,大多遵循从代工到原创的发展路径,因此,即便日后有了原创 IP,也只会以已有生产资源为基础,亲力亲

---

① 新浪动漫.爱奇艺公布 2018 年自制动画作品上线及开发计划 联动合作伙伴孵化头部动画 IP 内容[EB/OL].(2018-05-04)[2019-12-29].http://comic.sina.com.cn/guonei/2018-05-04/doc-ifzyqqiq7458333.shtml.

为制作。

国际化发展的互联网平台企业涉足动画制作之后,由于本身就是播放渠道,原本并没有生产资源,因而面临择优挑选生产方的问题。在国际化的发展战略下,国家地理边界并不成为生产合作方挑选的限制条件。平台自制动画片的直接竞争者,是在网络平台上同台竞技的国外优质动画片,因此,平台企业也不敢满足于国内动画的制作水平。

在跨越国界的生产力量聚合方面,中外技术合作是最常用的选择。在 2019 年创票房纪录的《哪吒之魔童降世》横空出世之前,中美合拍的《功夫熊猫 3》长期以来都是中国参与生产的动画电影的国内票房榜首(国内分账票房 10 亿元人民币,全球票房 5.21 亿美元)。国际化的互联网平台公司也在中外技术合作方面逐渐摸索出自己的道路。

(1) 跨国加入国外制作委员会

在发达国家,联合制片是动画产业中制片领域的成熟机制,可以汇聚不同地域、拥有不同资源和优势的公司,分别承担融资、剧本创作、前期制作、中期制作、后期制作和发行等多个经营领域的工作。通过联合制片,可以使中国动画企业从单纯的中期外包加工向微笑曲线的两端靠拢,实现动画企业的转型升级。[①]

制作委员会这一制度源自日本,首次被采用是宫崎骏的《风之谷》,后来在 GAINAX 的名作《新世纪福音战士》(EVA)中得到发扬,现在已经被日本绝大部分动画采用。中国有些动画片也对这一制度进行了效仿。制作委员会由出资制作动画的公司组成,并按照出资比例分配动画所得的收益。制作委员会的成员对动画片的策划、制作、发行等享有相应的话语权。

主打二次元的哔哩哔哩作为国内日本番剧播放量较大的平台,在中日合作方面做了大量尝试。以哔哩哔哩的名义加入制作委员会的日

[①] 苏锋.从"政策红利"到"管理红利"——兼谈中国动画产业国际化经营的战略思考[J].同济大学学报(社会科学版),2014,25(01): 58-62.

本番剧动画已有 45 部。① 例如,2019 年在哔哩哔哩播放的动画片《拾又之国》的制作委员会包括哔哩哔哩、翻翻动漫、瞬心文化、日本小丑社、日本集英社和日本读卖电视台,企划由中国主导。爱奇艺自 2016 年投资翻翻动漫以来,先后以制片人模式投资打造出《灵域》(绘梦动画、日本 Drop 制作)、《龙心战纪》(日本 Bridge 制作)、《无敌小鹿》、《万古仙穹》(绘梦动画,日本 ASK Studio)等多部跨国合作动画。② 据统计,在 2017 年国产动画片中,有 12 个 IP 作品为中日合作制作,分别是《从前有座灵剑山》《超游世界》《快把我哥带走》《阿拉德宿命之门》《一人之下》《拳皇命运》《理想禁区》《枪娘》《机甲大师》《变形少女》《时间支配者》《银之守墓人》。③

除了与日本动画制作方的合作外,互联网平台企业还与美国公司进行类似于制作委员会的深度合作生产。例如,在优酷与维亚康姆合作的低幼动画《小鲁班》中,优酷作为项目发起方,维亚康姆协助对接海外优质的前期制作团队,包括提供项目的监制、项目流程和创意、符合国际化生产的架构,并负责海外发行。优酷与儿童媒体集团 Genius 合作生产的《斯坦·李的超级英雄幼儿园》,优酷深度参与到策划和开发工序,还建议把其中一位"超级英雄"设定为中国人。爱奇艺和美国尼克儿童频道合作开发的《无敌鹿战队》,也是由尼克公司全程监制。④

中外合作不仅是为了打开国外市场、获取版权收益,合作的过程其实也是技术交流和互动的过程。有媒体报道,在中日合拍某动画片时,日方以 10%的技术入股,负责该片的动漫设计,并对中方主创人员进行

---

① 三文娱.B 站十年,陈睿说了这些[EB/OL].(2019 - 06 - 28)[2019 - 12 - 29].http://www.3wyu.com/21446.html.
② 王小强,于杰.传媒资源整合视角下我国动漫产业升级面临的机遇与挑战——以腾讯互动娱乐、阿里大文娱、爱奇艺为中心[J].中共青岛市委党校.青岛行政学院学报,2018(04):122 - 126.
③ TOPACGN.2017 国产动画番剧 IP 报告:66 个 IP 上线,近四成为腾讯系出品[EB/OL].(2018 - 03 - 13)[2019 - 12 - 29].http://www.sohu.com/a/225436043_523038.
④ 三文娱.BAT 纷纷加码少儿动画:腾讯发布 18 部,优酷 5 部,爱奇艺 3 部[EB/OL].(2019 - 11 - 11)[2019 - 12 - 29].http://www.3wyu.com/22817.html.

技术培训。① 在合作的过程中,中国动画企业可以学习先进的制作理念、技术和流程,从而实现跨国界的知识进化。

除了联合制作,互联网平台企业还通过跨国并购的方式,直接吸纳国外生产资源。例如,哔哩哔哩就收购了日本公司 Fun-Media 部分股权, Fun-Media 旗下拥有三家著名动画工作室 Feel.工作室、ZEXCS 工作室和 Assez Finaud Fabric 工作室。② 这种中国动画企业对于国外动画工作室的直接并购,无疑可以更有效率地内化国外制作资源和生产技术。

(2) 告别微笑曲线谷底的逆向外包

2016年,腾讯的《从前有座灵剑山》在中日两国同步开播。这部动画作品改编自国内小说作品,由腾讯完成动画化。在生产的过程中,腾讯没有选择交给国内动画公司生产,也没有选择中外合作生产,而是以发包方的角色,将设计制作环节直接外包给日本一线动画制作公司 Studio DEEN。该片一经播出获得了巨大的成功,拉开了中国网络动画片向国外"逆向外包"的大幕。据统计,仅 2016 年 1 月至 2017 年 12 月期间,中国大陆动漫市场共产生"逆向外包"动画作品 25 部,其中,2016 年 7 部(《从前有座灵剑山》《龙心战纪》《灵契》《一人之下》《时空四使》《侍灵演武》《星梦手记》),2017 年激增至 18 部(《超游世界》《从前有座灵剑山》《A 站药丸》《银之守墓人》《快把我哥带走》《变形少女》《阿拉德:宿命之门》《新倩女幽魂》《剑王朝》《战刻夜想曲》《反照者》《动画同好会》《时间支配者》《人马小姐不迷茫》《将斗少女》《枪娘!FIRE》《理想禁区?《一人之下 2》)。③

在逆向外包模式方面,对 2016 年 1 月至 2017 年 12 月的 25 部逆向外包动漫作品的中方出品企业及中方联合制片企业进行统计后发现,76%的动漫作品表现为"资本类发包主体出品+制作类发包主体联合

---

① 陈璐.中外合拍:动画走出去的一剂良方[EB/OL].(2013-06-20)[2019-12-29]. http://www.cflac.org.cn/ys/xwy/201306/t20130620_198990.htm.
② 三文娱.B 站达成又一海外合作,动画版权正在打破"零和博弈"[EB/OL].(2019-03-25) [2019-12-29].http://kuaibao.qq.com/s/20190325A0OYC200?refer=spider.
③ 刘斯洋.逆向外包:中国大陆动漫产业升级新现象研究[D].上海:复旦大学,2018.

出品/制片"的合作模式,①其中,资本类发包主体指的正是以爱奇艺、优酷、腾讯为代表的互联网平台企业。

逆向外包,泛指发展中国家供应商为完成发达国家客户任务,雇佣发达国家专业人员进行交付工作的现象。② 这一定义仍然认为发展中国家在微笑曲线中处于劣势位置,认为即便发展中国家进行逆向外包,仍是为了满足发达国家的客户需求。中国动画产业的逆向外包显然不属于此类。中国国内消费群体对动画片的需求,驱动互联网平台企业将动画生产移至海外。中国国内的大国市场规模,是互联网平台公司采用这一生产战略的根本要素,让逆向外包在经济上成为可能。

加入国外制作委员会和逆向外包作为新生事物,仍然处于磨合期,跨国合作的文化共情、日常交流和制作流程等成为主要掣肘,影响新生产战略的实施。例如,在中日合作动画中,日本制作人员并不理解中国动画IP中包含的文化元素和"流行梗",导致作品的呈现效果偏差。另外,两国企业制作流程和习惯不同导致配合和衔接方面易出问题。绘梦动画创始人、动画导演李豪凌在接受日本动漫媒体Anime Anime采访的时候谈到两国动画行业的差异:两国在动画制作流程上有所不同,不了解这些的绘梦动画在动画制作环节上出过各种问题。在合作过程中,绘梦学到了不少2D动画制作的先进技术,但也承受了一定的损失。③

(二) 去边界的发行战略

1. 网络化与国际化:中国动画发行战略新动向

长期以来,中国动画片都被官方冠以"电视动画"之名,因为在互联网出现之前,动画片几乎只能在电视渠道播放。另外,补贴政策也是以在电视频道播出的分钟数来计算的,因此,电视频道是中国动画企业

---

① 刘斯洋.逆向外包:中国大陆动漫产业升级新现象研究[D].上海:复旦大学,2018.
② LONS. Reverse offshoring: Trend or strategy[R]. America: Sengupta, S; 2008.
③ 动漫界.动画的"中日合作"弊病不少 制作委员会坑害中国资本?[EB/OL].(2017-01-23)[2019-12-29].http://www.sohu.com/a/124980581_115832.

发行的最主要渠道。相关数据显示,中国动画生产企业近90%的产品将播出渠道锁定在电视台,近80%集中在中央电视台、省级及地市级电视台。①

例如,华强方特出品的热门动画《熊出没》,最早于2012年1月作为中央电视台少儿频道特别节目播出,当晚连续播出10集。次月,该剧登陆视频网站,在爱奇艺上线。② 2017年11月28日,这一系列的最新剧集《熊出没探险日记》在晚上6点开始的长达4小时的黄金档首播,次日在优酷、爱奇艺、腾讯等视频网站重播。动画IP"喜羊羊"的新作《喜羊羊与灰太狼之发明大作战》于2017年7月暑期档在金鹰卡通频道首播,随后于9月30日在爱奇艺、腾讯、芒果TV等视频网站重播。③ 由于需要翻译配音等额外工序,国外市场的发行则更为靠后。例如,2014年在国内首播的《熊出没之春日对对碰》,在2018年2月才登陆Netflix。在动画大电影方面,国外的上映档期一般也要滞后,例如电影《熊出没之熊心归来》在墨西哥上映时间晚于国内三个多月,④在土耳其市场上该系列电影较国内基本都晚一年左右。在中国动画片产业中,"先国内电视,再国内网络,最后国外发行"已经成为通行的发行策略。

然而,近年来的几部动画作品打破了这一常规,国外渠道的重要性上升,而国内电视频道在发行次序的编排上出现了明显的后移。2017年3月,《龙心战纪》和《神明之胄》两部动画片在上海炫动卡通哈哈少儿频道播出,⑤但这并不是往常的首播,《神明之胄》早在2015年12月

---

① 中国动画学会,北京大学文化产业研究院.2011中国动画企业发展报告[M].北京:中国科学技术出版社,2011:16.
谭笑.新时期中国动漫产业链特征及问题分析[J].现代传播(中国传媒大学学报),2015,37(10):157-158.
② 彭程.《熊出没》的背后 总导演丁亮谈动画创作与运营[J].时代漫游,2013(10):26-33.
③ 萌讯社.《发明大作战》将于9月30日网播 爱奇艺、优酷、腾讯、芒果TV同步上线[EB/OL].(2017-09-26)[2019-12-30].http://www.sohu.com/a/194815900_100006544.
④ 中国日报网.中国动画《熊出没》海外热播 全球传播中国文化[EB/OL].(2018-05-22)[2019-01-01].http://baijiahao.baidu.com/s?id=1601139463284293932&wfr=spider&for=pc.
⑤ 任晓宁.网络动漫迈开反输电视台步伐[N].中国新闻出版广电报,2017-03-20(8).

就于爱奇艺首播,《龙心战纪》则是在2016年3月于爱奇艺首播,并且从2015年4月开始就在日本东京电视台、大阪电视台,以及日韩、东南亚乃至美洲的动画视频网站中播放,中国国内电视频道在这两部动画的发行上延迟了一两年。另外,数量不少的热门动画宁愿选择"出海",也未选择在无须配音的国内电视台播放。例如,腾讯动漫投入资源和资金最高的动画片《狐妖小红娘》,①2015年在网络首播之后,于2017年完成了对日本的海外出口。与之类似的还有《灵契》等动画。连2007年就登陆电视台的老IP《秦时明月》,最新续集《秦时明月之沧海横流》和外传《天行九歌》也选择只在网络播映,并且在出口方面下足了功夫,系列动画作品翻译成7种语言,发行至美国、加拿大、法国、意大利等37国。还有《从前有座灵剑山》《一人之下》《银之守墓人》等,尤其重视海外渠道,在日本电视台和国内网站几乎同步上线,同样没有在国内卡通频道播放。

由此可归纳出中国动画片国内外发行方面出现的三个新特点:第一,国内网络视频平台开始取代卡通电视频道成为发行第一选择;第二,国外平台地位前移,甚至与国内同步;第三,以往中国动画发行主要向不发达地区出口,如今出现了不少面向日本等动漫强国的出口。总而言之,形成了重视国内网络、忽视国内电视、前置国外渠道的发行新策略。

2. 基于公共产品与价格歧视的发行窗口化策略

以上所涉及的动画片,形式均为动画连续剧,在欧美被称为animated series,在日本则被称为番剧。在中国,因为最早仅在电视平台播放,所以常被称为电视动画片。随着互联网平台的崛起,在视频网站上播放的动画连续剧也被称为网络动画片。无论在哪种渠道中播放,这些动画连续剧都具有公共产品的属性,即拥有非排他性(non-exclusivity)和非竞用性(non-rivalness)。非排他性指无法把没有付费的观众排除在

---

① 中国动漫的现状并不是一部《齐天大圣》就能挽救的[EB/OL].(2015-8-28)[2019-01-01].http://comic.people.com.cn/n/2015/0828/c122418-27528511.html.

消费范围之外,总是存在搭便车的现象;非竞用性指一个人消费该商品不一定会减少其他人对它的消费,存在一定的共享性。① 传媒公共产品中比较典型的代表是无线广播,消费者不管是否付费,只要有接收设备就可以收听,并且互不影响。同时,传媒产品具有高初始成本、低复制成本的经济学特性,②随着视频产品播放量的增加,边际成本递减,及至如今的数字化传输渠道,播放成本已无限趋近于零。因此,具有公共产品属性的动画片,就可以利用在多种渠道中的多次播放,实现不断累积的收益。

多次播放的重点并非播放的次数,而在于播放的次序。这就是影视产品的发行策略问题,即是否可以最优化地搭配播放的不同窗口,从而使总播放收益最大化。这种精心设计的排序机制被称为窗口化策略。③ 这种策略本质上属于消费者价格歧视(price discrimination),即按照不同消费者可以负担和愿意负担的最高价格来销售相同的产品。为了使价格歧视成为提高利润的有效手段,卖方必须区分不同需求的买方,防止买方转售。④ 因为如果无法在不同需求的买方中形成有效的市场区隔,那么所有买方都会以最低的价格买入产品,或者低价购入的买家会以低价进行转售,使高价渠道失效。视频节目在制定窗口化策略时,该窗口每个观众身上可能获得的利润、该窗口观众的数量和该窗口非法盗版的风险是做出窗口排序的三个重要依据⑤,同时需要考虑到观众重复观看的意愿和节目观看需求的时间敏感性等因素。⑥

考虑到以上因素,影视产品一般的窗口次序是:按次计费节目、固定付费频道、免费的初级频道、免费的二级频道、影碟、海外市场、网

---

① 喻国明,丁汉青,支庭荣,陈端.传媒经济学教程[M].北京:中国人民大学出版社,2009:226.
② Robert G. Picard. The economics of the daily newspaper industry[M]//Alison Alexander et al. (Eds), Media economics: Theory and practice (3nd ed). Mahwah, New Jersey: Lawrence Erlbaum Associates., 2004:115.
③ Owen, B. M., & Wildman, S. S. Video economics[M]. La Editorial, UPR, 1992:27.
④ Owen, B. M., & Wildman, S. S. Video economics[M]. La Editorial, UPR, 1992:28-29.
⑤ 吉莉安·道尔.理解传媒经济学[M].李颖,译.北京:清华大学出版社,2004:60-61.
⑥ Owen, B. M., & Wildman, S. S. Video economics[M]. La Editorial, UPR, 1992:37-38.

络播放。① 其中，按次计费频道收费高，盗版风险低；网络播放没有形成收费习惯，并且盗版风险最高，因而放到最后。

如果涉及国外窗口的发行，则属于文化产品国际贸易的范畴，会有文化折扣（cultural discount）问题的出现，即当一个植根于一种文化的特定节目，因其风格、价值观、信仰、制度和行为模式不被其他区域或文化的受众接纳时，它在其他地方的吸引力就会减弱，文化的吸引力便由此打了折扣。② 因此，文化不打折的国内市场显然拥有更大的市场价值。与此同时，由于中国市场规模庞大，影视产品发行的规模经济效应也使生产商在国内可以尽快回收成本，继而可以更低的价格输出国外，这是大国规模在文化产品国际贸易中的独特优势。考林·霍斯金斯等学者分析了美国影视产品对世界文化贸易市场的长期主导，总结得出，共同消费产品的文化折扣和市场大小的交互作用是拥有最大国内市场的国家最具竞争优势的核心原因。③ 因此，在中国影视产品的发行策略中，一般都采用"先国内，再国外"的顺序。

综上，从公共产品属性出发的窗口化策略，无论是国内窗口的次序，还是国内外窗口之间的排序，本质上都是源于对更大的综合经济回报的追逐。这是所有影视产品发行策略有效性的最终依据，也是发行策略选择的内部决定机制。在这一机制中，窗口消费者价值的总量、盗版风险和文化折扣是进行发行策略选择的关键判别标准。

3. 发行战略创新的动力机制：电视渠道价值锁定与网络渠道价值提升

（1）电视时代动画发行问题：渠道垄断导致窗口价值锁定

自20世纪90年代起，电视在中国的普及率就达到很高的水平。根据国家统计局公布的数据，1990年中国电视节目综合人口覆盖率达到79.4%，这一数字在2000年和2017年分别升至93.7%和99.1%，而

---

① 吉莉安·道尔.理解传媒经济学[M].李颖，译.北京：清华大学出版社，2004：60-61.
② Colin Hoskins & Rolf Mirus. Reasons for the U.S. dominance of the international trade in television programmes[J]. Media, Culture & Society. 1988, 10(4): 499-515.
③ 考林·霍斯金斯，斯图亚特·迈克法蒂耶，亚当·费恩.全球电视和电影：产业经济学导论[M].刘丰海，张慧宇，译.北京：新华出版社，2004：56.

付费电视用户只有7 014万。① 回望2003年,孕育多时的数字电视付费频道正式通过国家广播电影电视总局的审批,《电视剧场》《家庭影院》《全纪实》等20多个中国第一批数字付费频道正式播出,其中不乏《动漫秀场》等专业动漫频道。2009年7月,在国家广播电影电视总局公布的名录中,全国覆盖的付费电视频道增至112套,其中,动漫、游戏、幼儿与青少年教育相关的频道有10家左右。② 然而,经过将近十年的发展,在2018年2月的付费电视频道名录中,全国覆盖频道竟然缩减至98套,其中只有6套涉及动漫内容。③ 与欧美发达国家成熟的付费频道体系不同,中国付费电视频道并不是一个可靠的窗口。相较之下,免费电视频道,尤其是卫视,因收视率高、覆盖面广,窗口消费者价值的总量显然较高。同时,与网络相比,电视渠道对盗版还能形成较好的技术性防范。

因此,在中国动画片窗口化策略的排序中,中央电视台少儿频道等免费电视频道在很长一段时间内都是生产商的首选。2010年,有学者指出当时国产动画中电视动画占90%以上,并认为播映渠道单一、过分依赖电视媒介是国产动画的普遍问题。④

为何这种基于窗口化策略的市场化选择会成为一种过分依赖的问题?这是因为中国电视频道均属国有,具有一定的垄断性,来自民营资本的竞争力量无法自由涉入,导致这一窗口并未完全市场化。中国共有6个少儿卫星频道(央视少儿、湖南金鹰卡通、北京卡酷少儿、上海炫动卡通、江苏优漫卡通、广东嘉佳卡通)、33个少儿地面频道,其他上星和地面频道的动画栏目、3个付费数字频道,⑤总播放时长多年稳定在30万小时左右,并未因动画供需情况的变化而出现频道数量和播放时

---

① 国家统计局官方网站[EB/OL].[2019-1-1].http://data.stats.gov.cn.
② 赵斐.2003—2010中国数字付费电视频道发展研究[D].济南:山东大学,2011:75-82.
③ 付费频道名录[EB/OL].(2018-02-05)[2019-12-01].http://www.gapp.gov.cn/sapprft/govpublic/9771/358476.shtml.
④ 汪振城.论播映渠道对我国民营动画产业发展的限制[J].当代电影,2010(6):147-150.
⑤ 孙立军,孙平,牛兴侦.中国动画产业发展报告(2017)[M].北京:社会科学文献出版社,2017:4.

长的增减,形成了一个相对封闭和固定的发行市场。这一发行市场呈现出一定的区域分割性,由于落地费用高昂,只有中央电视台少儿频道、金鹰卡通和北京卡酷实现了全国覆盖,更何况频道数量最多的还是区域地面频道。因此,播放动画片的频道资源比较稀缺和分散,既未形成充分的竞争,也未有效开掘中国超大市场规模的潜力。

这样一来,具有垄断性和稀缺性的电视频道需求特征,便对动画生产商的生产、发行等活动产生了一系列重要的影响。

第一,电视渠道的受众定位决定了动画生产商的产品定位。

如前所述,中国专业动画频道和综合频道的动画栏目,基本是以儿童为受众。频道或栏目常有"儿童""少儿"等年龄段标识,在栏目设置上也多围绕小朋友展开设计。缘此,低幼化成为中国电视动画片的总体属性。这在很大程度上是因为从2004年开始的政府补贴促生产的浪潮,多是以在电视频道播放为补贴标准,即依靠调控播出需求来拉动市场供给,因此,只有满足儿童电视频道播出需求的产品才能获得更多的播出订单和政府补贴。

第二,电视渠道和动画生产商的交易权力关系决定了动画生产商的生产选择。

电视频道的垄断和稀缺地位,使其在与生产商的谈判中处于优势地位,因此,电视频道为播放所付的版权费用非常低。以《喜羊羊与灰太狼》为例,像浙江、湖南、上海等收视率较高的省级卫视,一般是100元/分钟的价格收购,最高的中央电视台也就500元/分钟,而一些边缘的卫视只有几十元每分钟,甚至有的电视台不付现金,用广告时段来交换。相比之下,《喜羊羊与灰太狼》的制作成本并不低,人力成本加上剧本和公司经营成本至少要4 000元/分钟。[①] 为此,生产商原创动力选择以动画业成本最低的Flash制作方式,才完成了500多集动画片

---

① 吕雪慧.《喜羊羊与灰太狼》 成功要素及问题分析[D].天津:天津音乐学院,2014:29-55.
茅中元.从"喜羊羊"个案看境外资本对国内动画企业的侵袭[J].新闻世界,2014(02):140-141.

的制作。①

在这种播放环节无法收回成本的情况下,动画制作公司只能在IP衍生品的开发中下功夫。一些电视上播出的热门动画作品的生产商的主要利润都来自衍生品,例如奥飞的玩具销售与授权收入和华强方特的游乐园收入。为了促进衍生产品的销售,生产商需要尽可能高地增加动画片的曝光次数,从而带来动画片集数和时长的增长。例如2015年在国家新闻出版广电总局备案的动画片中,《宝宝乐学堂》系列片总计1 580集,时长39 500分钟;《新版蓝猫淘气3 000问》有3 000集,总时长3万分钟。② IP系列剧也成为持续增加曝光的法宝,《熊出没》系列从2012年起每年都有新系列剧上线,《超级飞侠》《大头儿子小头爸爸》等IP也是新作不断。这些系列剧经常在电视频道中形成重播和轮播,甚至每天有多部同一IP的动画片播放。重复播放的普遍现象,显示出电视动画创新的乏力。

总之,对于将电视频道列为发行第一窗口的动画生产商来说,中国动画电视频道的垄断性、稀缺性和年龄定位,为其带来了一系列影响:导致中国动画生产的低幼化偏向,对低成本和剧集数量的追求,注重系列IP动画的持续利用开发,通过高曝光率的方式来推动衍生品的销售。

中国动画产业存在的精品稀缺和创新乏力问题,其实也可以从这些影响中找到一些答案:只有低成本、多剧集的动画作品才能保持较低的成本压力和较高的曝光率,而同一IP的持续开发和轮播重播是成本最低的生产和播出策略,既能继续利用现有粉丝的注意力,又可以用高曝光率推动衍生品销售。相较之下,动画作品的创新可能意味着更高的投入和市场的不确定性。

自2004年国家推出一系列动漫产业扶持政策以来,播出机构一直是中国电视动画产业发展的重要牵引力。但同时,电视时代中国动画

---

① 关雪菁.喜羊羊自述:我为什么这样红[J].中国企业家,2010(7):72-75.
② 卢斌,牛兴侦,郑玉明.中国动漫产业发展报告(2016)[M].北京:社会科学文献出版社,2016:56.

发行的单一渠道，一定程度上为中国动画产业套上了枷锁。在中国动画片电视优先的发行策略之下，隐藏着许多动画生产商不得已的利益抉择。

（2）互联网时代动画发行创新：渠道革命重塑窗口价值排序

如前所述，中国动画片发行在《龙心战纪》《狐妖小红娘》等案例中出现了窗口的扭转。这种国内外发行策略的创新，展示出与以往国产动画片不同的窗口化策略。这种创新缘何而来呢？

这两组动画片的最大区别在于：前者多为互联网平台公司出品（如爱奇艺、腾讯、优酷、哔哩哔哩等），后者为独立制作公司（如奥飞、华强方特）或从属电视台的制作公司（如《新大头儿子小头爸爸》的生产商央视动画）。可见，互联网平台公司逐渐不满足于仅仅作为"网播"的窗口，开始深度介入生产环节。

中国动画发行窗口扭转的创新，正是"互联网＋"对动画产业一系列影响的缩影。随着新渠道和新受众被开掘，以及版权保护、付费内容等互联网生态体系的逐渐建立，互联网窗口和海外窗口在发行中的重要性得到显著提升。

第一，新渠道与新受众：网络窗口价值量的提升。

中国电视普及率的提升速度大大超过国家法律法规的更新速度，呼吁多年的分级制度至今尚未出台，于是，在电视渠道为首要窗口的时代，儿童频道被天然地赋予区隔受众的功用。自20世纪90年代开始，电视台从国外引进了大量儿童动画片（如《聪明的一休》《机器猫》等），获得了很高的收视率。在20世纪90年代成立的央视动画部创制和播出的《西游记》《哪吒传奇》等儿童动画片，并凭借自带渠道的优势，占据中国动画片播放渠道的第一高地。这些国内外动画片的热播，逐渐固化了国人对动画片的低幼向认知。数据显示，在中国动画专业频道中，4～5岁的孩子是最忠实的观众。[①]

[①] 孙立军,孙平,牛兴侦.中国动画产业发展报告（2017）[M].北京：社会科学文献出版社,2017：109.

近年来,电视开始呈现出不断下滑的颓势,渠道时长导致市场容量出现天花板,收视率下降、含金量萎缩,电视在互联网发达地区的吸引力明显不足。2018年上半年全国平均每人每天收看电视比2017年上半年少了12分钟,下降幅度为8.33%,是5年来下降幅度最大的一年。① 在电视动画播放方面,中国广视索福瑞媒介研究(CSM)数据显示,在2016年全国主要城市电视台动画节目收视率前20名动画节目的收视情况统计中,最高收视地区中有75%为欠发达地区,②可见,除了频道时长基本饱和之外,观众的"含金量"也开始降低,使电视这一窗口的总体价值逐渐下降。

与之相比,互联网渠道开始崛起,互联网的使用已经成为人们日常生活的重要组成部分。"守在电视机前"已不再是动画观众的唯一消费姿态,随着移动互联网的普及,用户可以随时随地点播节目,互联网无限的储存空间突破了中国动画电视渠道30万小时的市场容量,动画消费的供需两端都开始发生巨变。2016年仅第一季度,就有超过1.3亿网民访问动漫网站,占网民总体的19%,产生了249亿次浏览量。③2017年视频网站自制动画片数量达21部,斩获高达57亿的播放量。④其中,优酷、爱奇艺、腾讯等头部平台的表现尤为抢眼。《2018中国网络视听发展研究报告》显示,通过优酷、爱奇艺、腾讯收看过网络视频节目的用户占整体网络视频用户的89.6%。在平台日活跃用户数据方面,艾瑞2018年10月前两周数据显示,优酷、爱奇艺、腾讯的移动端日活跃用户数量(DAU)分别达到0.771亿、1.678亿和1.683亿;在移动端用户使用日均总时长方面,优酷、爱奇艺、腾讯分别为1.3亿小时、2亿

---

① 中广互联.降幅创近五年新高、央视涨卫视跌,上半年电视收视市场呈现新格局[EB/OL].(2018-09-19)[2019-12-01].http://www.sohu.com/a/254796021_451230.
② 孙立军,孙平,牛兴侦.中国动画产业发展报告(2017)[M].北京:社会科学文献出版社,2017:14.
③ 孙立军,孙平,牛兴侦.中国动画产业发展报告(2017)[M].北京:社会科学文献出版社,2017:10.
④ 广东省动漫行业协会.艺恩发布《2017中国在线动漫市场白皮书》[R/OL].(2018-04-12)[2019-12-30].https://www.sohu.com/a/228109559_502894.

小时和 2.1 亿小时。①

在互联网平台用户数据不断攀升的背后,其实是新的渠道开始激活以往被电视忽略的受众群体。以往的电视渠道只关注儿童,但实际上动画片本身是没有年龄限制的,其他国家都有大量的成人向动画片。互联网平台正是瞄准了这一尚未被满足的增量市场,推出了大量非低幼的动画作品,尤其是以二次元群体为主的成人向作品。二次元文化起源于日本,后来逐步扩散,演化为全球性的亚文化。20 世纪 90 年代,中国进口了大量的日本动画作品培养了"80 后""90 后"忠实观众,"00 后"更是在日本二次元文化蓬勃发展的时代成长起来,甚至国产动画制作商在向日本学习的过程中,画风也更偏好"日系"。艾瑞咨询《2019 年动漫二次元人群营销价值白皮书》数据显示,2019 年泛二次元用户规模达到 3.9 亿人。② 二次元类型的动画片在青年群体中拥有十分强大的市场号召力。

在二次元等非低幼类动画片的生产和播放方面,互联网渠道表现优秀。艺恩《2017 中国在线动漫市场白皮书》显示,2017 年动画视频流量中,成人向和全龄向动画占到 33%的比例,腾讯和优酷的成人向动画比例已经超过儿童向和青少年向动画比例。③ 据统计,53%爱奇艺用户为 20~29 岁,哔哩哔哩声称其主要用户人群属于"Z 世代"。④ 实现了动画发行窗口创新的《龙心战纪》《狐妖小红娘》等动画片,无一例外都是非低幼向的二次元动画片。其中一些作品由中日联合制作,由爱奇艺等中国互联网头部企业成立制作委员会,通过与日本制作公司的技术合作来降低文化折扣。于是,日本东京电视台这样的海外窗口的排序也得到了提升。

---

① 王理妲.腾讯、优酷、爱奇艺、B 站、芒果,你在 2018 选了谁?[EB/OL].(2019-01-05)[2019-02-01].https://mp.weixin.qq.com/s/fnZBJeKABfjRHE7YyoLerw.
② 艾瑞咨询.2019 年动漫二次元人群营销价值白皮书[R/OL].(2019-12-26)[2019-12-30].https://www.iresearch.com.cn/m/Detail/report.shtml?id=3496&isfree=0.
③ 广东省动漫行业协会.艺恩发布《2017 中国在线动漫市场白皮书》[R/OL].(2018-04-12)[2019-12-30].https://www.sohu.com/a/228109559_502894.
④ 安福双.干杯!B 站的野望:二次元娱乐生态圈[EB/OL].(2018-11-27)[2019-12-01].https://mp.weixin.qq.com/s/tdd9_EJmDRv-EvnN9INX5Q.

第二，付费习惯与版权保护：网络窗口保护壁垒的形成。

互联网早在1994年就进入中国，但互联网管理跟不上技术的发展，导致各种盗版网站的野蛮生长、乱象丛生。一方面，P2P下载成为优质原创内容的"终结者"，各种下载工具层出不穷，版权保护的相关法规无法有效施行；另一方面，早年的动漫网站基本都靠用户上传没有版权的动画作品起家，这种平台的存在让侵权盗版行为以貌似合法的状态持续了相当长一段时间。在这种情况下，内容付费自然成为一个遥不可及的梦想。没有版权保护作为技术性屏障，互联网在动画发行中自然只能作为最后的窗口。

中国2010年左右开始推行付费业务，但因盗版问题而增长缓慢，2015年才达到17.0%。近年来，网络视频付费用户比例开始猛增，2018年达到53.1%。① 2018年各大互联网平台的财报显示，爱奇艺、腾讯Q3会员数分别达到8 070万和8 200万，同比分别增长79%和89%。哔哩哔哩第一季度至第三季度的月均付费用户数量同比增长率均在200%左右。爱奇艺第一季度至第三季度会员规模同比增长72%～89%，并且会员收入超过了广告，成为其最大的收入来源。②

内容付费市场猛增的背后，是版权保护法规和技术的跟进。从数据来看，自2014年开始打击盗版的"剑网行动"成为内容付费用户比例开始飙升的重要推动力。在网络监管方面，大量P2P软件被禁封，百度网盘和迅雷等高市场占有率软件加强对侵权内容下载的监控，都形成了对互联网窗口发行价值的保护。同时，随着互联网的发展，用户逐渐接受了内容付费观念。艺恩对二次元群体的调查显示，94%的二次元用户愿意为内容买单，学生群体动漫消费占比高达21%。③ 艾瑞咨询

---

① 中国网络视听发展研究报告2018[R/OL].(2018-12-03)[2019-12-1].http://www.sohu.com/a/279228578_179557.
② 王理姮.腾讯、优酷、爱奇艺、B站、芒果，你在2018选了谁？[EB/OL].(2019-01-05)[2019-02-01].https://mp.weixin.qq.com/s/fnZBJeKABfjRHE7YyoLerw.
③ 广东省动漫行业协会.艺恩发布《2017中国在线动漫市场白皮书》[R/OL].(2018-04-12)[2019-12-30].https://www.sohu.com/a/228109559_502894.

的调查显示,2019年中国动漫用户的本科及以上比例高达78.9%,远超过网民整体的9.7%,"90后"和"95后"一年内动漫消费分别达到1510元和1328元。① 随着这些群体逐步走入职场、获得经济独立,动漫消费市场将迎来爆发。

互联网作为之前最末端的窗口,随着"互联网+动画"的发展,打开了中国动画产业创新的大门。互联网的消费者价值因为二次元等非低幼向动画消费的日渐兴起、网络播放日渐便利而变大,盗版风险因技术和法律日臻完善而被逐渐降低,中日二次元文化的相通性降低了此类动画片的文化折扣……一系列产业环境的变化带来了动画片发行窗口扭转的创新,网络正在取代电视,成为一些动画片更重要的渠道,国外市场也被提到前所未有的位置。国内动画市场的充分挖掘与培育、文化"走出去"意义上的国际动画市场开拓,都经由"互联网+"而获得了创新的动力。

如前所述,从公共产品属性出发的窗口化策略,源于制作商对更大的综合经济回报的追逐,本质上也是市场经济环境下经济人的理性抉择。在这一选择机制中,窗口消费者价值的总量、盗版风险和文化折扣是进行策略选择的关键判别标准,共同决定了国内和国外各级窗口的排列次序。这种开发和利用在国际市场的表现中也收到了效果,由互联网所驱动的中国动画成为中国文化"走出去"的亮点。腾讯、爱奇艺等网络平台所生产的动画片开始在动画"出海"中频频亮相,尤其是在面向动漫大国日本的出口方面表现非常活跃。从数量上看,近年来"出海"日本的动画数量正在大幅增加,表现形式越来越大胆、自由,成年向风格明显。

总而言之,电视时代,渠道的垄断和稀缺导致中国动画市场发育不充分、缺乏竞争力,受众得不到完全满足,并没有发挥大国市场规模的优势,由此导致国际竞争力较为羸弱。如今动画企业发行战略中的窗

---

① 艾瑞咨询.2019年动漫二次元人群营销价值白皮书[R/OL].(2019-12-26)[2019-12-30].https://www.iresearch.com.cn/m/Detail/report.shtml?id=3496&isfree=0.

口创新,其实是对以往国内市场发育不充分状况做出改变的一种反映,其背后是互联网对国内外不同窗口市场价值等因素的改变,以及对动画产业的一系列结构性影响。

本章小结
网络动画平台企业间关系与战略创新

在迈克尔·波特钻石模型的第四部分"最后的三角习题"中,企业的内部结构、企业战略和企业间的同业竞争关系是对产业国际竞争力培育最基本单位"企业"的观照。本章结合产业组织理论的SCP范式对这三个部分进行了分析,认为中国动画产业企业主体的变化(主体由动画制作企业变为国际化互联网平台企业),使动画产业企业主体的性质和结构发生了根本性转变,由此在互联网动画的市场环境下形成了以爱奇艺、优酷、腾讯为代表的同业竞争关系,从而决定了这些互联网平台企业在生产和发行两方面的战略创新。

本章研究指出,去边界是互联网对"最后的三角习题"产生的最显著效果。在从制作企业到平台企业的产业主体变迁基础上,首先在同业竞争中形成了动画企业之间的制播融合和平台竞合,即企业边界逐渐模糊;其次在企业战略层面带来了动画企业国际化和网络化的生产和发行战略创新,即地理边界逐渐消弭。

正如迈克尔·波特所说,钻石模型的四要素是一个互相影响的体系,在企业层面的去边界,背后其实反映的是整个产业环境的变化。从根本上看,本书认为,去企业边界是动画企业重新确立动画IP本身的核心竞争力地位的外在表现。在以往的电视时代,动画企业或为赚外汇而承接动画代工订单,或为赚政府补贴而粗制滥造,或为卖玩具和周边而忽视动画本身的价值,导致中国国产动画走出国门之后就销声匿迹。去地理边界正是注重动画片本身的竞争力,在融合和竞合的同业竞争关系中整合稀缺资源,在网络化和国际化的企业战略下投入更广阔更市场化的环境中,以此获得动画片质量和国际竞争力的真正提高。

这种对于边界的突破,是新入局的平台企业的发展愿景。这些在海外上市的国际化互联网企业,其本身就具备的国际视野和国际化业务构成,将成为动画作品"走出去"的决定性力量。

第六章
虚拟产业集群：基于创新网络的国际竞争力成长道路

一、产业国际竞争力的落脚点：基于创新网络的产业集群

在迈克尔·波特的产业国际竞争力理论中，一个国家的经济体系中，有竞争力的产业通常不是均衡分布的，钻石模型的基本目的就是推动一个国家的产业竞争优势趋向集群式分布：呈现由客户到供应商的垂直关系，或由市场、技术到营销网络的水平关联。① 产业集群是判断作为一国产业环境的钻石模型四要素的落脚点，而产业集群的形态和效果是判断钻石模型四要素互动效果的最终依据。

（一）好莱坞电影与东京动画：影视动画产业集群创新网络的经验坐标

如前所述，集群是由不同组织主体所结成的网络状生态关系，而以创新为诉求的现代产业集群的运作机制正是创新网络。在集群各个创新主体的知识共享、资源分享的亲密互动中，网络外部性和知识溢出效应得以显现，集群的创新行为以网状的形式连接和碰撞，从而产生新的

---

① 迈克尔·波特.国家竞争优势[M].李明轩,邱如美,译.北京：华夏出版社,2002：139.

产品、新的企业和新的商业模式等一系列产业创新成果。

在基于知识经济的文化产业中,创新网络发挥着更重要的作用。王缉慈等从经济地理学角度提出"电影产业集群"的定义:从事电影作品的创作、生产和营销的企业、个人及相关行为主体近距离联系、集聚和互动所形成的具有地方特质的创意氛围,能够激发集体创造力的空间组织。[①] 这一概念中强调"联系、集聚和互动"与"创新氛围"的特征。在影视动画产业中,美国好莱坞电影和日本东京动画都堪称产业集群创新网络的国际坐标。

1. 好莱坞电影产业集群:《派拉蒙法案》催生创新网络

在动画及整个影视行业中,占据世界领先地位的产业集群好莱坞的发展过程,是印证创新网络对于集群诞生重要意义的国际坐标。

1907年,一个名叫塞利格的独立电影公司在芝加哥拍摄《基督山伯爵》,但是碰上恶劣天气,摄制无法进行,于是,导演带领部分演员来到洛杉矶,南加州优越且丰富的地理条件赋予了好莱坞天然的拍摄优势。当年爱迪生所发起的控制整个电影行业的托拉斯组织"信任联盟"极大地遏制了独立电影公司的创新行为。于是,大量电影公司开始向好莱坞集聚,并逐渐形成企业之间的资源共享与合作。在好莱坞产业集群的互动创新中,逐渐形成了促进好莱坞腾飞的大制片厂制度。在大制片厂制度中,"整个电影的拍摄工作就像'流水线'的批量生产,电影生产按照各自的分工,每个部门各司其职,成为影片生产一个个不可或缺的零件"。[②] 但随后,随着技术和资本的日益集中,大制片厂对于产业集群的控制开始加强,并形成了高度垂直一体的"卖方寡头垄断"结构。[③]这种结构反而形成了新的垄断,导致创新网络的僵化,创新能力和集群运行效率下滑,好莱坞也进入了低谷期。

---

① 王缉慈,陈平,梅丽霞,等.电影产业集群的典型模式及全球离岸外包下的集群发展[J].电影艺术,2009(05):15-20.
② 陈广玉,薛菁华,沙青青,等.中国电影产业发展模式创新研究[M].上海:上海科学技术文献出版社,2016:34.
③ 洛朗·克勒通.电影经济学[M].北京:中国电影出版社,2008:138.

为了扭转这种局面，1948年美国政府通过反垄断的《派拉蒙法案》,①将院线与大制片厂的制片、发行环节切割，结束了美国电影产业的垂直整合时代。由此产生的最直接的作用是提升了美国电影制片关系结构的多样性:"流水线生产逐渐分解为一个个独立自负盈亏的小单位，化整为零的电影工业的生产，提高了专业化效益，电影整个分解为无数的小环节，也催生了诸如电影经纪人、电影服务公司等新兴产业。"②而原先大包大揽的大制片厂商，一方面裁员，收缩业务；另一方面为独立制作公司提供设备，以某个编剧、导演或演员的小公司纷纷建立。通过外包分工的方式，生产组织也日益弹性化。③这种"大小共生"的创新网络，成为好莱坞创新的源泉。正如彼得·斯旺(Peter Swann)所指出的：真正的创新优势来自两种组织的合作与协调，如果离开了小企业的分工参与，以效率为追求的大企业很难维持创新的多样性；而如果缺失了大企业的主导作用，小企业将很难从规模化的集群分工中获得收益，小企业之间也很难形成横向联系，而这种联系正是"网络公司"(小企业)在集群中繁荣成长的根源。④

张亮宇在迈克尔·波特钻石模型的框架中回顾了好莱坞竞争优势培育的三个阶段，认为好莱坞的创新网络正是20世纪70年代以来好莱坞重拾产业国际竞争力的重要源头(见表6)。⑤

在如今的好莱坞中，并非所有工序环节都在本地完成，外景拍摄和后期加工方面已有东南亚、北美和澳洲等地区的加入。但是，附加值最高、居于微笑曲线两端的创意策划、剧本创作、演艺经纪等前制环节，以及特效整合等后制环节仍然集聚于好莱坞。普拉特(Pratt)认为，越是创

---

① 陈焱.好莱坞模式：美国电影产业研究[M].北京：北京联合出版公司,2014：103.
② 陈广玉,薛菁华,沙青青,等.中国电影产业发展模式创新研究[M].上海：上海科学技术文献出版社,2016：35.
③ 张时健.美国影视产业的聚合性质[J].新闻学研究,2010(1)：327-364.
④ 彼得·斯旺.创新经济学[M].韦倩,译.上海：格致出版社,上海人民出版社,2013：130-132.
⑤ 张亮宇.中国电影产业竞争优势培育研究：基于创新驱动的视角[D].上海：复旦大学,2017：103-104.

表6 好莱坞产业国际竞争力发展变迁

		生产要素驱动	投资驱动	创新驱动
优势来源		好莱坞得天独厚的自然条件	大制片厂的规模优势	好莱坞创新网络
钻石体系	生产要素	阳光充足、气候温和、土地廉价等天然的初级生产要素	大制片厂大量投资摄影棚、明星、专业人员等高级要素	由成百上千互相依赖的企业所组成的区域性复合体
	需求条件	美国电影生产供不应求	开始向国际市场倾销	国外市场需求占70%
	企业战略	躲避专利官司,扩张规模	泰勒制工业化批量生产	大企业主导的垂直分工制
	相关产业	匮乏	大制片厂的配套企业出现	集群分布,体系互动
	政府	放任自由	《派拉蒙法案》反垂直垄断	放松规制
	机会	洛杉矶的城市化进程	电视业的兴起(挑战)	新兴需求市场
技术水平		模仿欧洲技术	电影标准化生产超越欧洲	全球最先进的电影工业
集群特征		少数迁入企业	小型垂直集群	大规模横向集群
国际竞争		在本土市场对抗欧洲电影	广泛建立国际营销渠道	大片主导全球电影市场
时间		20世纪初至20世纪30年代	20世纪30年代至20世纪70年代	20世纪70年代至今

意集中的环节,其微型组织和专案分工的密度也越高,从而越依赖集群中的人际关系和知识资源。相比创意环节,外景拍摄、后期制作等项目更倚赖自然条件和技术本身。[1]

---

[1] 李天铎.文化创意产业读本:创意管理与文化经济[M].台北:远流出版公司,2011:71-73.

2. 东京动画产业集群：作为创新网络结构的动画制作委员会

像好莱坞这样大小共生、小企业数量占优的集群创新网络结构，在东京动画业中同样存在。

日本帝国数据银行发布的《2019年日本动画制作公司经营实态报告》显示，截至2019年7月，89.1%的动画制作公司集中在东京都，尤以杉并区、练马区居多，与以往差别不大，动画产业集群的地理位置没有发生转移。其中，100人以上的大企业只占5.9%，20人以下的小微企业占了66.4%，同时，业界整体的约六成仍然是收入不足3亿日元的小企业。① 众多小微企业和东宝、东映动画、IG PORT、小丑社、Studio DEEN、吉卜力等大型老牌动画企业一起，构成了产业集群创新网络的无数节点，知识的弥散和创新的激化在这些节点的连接中得以实现。

值得一提的是，在东京动画业中，还有一种独特的临时性组织——动画制作委员会，在动画产业中发挥了重要的作用，是日本动画业自20世纪80年代以来腾飞的重要动因，也是产业集群创新网络的具象化展示。

20世纪六七十年代，日本动画在国民经济中的地位远不及今日，动画片的产制模式非常线性，动画制作企业作为唯一的发起者、出资人和生产商，承担着一部动画的所有市场风险，在制作出动画之后，还要去联络电视台来播放，才有后续产生收益的可能。如果不能进入电视渠道，DVD销量也不高，就基本意味着一个动画项目的失败，甚至是制作公司的倒闭。这个困局一直制约着日本动画业的发展。当时只有东映这种拥有电视频道资源的制播合一企业，才有能力生产大型动画片。

为了解决资金问题和后续的开发问题，制作委员会制度逐渐浮现。动画制作委员会，就是动画制片人牵头，由电视台、出版社、DVD销售公司、广告代理商、衍生品和玩具厂商等涉及动画全产业链开发的企业共同组成的。这些企业按照一定比例出资，共同开发，风险共担，利益共享。这样就围绕一个IP形成了临时性的创新网络结构。每个企业

---

① 谢枫华.站在分岔路口的动画制作界：行业格差会越来越大吗？[EB/OL].(2019-09-27)[2020-01-29].https://new.qq.com/omn/20190927/20190927A0A3TR00.html.

可以根据自己的需要,对剧情和制作提出相应的要求,从而形成知识的流动和创新的交互,使IP的整体收益最大化。1995年,《新世纪福音战士》采用这一模式获得了巨大成功,使动画制作委员会制度迅速在日本铺开。如今,大多数动画片都采用这一制度。在动画制作委员会中,按照出资比例的不同,话语权也有所不同,往往在动画片头或片尾会有制作委员会的顺序名单,排名居前的就是出资比例大、在动画生产和经营方面有更大决定权的企业。这些实力出资公司非常多元,不一定都是制作公司或电视公司,表7列举了一些在动画产业中较为活跃的实力出资公司。这些公司正是东京动画集群创新网络中的重要节点。在多元且丰富的节点的支撑下,才有了日本动画近30年产量和品类的大繁荣。

表7　日本动画制作委员会中部分实力出资公司[①]

动画产业链	公　　　司
电视台	TOKYO MX、BS富士、东京电视台、MBS、读卖集团、KBS、NHK、WOWOV
企划公司	ANIPLEX、Marvelous、Dream Creation
游戏/街机公司	Nitroplus、DMM、FURYU、BANDAI VISUAL、SE、Junho、Cygnes、GREE、DELIGHTSWORKS
音乐公司	Lantis、Sony Music、波丽佳音、KING RECORD
BD/DVD制作销售公司	avex pictures、OVERLAP
电影公司	华纳日本、东宝、Klockworx、松竹、TMS娱乐
广告代理商	电通、旭通、博报堂DY
玩具/行生品公司	Happinet Corporation、寿屋、Docomo Anime、Movic、奸笑社

---

① 三文娱.越来越多中国金主参与的日本动画制作委员会,是怎样的模式?[EB/OL].(2017-05-11)[2020-01-29].http://www.3wyu.com/13198.html.

续 表

动画产业链	公司
出版社	角川书店、白泉社、星海社、讲谈社、集英社、小学馆、竹书房、一讯社
网络媒体公司	Dwango
画/像制作公司	京阿尼、DLE、创通、BONES、J.C.STAFF、A-1 Pictures、小丑社、日升社

不过，近年来，这一创新网络制度受到了挑战。与商业电影的大投资、高回报不同，日本动画剧集一直信奉以量取胜，动画制作委员会参与者们往往不会把所有鸡蛋放进一个篮子里，而采用小投入、多项目的方式来分摊风险，尽可能获得稳定的收益。这种走量的模式推动了日本动画品类的繁荣和数量的剧增，同时也加重了动画制作企业的生产压力。在市场容量整体稳定的情况下，动画制作的平均收入很低，由此导致动画业人才流失。在这种情况下，动画制作委员会的原有结构逐渐成为制约日本动画发展壮大的因素。

这一弊端在中国资本入局之后格外明显。2016年，爱奇艺与日方联合发布的《龙心战纪》背后，是爱奇艺所主导的中日联合制作委员会。除爱奇艺外，哔哩哔哩和优酷等也纷纷以同样形式进军日本动画业。虽然中方资本给日本动画"输血"，但因在动画制作委员会中话语权过大而被部分日本企业抵制，甚至一些企业还为动画制作设置了"投资帽"，来限制中方资本对一部动画的过高投资，以保证委员会中的其他企业也有话语权。

破局之法只能是打破动画制作委员会的路径依赖，建立新的创新网络结构。于是，来自海外的头部视频网站 Netflix，作为"鲶鱼"冲进了东京动画产业集群，用"烧钱"的方式，重构了动画制作委员会的结构，成为创新网络的新中介。

2015年，Netflix 就开始入局日本动画。它高额的版权购买费用是传统电视渠道难以匹敌的,可以完全覆盖动画制作企业的成本。例如,2018年,Netflix与日本IG和BONES等头部制作企业缔结了几年内多部作品的合作。① Netflix为了拉拢用户,使用独播的方式来垄断窗口,形成了视频网站与动画制作公司直接的合作关系,成为制作企业与观众之间的唯一平台和中介,将多头参与的动画制作委员会制度打破。慷慨"烧钱"的Netflix能否持续这一模式,进而创造基于网络平台的创新关系网络,可能还有待观察。但Netflix的入局,至少为已经发育三四十年的东京动画产业集群创新网络增添了新的结构,带来了创新的空气。

(二)创新网络缺失:中国动画产业园区的集而不群症结

在动画或者更广义的动漫产业方面,产业集群一直是中国政府产业规划和扶持政策的重点。齐骥总结了中国动画产业集群的发展历史,呈现出从企业自发区域性集聚到政府主导园区建设的过程,政府主导的园区成为如今动画产业生产能力的基础性结构。②

在各地都高举的文化搭台、经济唱戏的地方文化产业战略框架内,动画或动漫成为着力发展的产业。前瞻产业研究院将中国动漫产业划分成东北、华北、长三角、南方、西南、中部六个动漫产业发展带。③ 刘斌把中国动漫产业集群分成珠三角、长三角、环渤海、两湖、西南、东北、西北七个产业集群带。④ 这两个分类都基本覆盖了中国版图上的大部分区域。与其说中国动漫产业是集群分布,不如说已经实现全局分布。这样一来,集群的产业意义就被消减了。渠爱雪等在统计数据的基础上,运用熵值法、三角模型法和GIS技术对中国城市动画产业时空格局

---

① 2 444亿日元创新高!万代奈飞DMM都在日本做动画,但本土60%中小公司生存难[EB/OL].(2018-12-19)[2020-01-29].https://user.guancha.cn/main/content?id=64979&s=fwckhffhxw.

② 齐骥.中国文化产业集群研究[M].昆明:云南人民出版社,2014.

③ 前瞻产业研究院.我国动漫产业园建设现状及发展前景分析[EB/OL].(2019-03-01)[2019-12-29].http://m.sohu.com/a/298450982_473133;丛波.文化软实力视域下我国体育动漫产业竞争力提升策略[J].沈阳体育学院学报,2013,33(04):63-66.

④ 刘斌.中国动画产业政策及创新研究[M].北京:中国传媒大学出版社,2016:209.

进行了分析。从动画城市空间分布看,2010年有48个动画城市,东部、中部、西部、东北四大板块分别有26个、6个、10个、6个城市;2016年共有93个动画城市,东部、中部、西部、东北四大板块分别有44个、22个、13个、14个城市,确证了中国动画产业都遍地开花,呈现出"多省参与、大中小城市齐上阵的竞相发展的格局"。①

这种各行政区域动画产业的同质化竞争,无疑将还处于发展中的中国动画产业资源人为地切割成许多部分,并以区域边界进行隔离,阻碍了产业资源的自由流动,也就谈不上向某个优势区域聚集。被行政力量撮合的动漫产业园区,虽然在物理空间上实现了集聚,但是离形成真正意义上的集群还相差甚远。

耿蕊从动漫产业基地的极化效应、集群特征、集群品牌、集群经济、集群政策五个维度考察中国动漫产业集群发展的现状,揭示了中国动漫产业集而不群的事实。②王缉慈等借用企业理论中的互补性资产概念,分析了深圳动漫产业集群的现状与问题,认为互补性不足的因素制约着动漫产业的发展。③朱春阳和黄筱基于对杭州和长沙两地动漫产业扶持政策的对比研究,提出产业集群应让"以数量为主导"的产业发展模式让位于"产业集群创新网络主导"的产业发展模式,以产业创新能力留住企业。④2016年的《中国动漫产业发展报告》总结道:受政策拉动和市场需求影响,中国动漫产业发展势头持续高温,导致无序竞争、盲目发展、重复建设,动漫园区发展地产化、产业空心化、功能同质化严重。⑤以年产量高达22万分钟的2010年为例,在23个动漫产业

---

① 渠爱雪,孟召宜,杜霖,等.中国城市动画产业时空格局及其成因研究[J].地理科学,2018,38(12):1961-1969.
② 耿蕊.中国动漫产业集群发展研究[D].武汉:武汉大学,2010.
③ 王缉慈,梅丽霞,谢坤泽.企业互补性资产与深圳动漫产业集群的形成——基于深圳的经验和教训[J].经济地理,2008(1):49-54.
④ 朱春阳,黄筱.基于钻石模型视角的区域动漫产业扶持政策比较研究——以杭州、长沙为例[J].新闻与传播研究,2013,20(10):84-102,128.
⑤ 卢斌,牛兴侦,郑玉明.中国动漫产业发展报告(2016)[M].北京:社会科学文献出版社,2016.

基地中，竟然有4家企业和1家产业园区全年零产出，并未扮演好国家所赋予的动画片生产基地的角色。①

以广东省为例，2011年广东省政协对广州、深圳、中山等地进行了实地调研，②发现2008年年底，广东全省已建、在建和规划待建的文化创意产业园区有70多个，入驻企业不到1万家；到2011年年初已经发展到120多个园区，2万多家企业入园。文化产业园区及入驻企业虽然在数量上增长很快，但是出现了投资过热且缺乏统筹规划的状况。广州市有7个区(县)将动漫产业园作为发展的重点，深圳南山区规划的6个园区中有5个涉及动漫产业。园区之间存在目标不清、定位雷同、投资盲目、重复建设的问题。基于内容的产业环节较少，当"二房东"的经营模式仍比较普遍，还有打着"创意园区"的幌子而变相圈地的行为。最重要的是，园区的集成平台功能未得到充分发挥，管理和运营都比较封闭和孤立，制约了园区间的互动和资源共享机制的建立，原创成果和市场、企业难以有效对接。当企业之间的关系没有形成生态性互动、园区也没有扮演好中介的服务角色时，产业园区的企业间创新网络就难以建立起来。

中国设立的动画或动漫产业园区、基地，不少是以大型动画企业为基础的。例如，在中国首批9家国家动画产业基地中，有6家是企业（上海美术电影制片厂、中央电视台中国国际电视总公司、三辰卡通集团、中国电影集团公司、湖南金鹰卡通有限公司、上海炫动卡通卫视传媒娱乐有限公司），只有3家是产业园区（杭州高新技术开发区动画产业园、常州影视动画产业有限公司、南方动画节目联合制作中心）。这种以企业为主体的动画产业基地本身所具有的相对稳定的企业科层化组织结构，几乎没有弹性可言，不但不能形成网络结构，而且极易陷入

---

① 中国动画学会,北京大学文化产业研究院.2011中国动画企业发展报告[M].北京：中国科学技术出版社,2011：27.
② 广东政协.关于我省文化创意产业园区现状的调研报告[EB/OL].(2011-09-08)[2019-12-29].http://www.gdzxb.gov.cn/zwhgz/whws/scdy05/201109/t20110908_64680.htm.

体制的僵化。例如三辰卡通集团就因为其领导层的问题而逐渐衰落。而如果是在一个网络状的产业集群中,一个节点出现问题不会导致整个网络崩溃。

由此可见,中国动画产业虽然在21世纪屡获国家战略层面的肯定,并从中央到地方推出了一系列扶持政策,但最终形成的各地产业园区没有实现产业集群。在"行业候鸟"的短暂集聚下,创新网络自然无法形成,产业国际竞争力自然也无法提高。这也能够解释为何2012年中国电视动画产量高居世界第一,但国内动画片仅限于低幼向动画片,并且形成了为数不多的几部动画片在电视频道"霸屏"的状况。在巨大的产量背后,作为内容产业的动画产业,在多元化、创新性等更重要的指标方面却并不合格,自然没有多少能出口海外的精品动画。

要解决长期的积弊,只能从症结入手:中国动画产业如何改革,才能实现企业之间创新网络的形成?解决了这个问题,中国动画产业才能从产业集聚的状态逐渐成长为产业集群的状态,才能形成真正的产业国际竞争力。

二、动画虚拟产业集群:基于互联网平台的创新网络

(一)组织接近:互联网促进动画产业集群完成虚拟转型

如前所述,迈克尔·波特的钻石模型最终的落脚点是推动产业集群的形成,以四要素作为产业集群形成的环境要素来发挥作用。产业集群的形成实质是企业间创新网络的形成,即以创新为最终目标的合作、共享与互动网络。如果没有创新网络,那就只是企业在地理空间中的机械集聚,而非一个形成内部协同创新生态的产业集群。

在传统的产业集群中,集群企业之间由于地理接近性而获得了沟通和合作的便利,产生协同关系,进而共同推进创新活动,形成创新网

第六章 虚拟产业集群:基于创新网络的国际竞争力成长道路

络。尤其是更加原子化的中小企业间,其协作网络关系建立在网络成员之间彼此的承诺与信任关系之上,而这种承诺与信任关系需要依靠企业主之间的社会关系来建立。[①] 换言之,集群内创新网络的形成基础是缘于沟通而形成的社会关系网络。

这种社会关系网络的形成,在通信不发达的时期,主要依靠地理接近性来获得。例如,在中国文化产业园区中,园区管理者作为园区关系网络的主要组织方,大多通过定期的现场沙龙、讲座或展会的方式来组织园区内企业碰面,进而谋求联络与合作。例如上海张江文化产业园,"每年超过30场的产业沙龙,参与人次逾千,是企业与企业之间、企业与机构之间社交的平台、合作的孵化器"。[②] 这种方式虽然起到了一定的效果,但无法构成一种日常性的沟通网络,难以充分激活园区成员的积极性。同时,由于迁入和迁出产业园区成本较高,园区的企业在一定时期内相对固定,可能造成"在园区内的企业间不适合合作,而适合合作的企业又不在园区里"的尴尬状况,园区的地理边界反而成为限制产业集群创新网络弹性扩展的因素。

在互联网时代,这些实体产业园区遇到的限制有了得以解决的可能。基于互联网的沟通无时无刻又无远弗届,以往需要登门造访的沟通,现在可以通过视频会议的方式实现,以往需要多家企业开会协商并用文件方式搭建的合作,如今通过互联网系统可以轻松实现。在"连接"这一互联网和产业集群共通的属性作用下,基于互联网的产业集群开始"脱实入虚",摆脱地理的束缚,建立动态的沟通与合作网络,形成弹性极大的准入和准出门槛。顺畅的信息交流能有效弥补有限理性、信息不对称和机会主义等导致的市场缺陷。[③] 由此逐渐形成了基于互

[①] 廖文琛.基于产业集群的创新网络研究[D].福州:福建师范大学,2006.
[②] 张祯希.张江文创园区内文化产业营收达1378亿元 预计今年继续增长[EB/OL].(2017-12-19)[2019-12-29].http://shzw.eastday.com/shzw/G/20171219/u1ai11080387.html.
张祯希.贴心服务,滋养园区"创新浓度"[N].文汇报.2017-12-19(5).
[③] 刘蕾,鄢章华."互联网+"背景下产业集群"零边际成本"趋势及其发展策略研究[J].科技进步与对策,2016,33(19):54-60.

联网技术、搭载在互联网平台上、以互联网平台企业为中枢或中介的虚拟集群。

在以往的传统产业集群发展中,地理上的集聚可以带来运输成本和交流互动成本的降低,还会带来另一种成本的降低——信任成本。[①]在同一产业园区的企业之间会形成天然的信任优势。但实际上,就像淘宝网最初的发展一样,由于没有信用中介体系,同城见面交易显然要比外地汇款和邮寄更令人放心。随着支付宝的平台信用体系的建设,淘宝获得了飞速发展,因为由平台企业为信用背书,更易获得平台交易参与方的信任。信任成本的问题解决之后,来自不同地域的企业就更容易产生互动行为,由平台所搭建的关系平台也能大大降低交易成本。

陈剑锋认为,"组织接近"是虚拟产业集群形成动力的新来源,代替了传统集群的"地理接近"。[②] 无论企业身处何方,只要能够接入虚拟网络、成为节点之一,便可成为产业集群的一分子,参与产业集群内部的创新活动。虚拟转型使产业集群的形成和演进发生了根本性变化,"平台主导—社区化运作—无边界发展"的虚拟产业集群演化路径替代了"数量集中—质量提升—研发和品牌创新主导"的传统产业集群演化路径。[③]

(二) 以互联网视频平台为中心的动画虚拟产业集群初步形成

1. 从园区中介到平台中介:动画虚拟产业集群的搭建核心

早在十多年前,就有不少学者提出动漫虚拟产业集群的构念。

2008年,张荣依据虚拟产业集群的原理,结合当时如火如荼的动漫产业园区和基地建设实践,首次提出可以构建动漫虚拟产业集群。[④] 不过,张荣的虚拟产业集群构建建立在"我国出版发行和媒介部门多属国有企业"的基础上,认为建立了虚拟产业集群之后,将有利于集群内国

---

① 陈小勇.产业集群的虚拟转型[J].中国工业经济,2017(12):78-94.
② 陈剑锋,唐振鹏.国外产业集群研究综述[J].外国经济与管理,2002(08):22-27.
③ 陈小勇.产业集群的虚拟转型[J].中国工业经济,2017(12):78-94.
④ 张荣.我国虚拟动漫产业集群的优势与运作[J].经济管理,2008(3):16-19.

企之间的对接,降低谈判、签约和执行等交易成本。

2009年,杜漪等提出动漫虚拟产业集群的结构框架(见图12)。[①]在框架中,"内部固定组织"是集群内连接集群与政府、集群与企业、企业与企业的纽带,发挥关联协调与稳定的效应。围绕固定组织的是集群的制度、文化、品牌和服务体系等建设。固定组织要寻找市场机会、匹配核心能力与合作伙伴、大力引进和促进核心技术研发、促进消费群体形成、为政府提供制定有关产业政策的依据等,这是动漫虚拟产业集

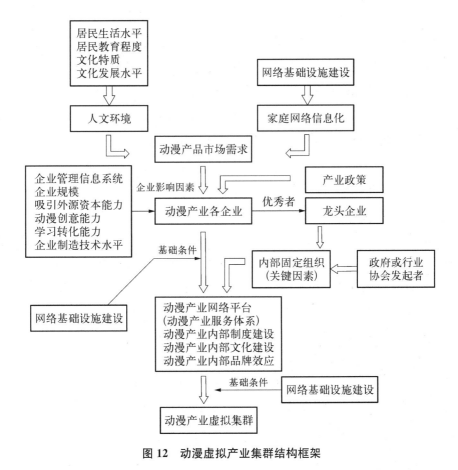

图12 动漫虚拟产业集群结构框架

---

① 杜漪,徐超,吴建祖.探索我国动漫产业虚拟集群的构建框架[J].科技管理研究,2009,29(2):168-170.

群得以实现和运行的关键因素。"内部固定组织"一般以龙头企业为核心建立或由政府和行业协会为发起者建立。当时,中国动漫企业的龙头指央视动画、上海美术电影制片厂等国企,以及三辰卡通、宏梦动漫、奥飞动漫等民营动画制作公司。在电视渠道垄断时期,动画生产商在整个产业链中的地位并不高,也难以担当"内部固定组织"的重任。政府或行业协会并不熟悉集群内部状况,也缺乏足够的可调配资源,也很难扮演"内部固定组织"的角色。

正因如此,虽然中国早就出现了"动漫虚拟产业集群"的概念,学者们也围绕其进行了很多理论建构式的研究,但是由于当时的产业环境,并没有出现真正的动漫或动画虚拟产业集群。尽管有遍布各地的动漫产业园区和基地与节节攀升的动画片产量,中国最终没有产生像好莱坞那样基于创新网络的真正产业集群。集而不群的魔咒紧箍住中国动画产业集群化建设的步伐,最终导致孱弱的国际竞争力。

2010年左右,互联网正式介入中国动画产业的链条,互联网视频平台在僵化的中国动画片生产制作体系中凿开了一个缺口。

随后,我们看到整个动画产业环境钻石模型的启动:生产层面各种资本、技术和人才要素在互联网上汇聚;圈层化的动画需求在互联网上被激活、被满足;动画产业相关产业围绕泛娱乐的数字动漫产业发展共识,从企业到产业形成围绕"IP-粉丝"的价值网结构;爱奇艺、优酷、腾讯、哔哩哔哩等互联网视频平台企业作为新的市场主体,形成了新的竞合关系结构,实行了去边界化的制播战略……在钻石模型四要素的交互作用下,互联网成为重构中国动画产业的基础性技术力量,同时因其虚拟的数字化属性,打开了中国动画产业虚拟产业集群的大门。

2. 从实体组织到网络组织:动画虚拟产业集群中创新网络的构成

在关于虚拟产业集群的研究中,实体产业集群的基础性地位被反复强调。

在陈小勇建构的虚拟产业集群模型中,产业集群呈现出虚实融合的形态,具有"脑-体"结构形态。虚拟转型使产业集群呈现出由线上

(online,虚拟)和线下(offline,实体)两部分组成的结构,线上的企业实际上是线下企业在虚拟空间的逻辑映射。虚拟部分本质上发挥着类似人脑的功能,实体部分如同人的躯体,虚拟部分对实体部分的具体行为进行协调和控制。[①] 这一模型实质上认为虚拟产业集群和实体产业集群的同构性,两者作为"脑-体"结构共同行动,虚拟产业集群作为协调和指挥者,实体产业集群则扮演产业运行的执行者。

耿蕊对中国动漫产业的集群研究也体现出这一思维取向。她认为,互联网背景下动漫产业具有虚拟集群的潜力,动漫产业的虚拟集群拓展了地理集群的空间范畴,是信息时代新的产业组织形式,更是对地理集群的一种补充和超越。而动漫产业的地理集群是虚拟动漫集群的基础和保证。动漫产业的虚拟集群只有在动漫产业地理集群的现实空间基础上借助信息网络,才能实现更大范围的动漫资源、动漫功能、动漫服务和动漫产品的整合优化,以及跨区域的动漫企业间合作。[②]

本书认为,陈小勇和耿蕊对于虚拟产业集群和实体产业集群间关系的定位,实质上仍是根基于传统产业属性的,如制造业,以及传统动漫的玩具制作、文旅开发等实体产业。但在互联网背景下的动画产业逐渐呈现出彻底"脱实入虚"的趋势。因为以产业集群的最终产品来作为判断依据的话,中国动画产业及其关联产业的产品如今都具有非常鲜明的虚拟化特征:网络小说、网络漫画、网络动画番剧、网络动画电影、网络音乐、网络虚拟演唱会、网络游戏、网络周边……这些属性决定了中国动画虚拟产业集群的运行可以完全摆脱实体产业集群的束缚,从产业链的第一环节起就在互联网平台上开展。而所有集群企业也可以完全在互联网平台上完成创意、策划、制作和发行。至于产业个体究竟是在上海的杨浦还是新疆的霍尔果斯,已并不重要。

---

① 陈小勇.产业集群的虚拟转型[J].中国工业经济,2017(12):78-94.
② 耿蕊.中国动漫产业集群发展研究[D].武汉:武汉大学,2010.
  周素珍.中国动漫产业集群发展的战略选择——兼评《中国动漫产业集群发展研究》[J].文史博览(理论),2013(04):87.

在此基础上,虚拟产业集群中的创新网络也由虚拟在线的主体所构成。

根据刘友金和叶文忠对产业集群创新网络的分析,创新网络可以从内而外分成三个层次(见图 13):第一层是企业和供应链企业、销售商、互补企业、竞争企业等,为"核心网络";第二层是企业和研究机构、政府和中介机构、金融机构,为"辅助网络"或"基础网络";第三层是"支撑层",即外部市场、集群外企业和科研机构等处于外部的环境要素。[①] 在互联网背景下,这三个层次均落在同一互联网虚拟空间之内。

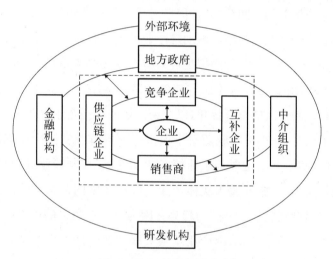

图 13　集群创新网络的三层结构

在第一层"核心层"中,从处于竞合状态的动画生产和播放公司,到产业链上下游的漫画或游戏周边企业,都以数字文娱企业的角色在互联网上开展经营活动。

在第二层"基础层"中,网络融资平台为产业集群输送资本,互联网平台公司则同时扮演投资方和平台中介力量的角色,就连以往主要依托于高校和科研院所的产业研究力量,在如今的互联网动画产业中的

---

① 刘友金,叶文忠.集群创新网络与区域国际竞争力[M].北京:中国经济出版社,2011:61-64.

贡献也日益有限,以中国知网为首的国内学术资源库中相关研究的更新频率,已远远跟不上互联网时代动画产业的发展速度。它们逐渐被以"三文娱""三声"为代表的数量庞大的数字文娱研究自媒体、艺恩和骨朵等第三方调研公司,以及腾讯和爱奇艺等互联网平台企业中设立的腾讯研究院和爱奇艺数据研究院等研究机构取代。

在第三层"支撑层"中,除了互联网视频消费习惯和付费习惯的逐步形成、动画消费群体的成长之外,网络技术的不断发展、网络基础设施的普及、网民数量的持续性增加和网络使用习惯的培养等,构成了最基础的外部环境要素。

由此,创新网络的三个层次都在互联网的基础上搭建完成,基于互联网的动画虚拟产业集群应运而生。

3. 从固定层级到液态分布:动画虚拟产业集群创新网络的跨层级融合

在传统产业的集群创新网络中,刘友金等所归纳的由内而外的递进层级是客观存在的。因为在传统产业链中,企业的业务和角色都相对固定,产业集群需要各个组成部分各司其职地沿着产业链完成互动配合。

但是,在动画虚拟产业集群中,一方面,互联网视频平台的角色多元,既是制作和播放企业,又是整个集群的平台;另一方面,企业之间股权结构错综复杂,竞合行为不断创新,导致所有虚拟集群创新网络的节点位置并不固定。因此,虽然依据传统的"核心层""基础层""支撑层"的企业功能角色,可以对应地找到互联网时代动画虚拟产业集群各个参与方,但是这些参与方并不固定于三个层次中的某一层。相反,由于动画虚拟产业集群中创新网络活跃,这些功能角色日益呈现出液化的趋势,由此形成了液态分布的创新网络,实现了动画虚拟产业集群的跨层级融合。

(1) 各类企业之间的产权与功能边界日益液化

在传统动画产业集群中,参与企业的边界相对明晰,如宏梦卡通和奥飞动漫等动画制作公司、央视动画和金鹰卡通等电视渠道公司,前者多为私营企业,后者全是国有媒体,泾渭分明。

如今,在互联网背景下所形成的动画虚拟产业集群中,原本固定清晰的企业功能边界开始出现融合。在产权结构上,爱奇艺、优酷、腾讯等头部视频平台四处投资与收购,使其触角深入动画产业价值网的方方面面,许多动画公司背后都有这三家视频平台的身影,因而在产权层面难辨彼此。在功能边界方面,以往一家公司只负责一项工作的模式在互联网平台公司身上已不存在,网络视频公司在功能上开始向动画全案策划、制作和发行的复合模式发展。

李运强和吴秋明认为,虚拟产业集群的运作结构包含三个实体:作为基础结构的虚拟产业集群(virtual industry clusters)、作为重要参与单位的虚拟企业(virtual enterprise)、虚拟企业的撮合者虚拟企业经纪人(virtual enterprise broker)。① 其中,虚拟企业是在临时性目标下有条件选取若干企业构成动态组合的临时网络,可以快速集成原本分散的各种资源。虚拟企业经纪人由个人、企业、行业协会、科研机构等经济实体扮演,主要工作是寻求市场新机遇,并在虚拟产业集群中选取合适的参与者来构成虚拟企业。

在李运强和吴秋明的运作结构中,爱奇艺、优酷、腾讯等互联网视频公司作为整个虚拟产业集群的基础性结构存在,众多动画生产商和广大动画消费者在这一基础结构上聚集;同时,扮演虚拟企业经纪人的角色,以动画IP为核心来召集动画产制力量,形成临时性的虚拟企业。这种模式在电影制作中较为普遍。例如动画电影《哪吒之魔童降世》,出品方包括彩条屋影业、可可豆动画、十月文化,还包括2家共同制作公司、10家联合制作公司、12家动画合作公司、4家CFX特效合作公司、17家EFX特效合作公司、4家后期合成合作公司等70多家公司,有高达1 600多人共同参与。②

---

① 李运强,吴秋明.虚拟产业集群——一种新型的产业集群发展模式[J].华东经济管理,2006 (12):42-45.
② 三文娱.上映4天票房近9亿,我们找出了《哪吒》背后的这70家公司[EB/OL].(2019-07-30)[2019-12-29].https://www.jiemian.com/article/3356033.html.

随着动画消费者的观赏要求日益提高,中国动画产业的制作水平也水涨船高。以往一家动画企业就可以完成的制作流程,如今越来越复杂,制作工序开始由不同的公司负责,形成如电影产业一样的项目制运作模式,即临时性的虚拟企业制度。

在这一制度中,如今的头部网络平台经常作为出品人担任虚拟企业经纪人的角色。例如爱奇艺动漫推出的动画片《四海鲸骑》,爱奇艺就作为出品方组织了整个生产团队,团队涉及前期、中期、后期等多个工序,合作团队遍布全国,十余家公司共同参与制作第一季,第二季时合作公司增加至近30家。制作团队分布在北京、上海、广东、江苏、陕西、新疆、黑龙江、辽宁8个省市自治区。

还有之前提及的跨国界的制作委员会制度,哔哩哔哩和爱奇艺都有过相关实践,其中,以哔哩哔哩的名义加入制作委员会的日本番剧动画已有45部。[1] 例如,2019年在哔哩哔哩播放的动画片《拾又之国》的制作委员会,包括哔哩哔哩、翻翻动漫、瞬心文化、日本小丑社、日本集英社和日本读卖电视台,企划由中国主导。这种跨功能边界的趋势并无国界之别,使中国动画虚拟产业集群实际上是无国界的。这更进一步消除了地理这一因素对产业集群发展的禁锢。

(2)生产要素和需求要素的边界日益液化

在传统动画市场结构中,生产要素和需求要素的分野十分明晰,动画制作企业和电视频道作为动画的提供者与电视机前的观众作为被动的消费者之间缺乏互动,位置从不反转,形成非常线性的传播与消费结构。两者在传统动画产业集群创新网络中的位置分别为"核心层"和"支撑层",相距甚远。

在互联网时代,"核心层"与"支撑层"之间发生了非常亲密的互动,甚至结为一体。在第四章中,本书分析了动画产业中相关产业间的泛娱乐关联,而泛娱乐的核心是"IP-粉丝",二者相伴相生,形成了生产要

---

[1] 三文娱.B站十年,陈睿说了这些[EB/OL].(2019-06-28)[2019-12-29].http://www.3wyu.com/21446.html.

素和需求要素的直接互动。粉丝在内容和资金两个方面向生产端输送能量，逐渐消解了供需之间的边界。

在内容创新方面，动画IP在创作伊始可能是某设计师或某公司的创意，但是IP的内涵和外延在粉丝群体的持续关注和参与创作中得到延展。这种延展反过来让IP和粉丝的关系更加密切，形成一种共生的状态。哔哩哔哩2019年第一季度财报显示，其专业用户生产内容（PUGC）获得的播放量占比已达89%。随着哔哩哔哩持续推行原创内容扶持策略和优化内容算法，社区月均活跃UP主数量及其投稿量实现了同比150%和130%的高速增长。①

在专门开设的面向UP主的动画区，就有大量基于动画的二次创作作品。例如，《四海鲸骑》第二季上线后，哔哩哔哩UP主自发为动画制作场景向和人物向视频，更有粉丝在超话创作同人文。② 这种粉丝自发进行"同人生产"的方式在动画中非常普遍。例如，动画电影《哪吒之魔童降世》上映之后，有大量粉丝把哪吒和敖丙这两位主角构建成"藕饼CP"，创作了大量相关漫画和动画短片，甚至有粉丝为"藕饼"续上了"大闹天宫"的戏码并创制了精美的海报，获得了《哪吒之魔童降世》官方微博的认可和转载。③ 在2019腾讯视频动漫二次创作视频播放榜单中，由腾讯出品动画《斗破苍穹》和《斗罗大陆》所延伸来的用户二次创作动画视频中就有3个播放量破百万，其中，《〈不存在的斗罗〉68史莱克军训汇演大展网》播放量高达312.5万。④ 另外，随着平台所研发的动效生成器、云渲染、云协同等技术的普及，动画制作技术的门

---

① 朱凯.哔哩哔哩2019年一季报：月活用户首次破亿[EB/OL].(2019-05-14)[2019-12-29].https：//baijiahao.baidu.com/s?id=1633466119528678428&wfr=spider&for=pc.
② 舍儿.爱奇艺杨晓轩谈《四海鲸骑》：如何打造成为更具网感的精品动漫[EB/OL].(2019-11-04)[2019-12-29].http：//finance.sina.com.cn/stock/relnews/us/2019-11-04/doc-iicezuev7049768.shtml.
③ 羁绊的小鸣人.粉丝自制大闹天宫海报，被《哪吒》官博转发，"藕饼"要搞事情？[EB/OL].(2019-08-13)[2019-12-29].http：//baijiahao.baidu.com/s?id=16417290860151771228&wfr=spider&for=pc.
④ ACGx.2019年腾讯视频年度指数发布，过亿动漫爱好者每天都爱看什么？[EB/OL].(2019-12-27)[2019-12-31].https：//www.bilibili.com/read/cv4238531.

槛正在降低,会吸引越来越多粉丝和粉丝组织参与到 IP 的生产和加工中来。

在投资方面,出现了众筹动画的新模式。粉丝通过众筹网站,为某动画及其周边进行众筹,从消费者变身投资人,用资金直接推动动漫作品的生产。

这种模式在发达国家已经成为比较成熟的商业模式。例如,2009 年在美国纽约成立了专为具有创意方案的企业筹资的众筹网站平台 Kickstarter。截至 2019 年 11 月,Kickstarter 被打上"动画"标签的众筹项目有 3 034 个,来自日本、德国、美国、中国等世界各地。其中,众筹金额最高的是动画片项目《关键作用:机械之声的传奇》(Critical Role: The Legend of Vox Machina),从 2019 年 3 月开始众筹,在 9 个月时间内获得了 8 万多粉丝、1 138.5 万美元的投资,大大超出创作团队的预期。① 同时,这种粉丝众筹的热情被亚马逊发现。亚马逊追加投资,并将旗下的视频网站 Amazon Prime 作为其独播平台。亚马逊还与其团队签订了优先投资协议(first-look deal),意味着亚马逊可以优先投资这个团队的后续项目。发起项目的创作团队 Critical Role 谈道:"亚马逊的朋友们和我们合作,Amazon Prime 将是我们的独播平台。这还没完,这次合作使得我们可以一次做两季,每季还能多两集。一共 24 集的动画版 Vox Machina,我们等不及和大家见面了。"②

在中国,动画众筹早已有之。早在 2013 年,有妖气平台出品的动画片《十万个冷笑话》的众筹就获得了 5 000 位微投资人百余万的投资。后来,《大圣归来》《镇魂界》等动画都采用了众筹模式筹集部分资金。还有 BAT 推出的具有理财性质的众筹产品,例如固定收益 7% 的支付

---

① kickstarter 官方网站[EB/OL].(2019-12-20)[2019-12-29].https://www.kickstarter.com/projects/criticalrole/critical-role-the-legend-of-vox-machina-animated-s?ref=discovery&term=Critical%20Role.
② 菜菜说动漫.粉丝能拯救一部动画吗? 这部众筹 8 000 万元的动画,模式可以复制吗[EB/OL].(2019-11-18)[2019-12-29].https://baijiahao.baidu.com/s?id=1650523076304640122&wfr=spider&for=pc.

宝"娱乐宝"和根据票房来决定收益的百度"百发有戏"。① 如今，众筹模式越来越普遍。在文创众筹网站摩点网（modian.com）上，截至2023年5月10日，共有238个动漫众筹项目、3 011个潮玩众筹项目，其中，金额最高的是动画电影《哪吒之魔童降世》，完成度达到15 093%，即超预期150倍完成众筹，共有3万余人参与众筹，总金额高达1 509万元。

对于动画产业而言，众筹的融资模式暂时还不能成为主流，高昂的动画制作费用也使规模较小的众筹无力支撑整个制作成本。但是，众筹模式实现了粉丝从消费者到生产者的身份转变，粉丝在投资之后会更有动力进行后期的消费和推广，这与源于日本的"粉丝应援"文化是一致的。通过粉丝在动画生产环节的积极参与，也可以如《关键作用：机械之声的传奇》一样向更有实力的资方展示IP的价值，从而吸引更多投资，促进动画项目的推进。在"IP-粉丝"利益融合越来越加剧的趋势下，动画产业生产者与消费者之间的天然界线逐渐液化，呈现出不分彼此的状态。

本章小结
虚拟集群基础上大国市场规模优势的实现

在迈克尔·波特的钻石模型中，技术和政府等因子对产业环境四要素带来直接的优化作用。产业环境优化的最终标志是产业集群的形成。同时，产业集群并非地理意义上的产业集聚，而必须是以创新为导向，并且形成了企业间的创新网络。只有基于创新网络的产业集群，才能够具有真正的经济效率，才真正拥有知识上的创新关系。

在国际分工日益细化和复杂、交通日益便利、通信日益快捷的今

---

① 《大圣归来》通过微信朋友圈众筹 89位投资人平均获益25万[EB/OL].(2015-08-03)[2019-12-29].https://www.guancha.cn/economy/2015_08_03_329128_s.shtml.

天,地理接近性成为产业集群既不充分也不必要的条件。在产业实际的发展中,既有地理上接近却没有形成集群的产业,例如仅靠政策驱动的产业园区,也有分布在全国甚至世界各地、通过产业链和知识链形成企业间实际意义上创新网络的虚拟集群。在虚拟产业集群的思维框架中,产业会逐渐摆脱地理集聚的路径依赖,从而获得更广泛的资源支持,形成跨省界、跨国界的产业创新网络,让资本、知识等得以充分流动。

在以往的动画产业政策中,除了中央所发布的国家级振兴规划外,各地方的产业扶持政策扮演了非常重要的角色。正如有学者所统计的,中国提出文化强省和文化立市的区域超过30个。在"文化自信""文化产业"等宏观政策导向下,包括动漫在内的文化产业扶持政策和区域文化产业园区建设,近十几年出现在众多省市的发展规划之中。在区域性产业政策下,地方政府为了本地税收和地方经济形象,人为地控制资源的流动,从而形成了区域割据的"诸侯经济"。从2012年左右开始,我们看到中央产业决策的转向,"提质增效"取代了单纯的产量刺激,更多的市场规范类、市场培育类政策出台,鼓励资金、人才和产权的市场化流转,都是培育全国范围虚拟产业集群创新网络的重要基础。

只有跳出产业园区和产业基地建设的路径依赖,中国动画才能专注于企业间创新网络的构建,形成跨区域的虚拟产业集群,从而利用好大国资源的多元性,拥抱得天独厚的大国市场规模优势。

第七章
技术与政策：动画产业国际竞争力的协同培育体系

一、政策驱动下的产业国际竞争力问题

对于中国动画产业政策的实施效果，不少学者都有过系统的研究和建议，认为对于大国市场规模优势的利用和产业集群的打造，是突破以往产业政策遗弊的重要抓手。

首先，要实现的改变是去除行政区域藩篱，打造统一的国内市场。这样才能解决中国动画产业"诸侯经济"的问题，实现稀缺资源按照市场原则跨区域流动，在公平且充分的市场竞争中，让资源从效率低的环节向效率高的环节流动，最终才有产业聚集、创新活力和最终产业国际竞争力的实现。

按照考林·霍斯金斯等学者的研究，文化产品的文化折扣和国内市场规模的相互作用是具有大国市场规模的国家获得文化国际贸易竞争优势的核心原因，好莱坞就是典型案例。① 其中，大国国内市场能够为充分发挥本国传媒产品在国际市场的比较优势、规模经济优势和竞

---

① 考林·霍斯金斯，斯图亚特·迈克法蒂耶，亚当·费恩.全球电视和电影：产业经济学导论[M].刘丰海，张慧宇，译.北京：新华出版社，2004：56.

争优势,提供一个独特而有效的温床和舞台。① 相比小国,大国经济能够集中优势资源进入资本密集度较高的行业,缩短产业升级的时间;凭借国内的市场规模和生产资源条件,大国经济即使在外贸比重较低的条件下也能进行专业化生产,实现规模经济。② 德隆·阿西莫格鲁(Daron Acemoglu)、林(Linn)、梅利茨(Melitz)和奥塔维亚诺(Ottaviano)的研究也证明,市场规模的扩大有助于企业生产率水平和创新能力的提升。③ 库姆斯(Combes)等认为,大国市场从两个方面提升企业的生产率水平:企业集聚效应和企业选择效应。前者增强了企业之间的技术和研发合作,降低企业的研发成本;后者通过产业进入退出条件,筛选出产业技术或者生产率更高的企业。④ 可见,统一而广阔的大国市场甚至要比产业政策更能提升企业的生产率和创新水平。

在此基础上,朱春阳指出,中国文化产业国际竞争力的天然资源优势就在于大国国内市场规模。⑤ 这种对于国内市场重要性的判断,在党和政府的顶层战略规划中也能得到印证。党的十八大报告指出:"要牢牢把握扩大内需这一战略基点,加快建立扩大消费需求长效机制。"这是党中央首次从"战略基点"的概念和高度,从基础性、关键点上来定位和概括"扩大内需"。⑥ 2022 年 3 月 25 日,中共中央和国务

---

① 钟昌标.大国国内市场体系与国际竞争力的关系[J].杭州电子科技大学学报(社会科学报),2005(03):1-6.
  朱春阳.如何撬开阻隔全国性电视产业市场生成的大门?——以 2005—2012 我国省级卫视"选秀"节目热潮演变为例的阐释[J].新闻大学,2013(05):98-105.
② 黄先海,张胜利.中国战略性新兴产业的发展路径选择:大国市场诱致[J].中国工业经济,2019(11):60-78.
③ Daron Acemoglu & Joshua Linn. Market size in innovation: Theory and evidence from the pharmaceutical industry[J]. The Quarterly Journal of Economics, 2004, 119(3): 1049-1090.
  Melitz Marc J. & Giancarlo I. P. Ottaviano. Market size, trade, and productivity[J]. The Review of Economic Studies, 2008, 75(1): 295-316.
④ Combes, P., G. Duranton, L. Gobillon, D. Puga, and S. Roux. The productivity advantages of large cities: Distinguishing agglomeration from firm selection[J]. Econometrica, 2012, 80(6): 2543-2594.
⑤ 朱春阳.我国影视产业"走出去工程"10 年的绩效反思[J].新闻大学,2012(02):110-117.
⑥ 王强东.为什么要牢牢把握扩大内需这一战略基点?[EB/OL].(2012-12-26)[2019-12-29].http://news.ifeng.com/gundong/detail_2012_12/26/20537797_0.shtml.

院发布的《关于加快建设全国统一大市场的意见》进一步明确了"建设全国统一大市场"的战略地位,指出:"加快建立全国统一的市场制度规则,打破地方保护和市场分割,打通制约经济循环的关键堵点,促进商品要素资源在更大范围内畅通流动,加快建设高效规范、公平竞争、充分开放的全国统一大市场,全面推动我国市场由大到强转变,为建设高标准市场体系、构建高水平社会主义市场经济体制提供坚强支撑。"

其次,产业集群的打造作为迈克尔·波特钻石体系的落脚点,也被学者们视为衡量动画产业国际竞争力培育的关键,并针对当前集而不群的产业现状,提出了一系列构建产业集群的建议,包括构建虚拟产业集群来摆脱基于地理接近性所建集群的分割状态。因此,在全国层面产业集群建设的不力,实际上是基于区域利益的产业政策所致,根本原因还是未建立起统一的国内市场。

基于以上两点分析,本书认为,统一的大国市场是政策驱动时期中国动画产业国际竞争力的桎梏之源,而阻挠形成统一国内市场的,正是由电视渠道主导下,通过电视播放补贴和电视播放限额政策所形塑的产业结构和环境。

在这一过程中,电视平台的频谱稀缺和区域分割对大国市场进行了人为的限额和切割,电视渠道国有垄断的特性也形成了不公平的竞争环境和不充分的竞争程度。基于电视频道体系的动画产业政策放大了这种系统性缺陷,最终形成中国动画产业国际竞争力羸弱的局面。

二、互联网推动产业国际竞争力路径创新

互联网这一技术性机会的出现,逐渐解决了这些政策遗弊。
2012年前后,互联网这一全新的产业技术变量开始发挥作用。互

联网平台取代了电视频道成为动画的主播放平台,从而通过媒介的替换和平台的搭建,实现了统一的全国性市场。具体从重塑大国优势和构建创新网络两个方面展开。

在大国优势方面,已有研究和来自美国好莱坞、日本动漫的案例显示,超大市场规模是文化产业国际竞争力实现的内部基础,只有具备大国市场的规模优势,文化产品才能在国内收回成本,进而以更低廉的价格出口海外,形成国际竞争优势。

在传统电视动画时代,渠道的有限性和垄断性导致动画产业的低幼化,题材受限,体裁也有限。互联网出现之后,形成了互联网动画这一全新的增量空间,扩大的播放渠道拓宽了动画消费的市场,形成了全龄化、全国性的大规模市场。

除了在需求端重塑了大国优势,在供给端,互联网也以平台的形式聚合了多种高级生产要素,形成了相关产业的价值网络,并出现了具有国际视野的互联网视频平台公司,最终形成了基于互联网架构的动画虚拟产业集群。更为重要的是,在互联网连接的本质属性作用下,动画虚拟产业集群中逐渐形成了基于平等连接功能的企业间创新网络。创新网络的形成,最终解决了以往动漫产业园区集而不群的问题。

三、互联网技术的产业风险反思

技术并不是万能的,互联网在逐渐解决以往产业政策遗留问题的同时,也会因其本身的属性带来一些新的产业风险。因此,在迈克尔·波特的钻石模型中,技术不仅仅是作为机会存在,同时具有风险。

就以互联网为基础结构的中国动画产业来说,网络的外部性、头部上市平台的逐利性和垄断倾向、视频推荐算法等技术的伦理问题,以及互联网飞速发展时期带来的强烈不稳定性等,都可能对动画产业的未来发展造成影响。

（一）平台垄断及其外部性风险

2018年,"平台经济"首次被写入政府工作报告。与"集市"等传统的市场平台不同,互联网技术所搭建起来的虚拟的、跨区域的市场平台容量急剧膨胀,并且通过平台企业AI算法等技术创新,平台识别供给和需求要素、撮合供需双方的能力日益强大,由此形成了平台经济,平台本身也成长为头部网络企业。在2019年10月全球市值前十企业中,涉及平台搭建业务的互联网企业就占据六席:苹果、谷歌、亚马逊、腾讯、阿里巴巴、脸书。[①]

相对于企业和市场,平台延伸了主体边界,广泛地降低了交易成本,激发了正网络外部性,平台参与者越多,交易成本越低,效率也越高。[②]这种参与人数越多、边际成本越低、边际效应越高的经济模式,无疑会促使平台规模越来越大,最终走向赢者通吃的垄断局面。

换言之,虽然在平台内部实现了生态共赢,帮助众多合作者实现了价值创造,[③]但是平台之间的竞争日益激烈,早年如腾讯和360的"3Q"大战,就给我们展示了头部平台之间强烈的排他性特征。

在网络视频平台领域,从最高峰时国内有上百家视频网站,到如今爱奇艺、优酷、腾讯三足鼎立的格局,似乎市场向寡头垄断的方向发展。但是正如本书之前所论证的,"竞合"的关系不仅仅是平台企业们的基本行为模式,也是网络经济理论所形成的客观效果。

在网络视频消费还处于飞速成长期的现在,市场尚未成熟到进入"收割期"。外加BAT都将爱奇艺、优酷、腾讯视作5G时代用户的流量

[①] 吴碧慧.全球市值前十公司十年对比:高科技企业占比从3家变化到7家[EB/OL].(2019-10-10)[2019-12-29].https://tech.sina.com.cn/roll/2019-10-10/doc-iicezuev1239263.shtml.

[②] Michael A. Cusumano. Staying power: Six enduring principles for managing strategy and innovation in an uncertain world[M].Oxford: Oxford University Press, 2010: 17-52.
崔晓明,姚凯,胡君辰.交易成本、网络价值与平台创新——基于38个平台实践案例的质性分析[J].研究与发展管理,2014,26(03):22-31.

[③] 程喻.走向垄断是平台的宿命[N].证券时报,2018-09-01(A008).

入口,在集团中战略地位日益提高。因此,在爱奇艺、优酷、腾讯中也较难像滴滴和快的、美团和大众点评合并一样形成巨无霸企业,竞合关系仍将长期维持下去。

但即便是竞合关系,我们仍然要警惕其中合作的成分。因为在具体行为中,如果合作的成分过大,并威胁到市场的公正性,那么同样可能带来垄断的负外部性风险。

首先,在垄断对消费者的影响方面,我们需要注意网络平台在收费会员体系内的版权独占问题。

曾田认为,利用独家内容锁定用户注意力是现阶段网络内容平台的主要竞争手段。在注意力经济的背景下,网络内容平台不仅可以通过网络外部性限制竞争者进入,还能够基于版权的排他性获得独特的竞争优势,呈现出对传统内容市场的整合趋势。这在网络视频平台上体现为对版权的独占,以及通过上游生产力量的整合带来版权资源的垄断。[①]

通过独占版权,视频网站获得了会员收费的合理性依据。优酷、爱奇艺、腾讯的收费 VIP 制和哔哩哔哩的大会员制的主要权益就是对一些热门剧集、综艺和动画片的排他性观看权益。这种发行模式被称为"消费者价格歧视",也是传媒公司通常采用的一种方式。但是,在《陈情令》《庆余年》等网剧中,却出现了一些在收费 VIP 之内的额外收费项目,如插播广告、植入广告、提前观看另收费等,引起了 VIP 用户的反感和舆论的热议。另外,一些视频网站的年费采取自动续费的方式,不提醒消费者,也引起了消费者权益保护机构的批评。视频网站在收费制度方面之所以如此"任性",一方面是出于高企的内容成本压力,另一方面是由于独占优质剧集版权,即便在播放过程中插播临时性广告或收费,用户也几乎没有选择的余地。随着平台之间版权合作的频率提升,这些额外的收费往往是几大平台同步推出,让这种合作中的垄断性更加明显。

其次,在垄断对生产者的影响方面,我们也要注意未来平台对小微

---

① 曾田.网络内容平台竞争与反垄断问题研究[J].知识产权,2019(10):45-60.

生产者的利益侵占问题。

视频平台的节目大多仍为专业制作公司所作,平台通过版权购买的方式引入,但随着动画生产技术门槛的降低和PUGC的进一步发展,网络平台有望成为像淘宝一样更为零散的双边平台。

当PUGC动画内容越来越多时,意味着生产方的权力逐渐分散化,平台的相对话语权更高。在这种情况下,平台有可能出于自身利益的考量,制定一些有损小微生产者的制度。相关风险在网络文学产业已经出现苗头:2020年5月,阅文集团的新版合同引发众多网文作者的强烈抵制,网文作者发起"五五断更节",演化为创作者对平台资本力量的对抗。

可见,无论是消费者还是生产者,平台作为双边市场的载体,一旦拥有了垄断身份,就可能给平台的参与者带来负外部性影响,损害竞争关系和利益分配的公平性。

(二) 算法偏向及其新计划经济风险

网络平台作为一个虚拟的企业集聚空间,其最基本的结构基础就在于以互联网代表的网络技术。在传统经济时代,市场交易具有高摩擦和高耗散的特征,过多的中间环节和市场信息耦合中出现的耗散形成了科斯意义上的交易成本。平台经济就是通过开放且透明的机制设计,减少了市场环节过多带来的摩擦和耗散。这种机制取决于各种技术手段的支撑,数据和知识运用于决策,关键在于平台的算法。[1]

早在2014年,爱奇艺在全球范围内建立起基于搜索和视频数据理解人类行为的视频大脑爱奇艺大脑,用大数据指导内容的制作、生产、运营、消费。爱奇艺对自媒体内容构建多维度数据算法模型,爱奇艺号榜单将完整呈现自媒体账号的价值全貌,并更好地为内容创作者提供运营数据支持和商业价值评估。在为合作者提供创作帮助方面,爱奇

---

[1] 吕本富.从平台经济到平台经济学[J].财经问题研究,2018(05):12-16.

艺号同样利用AI智能与大数据分析,帮助创作者了解当前热门内容,掌握粉丝兴趣、受众画像、舆论动向等重要的数据。[1] 环顾如今的谷歌、今日头条、腾讯社交网络、摩拜单车和阿里巴巴等网络平台,同样也是基于算法来实现人和服务双边供需资源的对接。其中,今日头条的算法机制使其在不生产内容的情况下超越了所有新闻机构客户端,成为最受欢迎的新闻资讯App。

然而,算法背后的伦理问题,却成为日益严重的技术风险。2017年7月6日,《人民日报》发表《新闻莫被算法"绑架"》的评论文章,指出"一些热衷于搬运新闻、沉溺于算法的客户端在商业上取得成功之后,却给新闻的未来带来了很大的负面影响。搭上所谓算法的'便车',一些原本信息量丰富的新闻客户端推荐的内容越来越单一,一些原本客观公正的内容生产者变得越来越偏激,一些新闻媒体原本宏大的格局变得越来越狭小"。[2] 9月,人民网连续三天发表署名"羽生"的评论文章,指出算法推荐平台存在价值观缺失、制造信息茧房、竞争手段屡破底线三大问题。

面对主流舆论的诘问,今日头条创始人兼CEO张一鸣在微头条上发布公开信致歉和反思:"产品走错了路,出现了与社会主义核心价值观不符的内容,没有贯彻好舆论导向,接受处罚,所有责任在我。"张一鸣称,公司存在问题的深层次原因是:"四个意识"淡薄、社会主义核心价值观教育缺失、舆论导向存在偏差。一直以来,公司过分强调技术的作用,却没有意识到,技术必须要用社会主义核心价值观来引导,传播正能量,符合时代要求,尊重公序良俗。张一鸣表态,"将立即着手改变,改变自己的思想,改变我们的做法。"[3]

---

[1] 林余.动漫红利"拐点"已至:科技+国漫才是未来增长之匙[EB/OL].(2019-11-08)[2019-12-29].https://new.qq.com/omn/20191108/20191108A0QJ7W00.html.
[2] 刘鹏飞,朱燕,贺觉渊.传媒媒体新闻客户端的发展与突破[J].新闻战线,2017(21):87-89.
[3] 汪晓慧.算法价值观之问:今日头条张一鸣公开致歉 流量估值逻辑或生变[EB/OL].(2018-04-11)[2019-12-29].http://www.eeo.com.cn/2018/0411/326413.shtml;
董毅智.算法中的矛盾[J].现代企业文化(上旬),2018(06):60-62.

随后,因为"早孕网红"事件,快手、火山等短视频平台也被中央电视台点名批评,进而被推到舆论的风口浪尖。对此,快手创始人兼CEO宿华发表题为《接受批评,重整前行》的文章,对批评进行了回应、道歉和反思。"重整社区运行规则,将正确的价值观贯穿到算法推荐的所有逻辑之中,坚决抵制和删除违法违规及色情低俗视频,建立专门的青少年保护体系,打造一个风清气朗、健康向上的负责任的互联网社区。""社区运行用到的算法是有价值观的,因为算法的背后是人,算法的价值观就是人的价值观,算法的缺陷是价值观上的缺陷。"①

在动画产业方面,也出现过严重的算法推荐事故。

2018年,一篇名为《一群变态锁定观看YouTube的孩童我以前为他们工作》的文章引起热议。文中提到,作者所在的公司将儿童熟悉的卡通人物包装成血腥暴力或软色情内容,甚至是虐童的动画或真人小短片。而这些"毒视频"已悄悄流入国内,更有甚者制作出中国版儿童"邪典"动画。内容包括以亲子互动为掩饰,借用天线宝宝、蝙蝠侠、小猪佩奇等儿童动画IP,实际内容却是儿童不宜,甚至教唆犯罪。舆论爆发之后,相关视频网站均发布声明,表示将下架、屏蔽问题视频。中央宣传部、中央网信办、文化部、国家广播电视总局、全国"扫黄打非"工作小组办公室随即做出部署,开展针对网络直播平台传播低俗色情暴力等违法有害信息和儿童"邪典"动漫游戏视频的集中整治行动。

这种儿童"邪典"动画混杂在儿童动画片中,如果通过制作机构"刷流量"的作弊手段,很轻易就可以获得平台的推荐和分发。究其原因,正是平台算法机制对流量的重视。

2016年,阿里巴巴集团马云提出"新计划经济"的设想,认为传统计划经济和市场经济的概念将被数据和算法重新定义:"计划经济将会越来越大。因为数据的获取,我们对一个国家市场这只无形的手有可能

---

① 李泰安.以大数据思维凝聚新媒体时代的社会共识[J].传媒,2018(23):88-90.

被我们发现","在大数据时代,特别是万物互联的时代,人类获得数据的能力远远超过大家想象,人类取得对数据进行重新处理以及处理速度的能力也远远超过大家所想。所以,我想说明的一个问题,由于大数据让市场变得更加聪明,由于大数据,让计划和预判成为可能。"①但马云的这一说法受到经济学界的一致批驳。钱颖一认为,中国经济的成功证明了计划经济应向市场经济转轨。吴敬琏认为,东欧的计划经济实践证明了计划模拟市场的理论是不可行的。张维迎认为,马云的错误在于,企业的决策一定是超越数据的,是企业家的决策。②

如果暂且搁置这一论断的争议,我们会发现"新计划经济"在算法所左右的内容平台经济中已能窥见苗头,算法推荐机制在很大程度上决定了内容产品的供给结构。点击与分成收入之间的挂钩导致"标题党""标签党"出现,这本身就是创作者对基于流量的算法的迎合。因此,我们看到,在互联网平台上,一旦某类型动画片受到欢迎,就出现一窝蜂效仿。这与在电视频道中出现的电视剧同质化是类似的,区别仅在于在电视剧市场上,制作者迎合的不是电视台的节目采购部门,而是网络平台的算法。

与今日头条一样,头部网络平台也意识到算法可能引发的价值观问题。2018 年 9 月 3 日,爱奇艺发布声明,正式关闭显示前台播放量,取而代之的是一个叫作"热度"的衡量单位。它由用户的三类行为构成:第一类是直接发生的观看行为,一共有多少人看过,看了多长时间;第二类是看的过程中产生的互动,想法、评价、顶踩态度、弹幕等等;第三类是分享行为,比如我愿意给我朋友推荐,分享多少次……③2019年,优酷宣布"破除流量喧嚣,回归内容本心",关闭前台播放量,以热度指数代替原有的播放量指标。热度指数反映的是当前内容在优酷平台

---

① 贺军.新计划经济论的可能影响值得警惕[N].社会科学报,2017-08-03(02).
② 贺军.新计划经济论的可能影响值得警惕[N].社会科学报,2017-08-03(02).
③ 传媒评论.爱奇艺用"内容热度"取代前台播放量,热度怎么算?[EB/OL].(2018-10-16)[2019-12-29].https://xw.qq.com/cmsid/20181016B1CDPW/20181016B1CDPW00.

受欢迎程度,通过计算用户在优酷全平台的多维度用户行为(如连看、拖拽、收藏、弃剧等)数据而得出。[①]

但即便从形式上告别了以流量为导向的算法推荐机制,平台新推出的热度依然是基于算法的,其技术属性决定了算法的偏向依然存在。在算法被各大平台视作商业机密的情况下,这一"黑箱"要接受社会和政府的监督也并不容易。

总之,无论是平台垄断所带来的外部性影响,还是算法偏向可能诱致的新计划经济危机,其实都是对公平、健康的市场秩序的挑战,而本质都是基于上市企业的内在赢利冲动。因此,在看到互联网对于整个动画产业带来积极影响的同时,我们还应该警惕上述两种风险对市场多元性、公正性、创新性和社会主流价值观的影响。

四、政策与技术对产业国际竞争力的协同培育

本书用迈克尔·波特的钻石模型框架,分析了互联网作为突出的技术性机会,对产业环境四要素的影响和对产业集群形成的推动作用,展示了互联网时代中国动画产业国际竞争力培育的新路径。

在钻石模型中,政策和技术作为不可忽视的两大变量,在两个顶端分别对四要素构成影响。通过这种影响,政策和技术也形成了互动关系。本章第二节分析了技术要素对于产业政策历史积弊的一些回应和解决。同时,本章第三节呈现了互联网技术的另一面:和政策一样,技术并不完美,在推动产业发展中存在"基因的缺陷",由此构成了互联网时代中国动画产业国际竞争力培育新路径的未来风险。

在这种情况下,作为共同作用的两个变量,技术与政策之间的关系

[①] 邱峻峰.继爱奇艺之后,优酷宣布关闭前台播放量,推出热度指数[EB/OL].(2019-01-18)[2019-12-29].https://baijiahao.baidu.com/s?id=16229703224876830049&wfr=spider&for=pc.

第七章 技术与政策：动画产业国际竞争力的协同培育体系

不再局限于前者拯救后者，而是同时形成了后者拯救前者的可能。因此，在技术属性导致的负外部性爆发时，诉诸政策或许是最佳的行动指南。

下面将基于"政策-技术"两要素的交互关系，站在政策角度提出一些可行性建议，以期更好地优化钻石模型的运行效果，对互联网时代中国动画产业国际竞争力培育新路径的可能风险做出预判和政策性规避。

（一）尊重创新，完善知识产权法律法规体系

对于逐渐从劳动密集型产业向知识密集型产业转型的中国动画产业来说，创新是核心竞争力。熊彼特在创新理论中将创新分为五种：新产品、新生产方法、新市场、新原料来源和新组织结构。① 中国动画产业的这五种创新在互联网中都得到了实现：新的网络动画产品、新的网络生产和分发技术、新的圈层市场、泛娱乐中新的 IP 来源、由互联网所重构的新组织结构。其中，无论是产品还是生产和分发技术，都以知识产权的形式存在。动画产业的核心能力就是在 IP 生产和分发方面的创新能力。

因此，出于对动画产业核心能力的保护，中国需要尽快建立起一套基于互联网的知识产权保护、交易和融资的法律法规。

第一，在知识产权保护方面，需要针对互联网动画片这一特殊领域，在认定、保护和处罚三个方面形成系统性政策。例如一些 UP 主将动画片进行剪辑和配音作为作品播出，是否构成侵权？另外，区块链在提升为国家层面战略之后，是否可以用于网络动画的版权认定和跟踪？动画的形式和真人的形式在版权认定方面有哪些特殊性？这都是法律法规制定者需要考虑的问题。

第二，在知识产权交易方面，信息不对称、资产的专用性和交易过

---
① 约瑟夫·熊彼特.经济发展理论——对于利润、资本、信贷、利息和经济周期的考察[M].何畏，易家详，等，译.北京：商务印书馆，1990：73.

程中潜在的不确定因素等导致双方的交易成本时有上升,比如信息搜索困难、侵权诉讼纠纷、合同履行不当等,构成知识产权交易的操作性难题。这一难题在互联网时代愈发严重。互联网时代,动画片的形式多元,IP的开发横跨多种产品品类,外加IP数量呈几何级数增长,使得传统的知识产权交易系统已无法满足需求。这就需要政府从统一的国内市场出发,构建全国范围内的知识产权交易平台,并根据互联网动画视频的特性,设置相适应的交易环节及规则。

其中,互联网平台企业是网络知识产权交易平台搭建时可以重点考虑的建设载体。例如,阿里巴巴集团旗下的IP授权交易平台"阿里鱼",主打为版权交易双方提供"一站式互联网授权解决方案",通过利用阿里大数据平台,为IP方和品牌方提供匹配洽谈、在线授权、联合营销、自动化销售分账等全链路服务。

第三,在知识产权融资方面,要尽快研究推出知识产权证券化的法规体系。

融资难是中国动画产业发展长期以来的痛点所在,在政府补贴"有心无力"、民间资本"忽冷忽热"的情况下,从动画核心产品IP出发的知识产权证券化可能是未来为中国动画产业持续输血的法宝。

在这方面,爱奇艺已经做出相关尝试。2018年年底,中国首单知识产权供应链金融资产支持专项计划"奇艺世纪知识产权供应链金融资产支持专项计划"(奇艺世纪知识产权供应链ABS)在上海证券交易所成功获批发行。奇艺世纪知识产权供应链ABS基础资产债权的交易标的物并非固定资产,而全部为知识产权,总规模约4.7亿元。评级机构对全部奇艺世纪知识产权供应链ABS优先级证券的评级为AAA。①作为"第一个吃螃蟹的人",爱奇艺有创新的底气:截至2018年9月30日,爱奇艺版权内容资产较2017年增长44.5%,自制内容资产较2017年增长160%,累计拥有许可版权(流动资产)11亿元、许可版权(非流

---

① 谢若琳.文化产业实践融资新路径　国内发行首单知识产权供应链ABS[N].证券日报,2019-01-02(D3).

动资产)67亿元、自制内容41亿元。①

在平台企业开始逐渐尝试新融资方式的情况下,相关政策法规必须及时跟进,探索如何在为优质IP减轻融资成本的同时,不会带来新一轮的投资泡沫。这需要与知识产权的认定和交易环节形成联动,从而形成对知识产权客观准确的估值体系。

(二) 节度资本,形成网络反垄断法律法规体系

2018年8月31日,第十三届全国人民代表大会常务委员会第五次会议通过了《中华人民共和国电子商务法》(简称《电子商务法》),并于2019年开始施行。《电子商务法》总则第二条说明:"电子商务,是指通过互联网等信息网络销售商品或者提供服务的经营活动。利用信息网络提供新闻信息、音视频节目、出版以及文化产品等内容方面的服务,不适用本法。"其起草者之一中国人民大学法学院副院长杨东却表示,"《电子商务法》是全世界第一部真正意义上的平台经济的综合性立法。它涵盖的不仅仅是我们狭义上所说的电商,而是整个平台经济,像社交平台、共享单车、视频、游戏等,其实都是平台,在《电子商务法》概念中都能涵盖"。② 中国政法大学传播法研究中心副主任朱巍也认为,《电子商务法》必须要与平台创新相适应,例如视频消费和电子商务现在呈现出融合态势,法律需要及时跟进,将这些平台经济新业态涵盖其中。③

近年来,平台经济,尤其是平台垄断被纳入监管视野。2021年,国务院反垄断委员会发布了《国务院反垄断委员会关于平台经济领域的反垄断指南》。2022年,中国修改了《中华人民共和国反垄断法》,规定"具有市场支配地位的经营者不得利用数据和算法、技术以及平台规则等从事前款规定的滥用市场支配地位的行为",同时增加了《互联网平

---

① 每日经济新闻.我国首单知识产权供应链ABS成功发行 "第一个吃螃蟹"的爱奇艺和知识产权资产证券化新思路[EB/OL].(2018-12-15)[2019-12-29].https://baijiahao.baidu.com/s?id=1620750897081944926&wfr=spider&for=pc.
② 戈晶晶.法律促进平台经济健康发展[J].中国信息界,2019(05):27-31.
③ 戈晶晶.法律促进平台经济健康发展[J].中国信息界,2019(05):27-31.

台反垄断监管执法制度规则》,修订完成了《禁止垄断协议规定》《禁止滥用市场支配地位行为规定》等配套规章。

本书前文分析了在整体竞合状态下互联网平台企业的垄断行为风险,即对广大消费者和小微生产者可能带来的利益侵占问题。目前,《电子商务法》对平台垄断问题的规制仍存在一些争议。国务院2019年发布的《关于促进平台经济规范健康发展的指导意见》对此做了进一步的解释,要求出台保护交易监管管理的有关规定,依法查处互联网滥用市场支配地位、限制交易、不正当竞争等违法行为。严禁平台单边签订排他性服务合同,保障平台经济相关市场主体公平参与市场竞争。

一般电子商务平台所出现的"大数据杀熟""二选一"等问题在网络视频平台中还未出现。但具体到动画市场中,如何判断视频平台的支配地位?如何认定其限制交易或不正当竞争行为?由于视频消费需求的非排他性,目前几家平台收费会员之间存在不小的重合比例,似乎证明了排他性这一判断垄断行为的指标失去效用。但《庆余年》等共同播出、联合提价的案例,又显示出视频平台在合作制度下实现了垄断性实质。如何认定这种行为并进行规制,可能是《电子商务法》《反不正当竞争法》《反垄断法》下一步重点考虑的内容之一。

(三)强化价值,探索价值监管和内容审核法律法规体系

动画产品作为典型的公共产品,具有经济和文化的双重外部性。经济外部性可以通过动画产业商业模式的逐渐成熟得到缓解,而文化外部性必须由政府部门出面进行规制。

如之前提及的价值观监管方面,上市互联网企业的逐利性、平台算法的流量偏好,使动画产品出现过度迎合需求,甚至媚俗的现象。例如,二次元动漫文化源自日本,其中有一些与中国主流价值观不符的元素,但随着二次元动漫在国内受众中的影响力日增,视频平台大量推介日本番剧,却没有对其中的内容进行足够的审查,导致大量低俗内容涌入。2018年,中央电视台点名批评哔哩哔哩平台上存在大量低俗动画

作品,有些甚至涉及兄妹恋等乱伦内容。这显示出平台在内容审查方面的不作为或低作为,因为其中不少低俗动画还被编辑推至首页。为此,哔哩哔哩一次性下架了几百部动画番剧,并临时关闭了弹幕功能进行自查自检。

这一现象的根源其实是中国迟迟未出炉的影视作品分级制。由于上网年龄的日益下降,大量青少年,甚至儿童都有接触互联网动画的机会。在没有足够可靠的技术型屏障普及之前,分级制并没有实施的土壤。于是,解决这一问题只能依靠政府更新内容审查体系。

以往网络动画片的审核采取的是自审自播备案,制作方只要提交宣传、发行素材、作品介绍的图片和文字,几乎零周期就可以完成备案,并生成审核备案号,然后由平台方简单审核便可播放。

而自2018年始,国家开始升级对网络综艺、网络剧和网络动画的监管。2019年2月,国家广播电视总局升级新增"重点网络影视剧信息备案系统模块",要求投资超过500万的网络剧、网络动画和投资超过100万的网络电影主动备案,具体如表8所示。

表8 2018年国家广播电视总局对重点网络综艺、
网络剧、网络动画的监管新规[①]

序号	新 规
1	网络电影、网络剧、网络动画片将于明年2月开始由节目制作公司(片方)进行备案(含节目规划备案及上线备案),不再通过网络播放平台进行备案
2	节目规划备案提交后,在未取得规划备案号前(人工进行立项审核,发放规划备案号),不得进行拍摄(同电影、电视剧剧本立项管理要求)

---

① 站长之家.网络视听监管新规:明年2月起网剧取消自审自播[EB/OL].(2018-11-26)[2019-12-29].http://www.sohu.com/a/277818492_114774.
海峡网.网络视听监管新规是什么?网络视听监管新规都有哪些内容细节曝光[EB/OL].(2018-11-25)[2019-12-29].http://www.hxnews.com/news/gn/shxw/201811/25/1657453.shtml.

续 表

序号	新　　规
3	节目上线备案提交后,片方向广电提交成片进行审核,审核通过后发放节目上线备案号;在经拍摄许可后进行拍摄、制作完成以后,成片需提交省级广电局进行审核,审核通过后再发放上线资质
4	网络播放平台进行成片合作,须采买已经取得上线备案号的节目(购买还未发放上线备案号的节目,可能存在不能上线播出的风险)
5	新规实施后,所有备案节目要进行规划剧本审核及上线成片审核(一剧一审),过审后发放备案号

这种网上网下导向管理"一个标准、一把尺子"的原则,无疑对以往粗放式发展的网络动画形成了强有力的规制效应。但同时,这也让以往在电视电影内容审查中的"黑箱"效应在网络动画中出现。在只有播出才能产生后续收益的情况下,如何保证过审？这不仅仅是动画生产企业需要解决的问题,也是政策制定者需要重点考虑的要素。因为一旦制作完成却无法播出,实际上是对产业资源的巨大浪费。因此,需要政府在价值监管和内容审查中,进一步探索更加细化、具有可操作性的审查条例,以指导动画的生产过程,保证动画生产在安全线内完成,以期实现经济效益和社会效益。

本章小结
优化产业政策更新时滞,提高政策技术互动效率

在迈克尔·波特的钻石模型中,政策和技术分别给四要素带来直接影响,形塑了产业环境的基本样貌。但本书认为,政策与技术之间的互动同样不可忽视。二者并非"你方唱罢我登场"的孤立因子,而是在任何时期都同时发挥作用的互动性体系。前文在梳理中国动画产业国际竞争力路径变迁时,将政策驱动主导时期的时间点划为2002—2012

年,将技术驱动主导时期的时间点划为 2012 年至今。需要说明的是,2012 年之后,虽然互联网视频网站作为技术驱动要素正式入局中国动画业,但政策在这一期间从未缺席,扶持和激励政策仍然层出不穷,只不过在具体内容上从简单的产量刺激向提质增效整体转轨。这种转轨正体现出在新技术条件、新产业环境下政策发展的自觉性。

诚然,互联网这一技术变量的出现为中国动画产业国际竞争力的培育塑造了全新的土壤,带来了全新的契机,也解决了禁锢多年的产业问题,构建了产业集群,重塑了大国优势。但同时,技术也具有局限性,可能带来的平台垄断、算法偏向等经济和伦理问题,都让这一产业创新升级之路充满不确定性。但反过来看,这也恰恰证明了政府"看得见的手"存在的意义。本书认为,通过完善知识产权法律体系、构建网络反垄断法律体系、探索价值监管和内容审核与分级法律体系,政策有望在经济和效率的正向维度上,给技术创新提供帮助,让政策和技术两者在良性互动中,携手促进中国动画产业国际竞争力的长足发展。

如何良性互动?本书认为,最根本的就是要提高政策更新的频率。

据解学芳对国内外文化产业发展历史的研究,科技和文化产业制度长期保持着和谐互动的关系,但是在短期内,文化产业制度建构和科技发展往往存在时滞性。例如,在中国电影业中制度滞后于技术 84 年,在电视业中制度滞后于技术 61 年,网络文化产业的时间差最小,为 6 年。[①] 网络文化产业政策更新频率比其他文化产业类别高很多,但即便是 6 年,仍是远远不够的。互联网技术发展日新月异,几乎每年都会有新的技术形态和文化产业创新产品出炉,只有提高政策更新的频率,才能及时回应技术带来的问题,将政策刚性与产业变动之间的摩擦降至最低,最大限度发挥技术的动能作用。

---

① 解学芳.科技发展与文化产业管理制度建构的逻辑演进[J].科学学研究,2010,28(12):1820-1831.

结　语

一、互联网驱动下动画产业国际竞争力的培育路径创新

在传统国际贸易理论体系中，无论是马歇尔的比较优势理论，还是后来改进的要素资源禀赋理论，都强调资源禀赋的差异性具有很大的先天性。但熊彼特从技术创新的角度指出，产业发展的实质就是由以科技创新为主导的一个不断破坏旧的、创造新的内部经济结构的一种创造性破坏的过程。① 在这种创新中，产业得以发展并形成相较别国的优势。到了迈克尔·波特的产业国际竞争力理论中，"创新"二字更加贯穿始终。迈克尔·波特钻石模型的落脚点是推动基于创新网络的产业集群的形成，而产业集群除了降低各种成本之外，"更重要的是可以改善创新的条件、加速生产率成长，更有利于新企业的形成"。② 作为钻石模型四要素关系的优化力量之一，政府政策的主要角度应该是"改善生产率增长的环境，制定规则和政策来促使企业升级和创新"。③

中国始自 20 世纪 90 年代的高速发展，来自对外开放和劳动人口庞大的双重红利。如今这些红利开始逐渐消退，中国的发展模式必须完成从"贸工技"到"技工贸"的转型。因此，"创新"在中国经济发展的

---

① 熊彼特.经济发展理论[M].孔伟艳,朱攀峰,娄季芳,编译.北京：北京出版社,2008.
② 迈克尔·波特.国家竞争优势[M].李明轩,邱如美,译.北京：华夏出版社,2002：3.
③ 迈克尔·波特.国家竞争优势[M].李明轩,邱如美,译.北京：华夏出版社,2002：8.

顶层设计中分量日益加重。

党的十八大明确提出"科技创新是提高社会生产力和综合国力的战略支撑,必须摆在国家发展全局的核心位置",强调要坚持走中国特色自主创新道路,实施创新驱动发展战略。要素驱动将逐渐让位于创新驱动,成为引领中国发展的主线。2017年,习近平总书记在党的十九大报告中进一步指出,"创新是引领发展的第一动力,是建设现代化经济体系的战略支撑"。党的十九大和党的二十大报告均有50余次谈到创新,并提出"进入创新型国家"的战略目标。

数字文化创意产业也被列入国家创新发展战略的重要组成部分。2016年发布的《"十三五"国家战略性新兴产业发展规划》指出:"以数字技术和先进理念推动文化创意与创新设计等产业加快发展,促进文化科技深度融合、相关产业相互渗透。"同时,要"以企业为主体、产学研用相结合,构建数字文化创意产业创新平台"。2018年10月,国家统计局第15次常务会议通过了新版《战略性新兴产业分类(2018)》,增加"数字创意产业"的分类,正式将"数字文化创意内容制作服务"等增列为战略性新兴产业。

同时,顶层设计特别强调科技创新对文化产业的推动作用。2012年,科技部、中央宣传部、财政部、文化部、国家广电总局新闻出版总署联合发布的《国家文化科技创新工程纲要》指出,"充分发挥科技创新对文化发展的重要引擎作用,深入实施科技带动战略,加强文化科技创新,增强文化领域自主创新能力和文化产业核心竞争力,推动文化产业成为国民经济支柱性产业"。2019年8月,科技部等六部门联合印发《关于促进文化和科技深度融合的指导意见》,提出"构建以企业为主体、市场为导向、产学研相结合的文化科技创新体系"。

在2012年中国动画产业政策走向提质增效的通道后,政府逐渐弱化了产量扶持,取而代之的是更具内涵发展特征的创新扶持。以上一系列指向创新的"文化+科技"顶层战略,为中国动画产业在互联网新技术下的产业国际竞争力建设营造了更好的产业环境。

于是,"技术-政策"这两个给钻石模型四要素带来直接影响的变量之间形成了良好的互动:互联网平台自下而上的制播技术与商业模式的创新与扩散,产业政策自上而下地不断响应技术创新的需求,对产业政策进行调整。在这一过程中,中国动画产业环境得到不断优化,带来中国动画产业国际竞争力的不断提升。

胡惠林将文化产业的演化分为"人+手→人+机→人+网"三个阶段,其中,"人+网"的第三阶段,是新兴文化产业的社会文化生态。① 这种新兴文化产业背后,就是以互联网、大数据、人工智能、虚拟现实等一系列信息科技的驱动。在动画产业中,本书论证了以互联网为代表的技术变量对中国动画整体产业环境的影响,以及对中国动画产业集群样态的重构。这正体现了"科技+文化"的创新关系。

具体到动画产业中,爱奇艺、腾讯、优酷、哔哩哔哩等互联网视频平台,作为创新的技术力量,塑造并促进了"人+网"时代数字动画产业的发展。互联网在产业后端培育的层面对钻石模型四要素形成了优化,使政策驱动时期所存在的"量大质次""诸侯经济""集而不群"等症结有了很大程度的缓解,通过对地域和行业壁垒的突破,形成了以互联网为基础结构的大国市场和虚拟产业集群,从而实现大国优势和创新网络,提升了中国动画产业的国际竞争力。这种从互联网技术入手,在动画产业的后端培育环节发力,以大国优势和创新网络的实现为目标的产业国际竞争力培育路径创新,正是近些年动画产业"走出去"的活力之源。

二、改革开放:培育路径创新的历史底色

中国动画产业发生的变迁具有更为深远的背景,即中国改革开放的总体进程。

---

① 胡惠林.关于文化产业发展若干问题的思考[J].华中师范大学学报(人文社会科学版),2016,55(06):63-75.

爱奇艺、优酷、腾讯、哔哩哔哩等互联网视频平台都是民营企业。这就产生了一个问题，中国从中央到地方的电视台很早就建立了自己的网站，也涌现出像湖南卫视芒果 TV 这样的榜样，但它们为什么没有形成重构中国动画产业的技术力量呢？

这就需要回到改革开放之后中国经济改革的宏观图景之中去寻找答案。国有企业与民营企业之间的对比关系是改革开放之后经济研究的最重要话题之一，从新中国成立初的国有企业总体垄断性布局，到如今民营经济比重超过国营经济，其间经历了国有企业改革等众多经济转型的重大命题。为何民营经济获得如此飞速的发展？实证研究表明，在各类所有制企业中，私营企业的效率要比国有企业要高出 45.5%。[①] 另一项研究也显示，高新产业的国有企业的创新效率普遍低于民营企业。[②] 众多经济学者从体制、机制、企业家精神等各个角度都进行过原因的探析，在此不再赘述。结果是显而易见的：民营企业拥有更大的创新活力。

以视频网站为例，如今与爱奇艺、优酷、腾讯齐名的芒果 TV 作为湖南卫视的在线平台，其前身金鹰网早在 2004 年 1 月就已经上线。十个月后，民营视频网站最早的乐视网才正式成立，如今的头部视频网站成立时间更晚：新优酷的前身土豆网和优酷网分别成立于 2005 年和 2006 年，哔哩哔哩创建于 2009 年，爱奇艺于 2010 年成立，腾讯视频是到 2011 年才正式上线。同时，背靠国营电视台，金鹰网早在 2005 年就获得《互联网新闻信息服务许可证》和《信息网络传播视听节目许可证》。相比之下，金鹰网拥有充足的"先发优势"。作为专业的动画频道，2004 年金鹰卡通就开始在全国播出，可见湖南卫视并非对动漫市场熟视无睹。

但十几年之后，在动画产业中形成割据趋势的网络平台，却是成立更晚的民营视频网站。这是何故？可能有人会说，是百度、阿里巴巴和

---

① 姚洋,章奇.中国工业企业技术效率分析[J].经济研究,2001(10):13-19,28-95.
② 董晓庆,赵坚,袁朋伟.国有企业创新效率损失研究[J].中国工业经济,2014(02):97-108.

腾讯这样的互联网头部企业,在爱奇艺、优酷、腾讯的背后提供足够的财力。但实际上,无论是爱奇艺、腾讯动漫还是哔哩哔哩,在内容方面一直处于亏损的"烧钱"状态,而芒果TV早在2017年就实现了扭亏为盈,2017年盈利4.89亿元,2018年增至6.79亿元,在打包重组进上市公司芒果超媒(300413.SZ)之后,2019年度业绩中的净利润更是达到了11亿元至12亿元之巨,可见芒果TV也有"烧钱"的资本。

当然,对于市场的选择是企业的权利。芒果TV没有选择动画产业也有充足的理由。它背靠湖南卫视,最大的内容资源来自电视台拥有的名主持人和历届选秀节目培养的艺人。围绕这些资源,芒果TV在自制剧和自制综艺节目方面形成了显著的优势。对于芒果TV而言,动画可能拥有更大的市场不确定性。

因此,虽然母公司湖南卫视在中国动画片电视渠道配额时期坐收稳定的垄断租金,但作为国有企业的芒果TV并没有动力拿着用综艺和电视剧挣来的真金白银,投入风险更大的动画生产领域,也自然错失了成为动画产业变革力量的机会。

而刚开始野蛮生长的数十家民营视频网站,经过十几年的淬火磨砺、大浪淘沙,最终形成了爱奇艺、优酷、腾讯三足鼎立格局,创新的勇气正是它们获得如今市场地位的通行证。如果没有充满勇气地对动画市场结构颠覆性的重塑,中国动画产业的繁荣可能还要推迟若干年。

至此,一个清晰的结论呼之欲出了:纵然是互联网技术为中国动画产业打开了国际竞争力培育的大门,但我们也不能忘却,让这一技术充分发挥产业变革功能的是企业所有制这一制度性安排,是民营经济对市场的企图心,释放了技术的能量,带来了动画产业的整体变革。

这种变革背后,无它,正是改革开放的底色。

改革开放这一推动中国高速发展的国策,其实是本书所研究的产业国际竞争力的基本面向:对内改革,对外开放。前者是后者的基础,后者是前者的促进力量,分别对应的是产业国际竞争力的后端培育和前端贸易。作为面向后端的对内改革,包含所有制的安排,也包括互联网等技术逐步深入地运用。这些政策与技术的变量联结在一起,共同推动迈克尔·波特钻石模型中产业环境四要素的有机结合,从而构建起有利于产业国际竞争力成长的产业环境。

通过本书的论证和分析,我们可以看到,2012年后,借助互联网这一技术性机会,动画产业国际竞争力后端的培育环节进行了全方位的改革和重构,实现了国际竞争力培育路径的创新。只有通过这种历经多年的后端培育,才能由内而外地形成动画产业的国际竞争优势,才谈得上真正的"文化走出去",我们所翘首已久的"中国动画复兴",才能真正到来。

主要参考文献

一、图书

［1］安纳利·萨克森宁.地区优势：硅谷和128公路地区的文化与竞争［M］.曹蓬,等,译.上海：上海远东出版社,1999.

［2］彼得·斯旺.创新经济学［M］.韦倩,译.上海：格致出版社,上海人民出版社,2013.

［3］卜彦芳.传媒经济理论［M］.北京：中国广播电视出版社,2012.

［4］陈威如,余卓轩.平台战略：正在席卷全球的商业模式革命［M］.北京：中信出版社,2013.

［5］陈广玉,薛菁华,沙青青,等.中国电影产业发展模式创新研究［M］.上海：上海科学技术文献出版社,2016.

［6］陈焱.好莱坞模式：美国电影产业研究［M］.北京：北京联合出版公司,2014.

［7］大卫·波维特,约瑟夫·玛撒,R.柯克·克雷默.价值网：打破供应链挖掘隐利润［M］.仲伟俊,钟德强,胡汉辉,译.北京：人民邮电出版社,2001.

［8］戴维·S.埃文斯.平台经济学：多边平台产业论文集［M］.周勤,赵驰,侯赟慧,译.北京：经济科学出版社,2016.

［9］耿蕊.中国动画产业组织优化研究［M］.北京：学习出版社,2014.

［10］宫承波.中国动画史［M］.北京：中国广播影视出版社,2015.

［11］哈罗德·L.沃格尔.娱乐产业经济学：财务分析指南（第8版最新版）［M］.支庭荣,陈致中,译.北京：中国人民大学出版社,2013.

[12] 郝振省,魏玉山,王飚.2012—2013中国动漫游戏产业年度报告[M].北京：中国书籍出版社,2014.

[13] 洪茹燕.集群企业网络化创新的理论与实证研究——基于创新搜索理论的视角[M].北京：经济科学出版社,2016.

[14] 津坚信之.不可不知的日本动画史：黎明前的关西圈电视动画[M].于泳,刘永平,译.北京：化学工业出版社,2016.

[15] 吉莉安·道尔.理解传媒经济学[M].李颖,译.北京：清华大学出版社,2004.

[16] 考林·霍斯金斯,斯图亚特·迈克法蒂耶,亚当·费恩.全球电视和电影：产业经济学导论[M].刘丰海,张慧宇,译.北京：新华出版社,2004.

[17] 洛朗·克勒通.电影经济学[M].刘云舟,译.北京：中国电影出版社,2008.

[18] 卢斌,郑玉明,牛兴侦.中国动漫产业发展报告(2011)[M].北京：社会科学文献出版社,2011.

[19] 卢斌,郑玉明,牛兴侦.中国动漫产业发展报告(2012)[M].北京：社会科学文献出版社,2012.

[20] 卢斌,牛兴侦,郑玉明.中国动漫产业发展报告(2016)[M].北京：社会科学文献出版社,2016.

[21] 柳旭波.传媒业产业组织研究：一个拓展的RC-SCP产业组织分析框架[M].北京：经济科学出版社,2007.

[22] 李铁.美国动画史[M].北京：北京交通大学出版社,清华大学出版社,2014.

[23] 李天铎.文化创意产业读本：创意管理与文化经济[M].台北：远流出版公司,2011.

[24] 李思屈.数字娱乐产业[M].成都：四川大学出版社,2006.

[25] 刘友金,叶文忠.集群创新网络与区域国际竞争力[M].北京：中国经济出版社,2011.

[26] 刘斌.中国动画产业政策及创新研究[M].北京：中国传媒大学出版社,2016.

[27] 迈克尔·波特.国家竞争优势[M].李明轩,邱如美,译.北京：华夏出版社,2002.

[28] 迈克尔·波特.竞争优势[M].陈小悦,译.北京：华夏出版社,2005.

[29] 曼纽尔·卡斯特.网络社会的崛起[M].夏铸九,王志弘,等,译.北京：社会科学文献出版社,2001.

[30] 祁述裕.中国文化产业国际竞争力报告[M].北京：社会科学文献出版社,2004.

[31] 齐骥.中国文化产业集群研究[M].昆明：云南人民出版社,2014.

[32] 芮明杰,刘明宇,任红波.论产业链整合[M].上海：复旦大学出版社,2006.

[33] 孙立军.中国动画史[M].北京：商务印书馆,2018.

[34] 孙立军,孙平,牛兴侦.中国动画产业发展报告(2017)[M].北京：社会科学文献出版社,2017.

[35] 王六一.征途：走向百年的中国动画(第四卷)[M].北京：三辰影库音像出版社,2012.

[36] 王俊豪.产业经济学[M].北京：高等教育出版社,2008.

[37] 王艳萍.传媒产业组织分析[M].郑州：河南人民出版社,2014.

[38] 魏玉山.2017年中国动漫游戏产业年度报告[M].北京：中国书籍出版社,2018.

[39] 薛扬.动画发展史[M].南京：东南大学出版社,2011.

[40] 西皮尔·克莱默尔.传媒、计算机、实在性——真实性表象和新传媒[M].孙和平,译.北京：中国社会科学出版社,2008.

[41] 殷俊.动漫产业与国家软实力[M].北京：中国书籍出版社,2012.

[42] 叶文忠.集群创新优势与区域国际竞争力[M].长沙：湖南师范大学出版社,2008.

[43] 杨建文,周冯琦.产业组织：21世纪理论研究潮流[M].上海：学林出版社,2003.

[44] 岳芃.分离与重构：中国大众传媒产业经济绩效分析[M].北京：中国社会科学出版社,2010.

[45] 约翰·A.兰特.亚太动画[M].张慧临,译.北京：中国传媒大学出版社,2006.

[46] 约瑟夫·熊彼特.经济发展理论——对于利润、资本、信贷、利息和经济周期的考察[M].何畏,易家祥,等,译.北京：商务印书馆,1990.

[47] 亚当·布兰登伯格,贝利·奈勒波夫.竞合策略：商业运作的真实力量[M].黄婉华,冯勃翰,译.台北：云梦千里文化,2015.

[48] 中野晴行.动漫创意产业论[M].甄西,译.北京：国际文化出版公司,中国传媒大学出版社,2007.

[49] 增田弘道.日本动漫产业的商业运作模式[M].李希望,译.北京：龙门书局,2012.

[50] Alison Alexander, James Owers, Rod Carveth, C. Ann Hollifield, & Albert N. Greco(Eds). Media economics：Theory and practice (Third edition)[M]. Mahwah, New Jersey：Lawrence Erlbaum Associates., 2004.

[51] Bruce M. Owen, & Steven S. Wildman. Video economics[M]. La Editorial, UPR, 1992.

[52] C. K. Prahalad, & Gary Hamel. The core competence of the corporation[M]. The Macat Team, 1990.

[53] Gerald Sussman, & John A. Lent (Eds). Global productions：Labor in the making of the "information society"[M]. NJ：Hampton Press, 1998.

[54] Giuseppina Passiante, Valerio Elia, & Tommaso Massari(Eds). Digital innovation：Innovation processes in virtual chusters and

digital regions[M]. London: Imperial College Press, 2003.

[55] Harold L. Vogel. Entertainment industry economics: A guide for financial analysis[M]. Cambridge: Cambridge University Press, 1994.

[56] Howard Rheingold. The virtual community: Homesteading on the electronic frontier[M]. MA: Addison Wesley, 1993.

[57] Ken Gelder. The subcultures reader (Second edition)[M]. London and New York: Routledge, 2005.

[58] Maria Moschandreas. Business economics[M]. London: Routledge, 1994.

[59] Michael A. Cusumano. Staying power: Six enduring pinciples for managing strategy and innovation in an uncertain world[M]. Oxford: Oxford University Press, 2010.

[60] R. Lipsey, & A. Chrystal. Positive economics (Eighth edition)[M].Oxford: Oxford University Press, 1995.

[61] Richard R. Nelson, & Sidney G. Winter. An evolutionary theory of economic change[M]. Cambridge: The Belknap Press of Harvard University Press, 1982.

二、期刊

[1] 阿林·杨格,贾根良.报酬递增与经济进步[J].经济社会体制比较,1996,2: 52-57.

[2] 艾岚,阎秀萍.基于SCP范式的中国传媒产业组织分析[J].河北经贸大学学报,2014,35(05): 111-117.

[3] 鲍枫,沈颂东,王以宁.我国新媒体产业分析及发展策略研究——基于产业组织理论SCP范式分析[J].当代传播,2012,2: 64-66.

[4] 毕小青,王代丽.基于"钻石模型"的文化产业竞争力评价方法探析[J].华北电力大学学报(社会科学版),2009,3: 54-58.

[5] 褚劲风.东京动漫产业集聚空间组织与空间优化研究[J].世界经济研究,2009,6:74-79,89.

[6] 崔钟日.韩国动画产业的现状和前景[J].中国文化产业评论,2004,2(00):376-382.

[7] 崔晓明,姚凯,胡君辰.交易成本、网络价值与平台创新——基于38个平台实践案例的质性分析[J].研究与发展管理,2014,26(3):22-31.

[8] 陈劲,阳银娟.协同创新的理论基础与内涵[J].科学学研究,2012,30(2):161-164.

[9] 陈小勇.产业集群的虚拟转型[J].中国工业经济,2017,12:78-94.

[10] 陈龙.网络亚文化的"趣味"及其价值意义分析[J].湖南师范大学社会科学学报,2019,48(6):1-8.

[11] 陈少峰."互联网+文化产业"的价值链思考[J].北京联合大学学报(人文社会科学版),2015,13(4):7-11.

[12] 陈晓菡,解学芳.论我国动漫产业发展的六大瓶颈与发展趋向[J].中共宁波市委党校学报,2012,34(4):76-82.

[13] 程静薇,马玉霞.美国电影在中国市场的文化折扣:基于2009—2013年的票房数据[J].重庆社会科学,2014,7:69-75.

[14] 丁李,叶佑天.韩国动漫文创产业的发展及其向中国大陆延伸的趋势[J].电影评介,2017,24:5-9.

[15] 戴俊骋,周尚意.基于三角模型的中国城市动漫产业竞争力评价[J].经济地理,2009,29(10):1612-1618.

[16] 杜漪,徐超,吴建祖.探索我国动漫产业虚拟集群的构建框架[J].科技管理研究,2009,29(2):168-170.

[17] Francis L.F.Lee,王建陵.文化折扣与跨文化预测:以美国电影在香港的票房绩效为例[J].文化艺术研究,2008,1(1):243-252.

[18] 顾江,昝胜锋.亚洲国家文化产业集群发展模式比较研究[J].南京社会科学,2009,6:38-41.

[19] 耿蕊.中国动画产业组织分析——基于SCP的理论范式[J].出版发行研究,2012,9:29-32.

[20] 高薇华.由价值链到价值网:动漫产业的内生增长模型[J].现代传播(中国传媒大学学报),2013,35(8):100-105.

[21] 黄先海,张胜利.中国战略性新兴产业的发展路径选择:大国市场诱致[J].中国工业经济,2019,11:60-78.

[22] 黄德森,杨朝峰.基于结构方程模型的动漫产业影响因素分析[J].中国软科学,2011,5:148-153.

[23] 韩文利.国产动画电影中互联网思维的嬗变——以《十万个冷笑话》与《西游记之大圣归来》为例[J].传媒,2016,12:81-83.

[24] 胡惠林.关于文化产业发展若干问题的思考[J].华中师范大学学报(人文社会科学版),2016,55(6):63-75.

[25] 胡春雷,刘新.低幼悖论与中国动画电影市场受众[J].同济大学学报(社会科学版),2015,26(3):79-85.

[26] 林乃森.日本创意产业发展政策及其启示[J].中南大学学报(社会科学版),2011,17(1):89-93.

[27] 李子蓉.美、日、韩动漫产业发展经验及对我国的启示[J].世界地理研究,2006,4:23-29.

[28] 李思屈.文化产业的竞争要素与内涵式发展[J].杭州师范大学学报(社会科学版),2009,31(2):85-90.

[29] 李思屈.论中国文化产业发展的"3P战略"[J].西南民族大学学报(人文社科版),2009,30(3):115-120.

[30] 李怀亮.论国际文化贸易的现状、问题及对策[J].首都师范大学学报(社会科学版),2003,2:1-11.

[31] 李良荣,郑雯.论新传播革命——"新传播革命"研究之二[J].现代传播(中国传媒大学学报),2012,34(4):34-38,65.

[32] 李运强,吴秋明.虚拟产业集群——一种新型的产业集群发展模式[J].华东经济管理,2006,12:42-45.

[33] 卢晓红."互联网+"时代国内网络动画的发展趋势[J].齐齐哈尔大学学报(哲学社会科学版),2016,8:143-145.

[34] 陆玉麒,董平.区域竞合论——区域关系分析的新视角[J].经济地理,2013,33(9):1-5.

[35] 吕乃基,兰霞.微笑曲线的知识论释义[J].东南大学学报(哲学社会科学版),2010,12(3):18-22.

[36] 吕本富.从平台经济到平台经济学[J].财经问题研究,2018,5:12-16.

[37] 雷宏振,张敬博.动漫产业集群发展中"政策租"效应及其对集群知识创新绩效的影响[J].经济经纬,2013,1:56-61.

[38] 柳洲."互联网+"与产业集群互联网化升级研究[J].科学学与科学技术管理,2015,36(8):73-82.

[39] 罗建华,李铁宁,朱婀丹.文化产业组织现状及其发展和完善的目标分析——以湖南文化产业为例[J].生产力研究,2008,1:110-112.

[40] 刘斌,邹欣.日本动画产业价值链形态的创新与转型[J].现代传播(中国传媒大学学报),2019,41(6):131-135,154.

[41] 刘蕾,鄢章华."互联网+"背景下产业集群"零边际成本"趋势及其发展策略研究[J].科技进步与对策,2016,33(19):54-60.

[42] 迈克尔·E.波特,郑海燕,罗燕明.簇群与新竞争经济学[J].经济社会体制比较,2000,2:21-31.

[43] 欧阳日辉.从"+互联网"到"互联网+"——技术革命如何孕育新型经济社会形态[J].人民论坛·学术前沿,2015,10:25-38.

[44] 彭兰.连接与反连接:互联网法则的摇摆[J].国际新闻界,2019,41(2):20-37.

[45] 潘爱玲,刘文楷,邱金龙.困境与突破:新旧动能转换背景下文化企业商业模式创新研究[J].山东大学学报(哲学社会科学版),2018,2:30-37.

[46] 渠爱雪,孟召宜,杜霖,冯立娅,谢梦,何昭辉.中国城市动画产业

时空格局及其成因研究[J].地理科学,2018,38(12):1961-1969.

[47] 芮明杰.产业竞争力的"新钻石模型"[J].社会科学,2006,4:68-73.

[48] 荣文婷.浅谈动画定位的调整与成人市场开发[J].中国电视,2006,11:70-72.

[49] 孙玉成,伍婷,金美珍.新世纪韩国动画——国家策略引领与产业崛起[J].民族艺术研究,2017,30(5):72-81.

[50] 苏锋,何旭.从"求生存"到"求升级"——兼谈中国动画产业国际化战略的双重转化[J].同济大学学报(社会科学版),2016,27(3):41-49.

[51] 苏锋.对动画产品国际贸易发展历程的回溯[J].学术交流,2007,7:94-98.

[52] 苏锋.从"政策红利"到"管理红利"——兼谈中国动画产业国际化经营的战略思考[J].同济大学学报(社会科学版),2014,25(1):58-62.

[53] 宋华,卢强.基于虚拟产业集群的供应链金融模式创新:创捷公司案例分析[J].中国工业经济,2017,5:172-192.

[54] 史清琪,张于喆.国外产业国际竞争力评价理论与方法[J].宏观经济研究,2001,2:27-31.

[55] 桑玉成.地方利益形成与地方权力扩张的挑战——"现代化进程中的利益重构"系列之三[J].探索与争鸣,1994,7:3-5.

[56] 谭雪芳.不是产业链,而是价值网络——理解新媒体语境下动漫产业的新价值观[J].福建论坛(人文社会科学版),2014,6:126-131.

[57] 王玲.国际文化商品和服务流动趋势及中国文化贸易崛起——解读联合国教科文组织《文化贸易的全球化:消费的转变》[J].思想战线,2017,43(4):114-122.

[58] 王安琪,朱春阳,郭虹.产业规制视角下中国动画片"走出去"之问

题研究——以日本为参照系的考察[J].中国媒体发展研究报告,2012,00:221-243.

[59] 王小强,于杰.传媒资源整合视角下我国动漫产业升级面临的机遇与挑战——以腾讯互动娱乐、阿里大文娱、爱奇艺为中心[J].中共青岛市委党校.青岛行政学院学报,2018,4:122-126.

[60] 王彬彬,李晓燕.互联网平台组织的源起、本质、缺陷与制度重构[J].马克思主义研究,2018,12:65-73.

[61] 王缉慈,梅丽霞,谢坤泽.企业互补性资产与深圳动漫产业集群的形成——基于深圳的经验和教训[J].经济地理,2008,1:49-54.

[62] 王缉慈,陈平,梅丽霞、王敬甯,马铭波.电影产业集群的典型模式及全球离岸外包下的集群发展[J].电影艺术,2009,5:15-20.

[63] 汪振城.论播映渠道对我国民营动画产业发展的限制[J].当代电影,2010,6:147-150.

[64] 魏江,申军.产业集群学习模式和演进路径研究[J].研究与发展管理,2003,2:44-48.

[65] 吴秋明,李运强.虚拟产业集群的管理创新[J].经济管理,2008,3:11-15.

[66] 吴文华,张琰飞.企业集群的演进——从地理集群到虚拟集群[J].科技管理研究,2006,5:47-50.

[67] 吴绪亮.现代经济学的数字化革命[J].财经问题研究,2018,5:16-20.

[68] 熊澄宇,刘晓燕.国际数字动漫产业现状、趋势及对我国的启示[J].东岳论丛,2014,35(1):41-48.

[69] 解学芳.大数据、网络技术与现代动漫产业发展体系建构[J].学术论坛,2014,37(3):45-50.

[70] 解学芳.科技发展与文化产业管理制度建构的逻辑演进[J].科学学研究,2010,28(12):1820-1831.

[71] 邢华.文化创意产业价值链整合及其发展路径探析[J].经济管理,

2009,31(2):37-41.

[72] 肖光华,陈晓红.基于产业组织理论的我国报业产业实证分析[J].科技进步与对策,2005,22(4):16-18.

[73] 杨秀云,郭永.基于钻石模型的我国创意产业国际竞争力研究[J].当代经济科学,2010,32(1):90-97,127.

[74] 杨培芳.构建互联网时代的社会协同新经济模式[J].财经问题研究,2018,5:6-9.

[75] 叶建亮.知识溢出与企业集群[J].经济科学,2001,3:23-30.

[76] 姚洋,章奇.中国工业企业技术效率分析[J].经济研究,2001,10:13-19,28-95.

[77] 殷俊,杨金秀.论动漫产业六大基本特性[J].现代传播(中国传媒大学学报),2009,2:137-138.

[78] 易旭明.有效竞争视域下中国电视市场结构再考察[J].现代传播(中国传媒大学学报),2017,39(7):118-123.

[79] 严含,葛伟民."产业集群群":产业集群理论的进阶[J].上海经济研究,2017,5:34-43.

[80] 朱春阳.中国文化"走出去"为何困难重重?——以文化产业国际贸易政策为视角的考察[J].中国文化产业评论,2012,16(2):84-104.

[81] 朱春阳.我国影视产业"走出去工程"10年的绩效反思[J].新闻大学,2012,2:110-117.

[82] 朱春阳,黄筱.基于钻石模型视角的区域动漫产业扶持政策比较研究——以杭州、长沙为例[J].新闻与传播研究,2013,20(10):84-102,128.

[83] 朱方伟,高畅,王国红.产业集群的核心要素演进分析[J].科学学与科学技术管理,2004,2:66-69.

[84] 钟昌标.大国国内市场体系与国际竞争力的关系[J].杭州电子科技大学学报(社会科学版),2005,3:1-6.

[85] 郑明海.动漫产业发展的国际比较及启示——以中美日三国为例

[J].发展研究,2007,8：50-51.

[86] 张杰,刘志彪.套利行为、技术溢出介质与我国地方产业集群的升级困境与突破[J].新华文摘,2007,14：46-51.

[87] 张梅青,盈利.创意产业集群网络结构演进机制研究[J].中国软科学,2009,S1：231-238.

[88] 张荣.我国虚拟动漫产业集群的优势与运作[J].经济管理,2008,3：16-19.

[89] 张娟.政策变革中的转型期国产动画电影发展概况[J].当代电影,2016,12：170-173.

[90] 郑江淮,高彦彦,胡小文.企业"扎堆"、技术升级与经济绩效——开发区集聚效应的实证分析[J].经济研究,2008,5：33-46.

[91] 赵振."互联网+"跨界经营：创造性破坏视角[J].中国工业经济,2015,10：146-160.

[92] 周星.数字时代的中国大动漫观念与发展问题分析——关于2011年暑期档动画电影市场呈现的认识[J].现代传播(中国传媒大学学报),2011,12：73-76.

[93] 植草益.信息通讯业的产业融合[J].中国工业经济,2001,2：24-27.

[94] Alan M. Rugman, & Joseph R. D'Cruz. The "double diamond" model of international competitiveness: The Canadian experience [J]. Management International Review, 1993, 33(2): 17-39.

[95] Colin Hoskins, & Rolf Mirus. Reasons for the U.S. dominance of the international trade in television programmes[J]. Media, Culture & Society, 1988, 10(4): 499-515.

[96] Jean-Charles Rochet, & Jean Tirole, Platform competition in two-sided markets[J]. Journal of the European Economic Association, 2003, 1(4): 990-1209.

[97] Joan E. Van Aken, & Mathieu P. Weggeman. Managing learning in informal innovation networks: Overcoming the daphne-

dilemma[J]. R&D Management, 2010, 30(2): 139-150.

[98] John H. Dunning. Internationalizing Porter's diamond [J]. Management International Review, 1993, 33(2): 7-15.

[99] Michael L. Katz, & Carl Shapiro. Network externalities, competition, and compatibility [J]. The American Economic Review, 1985, 75(3): 424-440.

[100] Paul Langley, & Andrew Leyshon. Platform capitalism: The intermediation and capitalisation of digital economic circulation [J]. Finance and Society, 2017, 3(1): 11-31.

[101] Paul Tracey, & Gordon L. Clark. Alliances, networks and competitive strategy: Rethinking clusters of innovation [J]. Growth and Change, 2003, 34(1): 1-16.

[102] Pierre-Philippe Combes, Gilles Duranton, Laurent Gobillon, Diego Puga, & Sebastien Roux. The productivity advantages of large cities: Distinguishing agglomeration from firm selection [J]. Econometrica, 2012, 80(6): 2543-2594.

[103] R. H. Coase. The nature of the firm[J]. Economica, 1937, 4(16): 386-405.

[104] Vito Albino, Claudio Garavelli, & Giovanni Schiuma. Knowledge transfer and inter-firm relationships in industrial districts: The role of the leader firm[J]. Technovation, 1998, 19(1): 53-63.

[105] Wayne R. Cartwright. Multiple linked "diamonds" and the international competitiveness of export-dependent industries: The New Zealand experience[J]. Management International Review, 1993, 33(2): 55-70.

三、学位论文

[1] 陈竑机.区域动漫产业政策扶持效果与优化路径研究——以江苏

省为例[D].上海：复旦大学,2018.

[2] 池仁勇.区域中小企业创新网络评价与构建研究：理论与实证[D].北京：中国农业大学,2005.

[3] 邓又溪.互联网背景下的中国电视剧产业国际竞争力成长路径研究——以创新网络为中心的考察[D].上海：复旦大学,2021.

[4] 范晓屏.基于虚拟社区的网络互动对网络购买行为的影响研究[D].杭州：浙江大学,2007.

[5] 郭虹.中国动画传播状况研究[D].上海：复旦大学,2003.

[6] 顾萌萌.基于语料库的儿童动画片词汇研究[D].上海：上海师范大学,2018.

[7] 耿蕊.中国动漫产业集群发展研究[D].武汉：武汉大学,2010.

[8] 何波.动漫产业国际竞争力评价研究[D].上海：上海交通大学,2014.

[9] 何白.中国网络视频产业发展研究——基于产业融合的分析[D].厦门：厦门大学,2017.

[10] 廖蔚雯.中国原创动漫产业集群成长研究[D].长沙：中南大学,2009.

[11] 廖文琛.基于产业集群的创新网络研究[D].福州：福建师范大学,2007.

[12] 刘斯洋.逆向外包：中国大陆动漫产业升级新现象研究[D].上海：复旦大学,2018.

[13] 庞俊亭.虚拟产业集群创新网络中知识转移影响因素实证研究[D].长沙：中南大学,2013.

[14] 王建陵.基于创新优势的当代美国动画产业国际竞争力研究[D].杭州：浙江大学,2009.

[15] 吴湛微.媒介经济世界下的动画产业集中现象研究[D].上海：上海交通大学,2009

[16] 文立杰.中国动画代加工企业转型研究[D].武汉：华中师范大学,

2016.

[17] 谢俊逸.中国动漫产业发展模式研究——基于与美日韩的比较[D].北京：对外经济贸易大学,2013.

[18] 谢晨静.中国电视剧产业组织优化研究[D].上海：复旦大学,2018.

[19] 杨健.基于钻石理论的中国动漫产业竞争力评价研究[D].大连：大连海事大学,2014.

[20] 张亮宇.中国电影产业竞争优势培育研究：基于创新驱动的视角[D].上海：复旦大学,2017.

四、动画产业研究机构

三文娱（后改名为东文漫）

腾讯研究院

阿里研究院

前瞻产业研究院

鲸准研究院

瞭望智库

QuestMobile 研究院

艾瑞咨询

智研咨询

艺恩智库

易观千帆

文化产业评论

爱奇艺行业速递

动漫界

骨朵国漫

动画学术趴

话娱

漫收视
萌讯社
麻辣娱投
深响
TOPACGN
ACGx
娱乐资本论
DoNews 互娱
毒眸
网视互联
犀牛娱乐

后 记

我与动画结缘要追溯到20世纪80年代。当时的我还在"育红班",拿着塑料水枪,穿上印着黑猫警长头像的短袖,在厂区大院里飞奔,寻找"一只耳"和"吃猫鼠"的踪迹。对于当时的孩子来说,最期待的画面就是上海美术电影制片厂的片头,因为那个片头意味着一个拥有孙悟空、葫芦娃、哪吒、神笔马良、阿凡提的奇幻世界的开启。那个时代,如今被誉为中国民族动画的"黄金时代"。

随着经济发展、媒介变迁和技术迭代,虽然国产动画片有了更多的投资、更先进的摄制工艺,也有更多的政策支持,但一个属于中国动画的"新黄金时代"并未到来。虽然国产精品动画偶有出现,但我们看到的更多的是电视台上千篇一律的低幼动画数年如一日地重复播放。"中国动画到底怎么了"和"中国动画何时复兴"这两个问题,近20年来被学界和业界反复追问。与此同时,一些在网络视频平台中诞生的剧本扎实、制作精良、价值观开阔的全龄向动画番剧,却收获了一大批"死忠粉",这让我们又开始期待属于中国的《航海王》《柯南》《爱,死亡和机器人》的不日出现。

面对电视动画和互联网动画在风格、内容、产业表现和"走出去"方面的巨大差异,学界从故事性、艺术性和经营思路方面给出了丰富的解答。本书试图用另一个解释框架来进行分析。从近20年中国动画的发展历程来看,产业政策和互联网作为两个最大的外界变量,给中国动画带来了不同的动力机制,形成了迥异的产业成长路径,也沉淀出对产业创新的相关启示。

后　记

　　如今是一个"万物皆媒"和"万物互联"的时代,互联网已经成为现代社会的空气和水,也成为几乎所有产业赖以生存的基础设施,产业互联网的浪潮已然到来。本书着力呈现的,正是近20年来互联网如何逐渐成为中国动画业的变革动因和创新源泉。虽然"互联网"似乎已是一个老套的概念,但如今一切技术创新的基因,最终都要梦回20世纪冷战时期的阿帕网(Arpanet)形成的那个天才瞬间。如果改写哲学家卡尔·波普尔的经典表述,那就是:"当今的世界,或者是互联网的,或者是反互联网的,但永远不可能是非互联网的。"

　　当然,作为一项关注前沿的产业研究,本书仍有很多短板和遗憾。中国动画产业在突然袭来的三年疫情面前,无奈也放慢了脚步。我希望这本小书是我对中国ACG行业研究的一个起点,也希望以互联网为驱动力的中国动画产业早日走出低谷,萌生出更多具有突破性的产业创新实践。

　　本书的初稿脱胎于我的博士论文,也是我的导师朱春阳教授所主持的国家社会科学基金重大项目"中国文化'走出去'提质增效研究"的部分成果。本书部分内容曾在国内学术期刊发表,均是与朱春阳教授联名发表:

1.《互联网背景下中国动画产业发行创新研究》,《南昌大学学报(人文社会科学版)》2020年第4期(入选中国知网学术精要之"高PCSI论文")。

2.《基于网络平台的动画产业集群创新网络再造与虚拟化转型——以美日中为例》,《同济大学学报(社会科学版)》2020年第5期(获《人大报刊复印资料·文化创意产业》全文转载)。

3.《圈层下的"新网红经济":演化路径、价值逻辑与运行风险》,《编辑之友》2019年第12期(获《人大报刊复印资料·新闻与传播》全文转载,入选中国知网学术精要之"高PCSI、高被引、高下载论文",并被评为中国新闻史学会传媒经济与管理研究委员会

2020年度最佳成果奖)。

在本书付梓之时,特别感谢我的学术引路人朱春阳教授在本书的撰写和修改过程中的悉心指导和不断鞭策。对学术的敬畏与热忱、对问题意识的敏感、对创新思维的追求,都是师父对朱门弟子们的日常教诲。从考研时阅读师父的专著和论文,对媒介管理学产生浓厚的兴趣,到进入复旦大学追随师父读硕、读博,并参与了师门团队几乎所有的重大课题研究,至今已有整整16年的光阴。感谢师父对我不厌其烦地谆谆教导。每次研究中的困惑,都能第一时间换来十几条的微信60秒语音,无论是清晨还是深夜,十余载如一日,令弟子感动、感恩。

感谢刘海贵教授、孟建教授、陈建云教授、周葆华教授等复旦大学新闻学院的老师们在我博士论文答辩和本书写作过程中的指导和帮助。感谢张亮宇、谢晨静、孙宇、邓又溪、毛天婵等同门师弟师妹,他们在影视产业方面的研究积累给我写作本书带来了很多启发。感谢哔哩哔哩的李静和范智伦、爱奇艺动漫的刘超等业界专家朋友在本书写作过程中的大力支持。特别感谢我的家人,本书的写作过程贯穿了整个新冠疫情,那些破碎不堪的记忆让时空都变得扭曲而魔幻,幸而有家人的支持和陪伴,让困难的时光变得短暂。由衷地感谢复旦大学出版社朱安奇老师为本书的出版所付出的心血,从论据论点到文字表述,安奇老师在审校本书的过程中总能提出非常专业和细致的建议。

需要说明的是,本书在写作过程中参阅了该领域大量的前期研究成果,以及许多商业文娱研究机构整理的产业数据和最新案例。本书虽已尽可能全面地标注来源,但难免有所遗漏。在此向所有为中国动画产业研究做出努力的前辈们致以谢意与敬意。

最后,感谢复旦大学新闻学院高峰学科建设经费对本书的资助,让这本小书有机会公开讨教于学界和业界方家。

图书在版编目(CIP)数据

网络时代中国动画产业成长路径创新研究:产业国际竞争力培育的视角/曾培伦著.—上海:复旦大学出版社,2023.9
ISBN 978-7-309-16959-1

Ⅰ.①网… Ⅱ.①曾… Ⅲ.①动画片-产业发展-研究-中国 Ⅳ.①J954

中国国家版本馆 CIP 数据核字(2023)第 157078 号

网络时代中国动画产业成长路径创新研究:产业国际竞争力培育的视角
曾培伦 著
责任编辑/朱安奇

复旦大学出版社有限公司出版发行
上海市国权路 579 号　邮编: 200433
网址: fupnet@ fudanpress.com　http://www.fudanpress.com
门市零售: 86-21-65102580　　团体订购: 86-21-65104505
出版部电话: 86-21-65642845
上海四维数字图文有限公司

开本 787 毫米×960 毫米　1/16　印张 17　字数 228 千字
2023 年 9 月第 1 版
2023 年 9 月第 1 版第 1 次印刷

ISBN 978-7-309-16959-1/J·491
定价: 52.00 元

如有印装质量问题,请向复旦大学出版社有限公司出版部调换。
版权所有　侵权必究